Kohlhammer

# Kohlhammer
# Standards Psychologie

Herausgegeben von
Theo W. Herrmann
Werner H. Tack
Franz E. Weinert

Werner Zielinski

# Lernschwierigkeiten

Ursachen – Diagnostik
Intervention

3. Auflage

Verlag W. Kohlhammer
Stuttgart Berlin Köln

**Die Deutsche Bibliothek - CIP-Einheitsaufnahme**

**Zielinski, Werner:**
Lernschwierigkeiten : Ursachen - Diagnostik - Intervention /
Werner Zielinski. - 3. Aufl. - Stuttgart ; Berlin ; Köln : Kohlhammer, 1998
  (Kohlhammer Standards Psychologie)
  ISBN 3-17-015001-4

3. Auflage 1998

Alle Rechte vorbehalten
© 1980/1998 Verlag W. Kohlhammer GmbH
Stuttgart Berlin Köln
Verlagsort: Stuttgart
Typoskript: W. Zielinski
Gesamtherstellung:
W. Kohlhammer Druckerei GmbH + Co. Stuttgart
Printed in Germany

# Inhaltsverzeichnis

# Vorwort zur 1. Auflage

Schwierigkeiten bei der Bewältigung eines bestimmten Lernpensums sind ein Phänomen, das immer dann in den Blickpunkt gerät, wenn Gruppen gleichaltriger Lernender zur gleichen Zeit und mit der gleichen Methode unterrichtet werden. Neben einigen Schülern, die sich den Unterrichtsstoff besonders leicht aneignen, werden andere beobachtet, denen derselbe Lehrstoff Schwierigkeiten bereitet, so daß er entweder nur nach zusätzlichen Anstrengungen bzw. zusätzlichem Zeitaufwand oder unvollkommen beherrscht wird. Derartige Beobachtungen unter scheinbar gleichartigen äußeren Bedingungen haben zu der Auffassung geführt, daß Lernschwierigkeiten offenbar auf individuelle Merkmale des Schülers zurückgehen und durch sie hinreichend erklärt werden können. Unter diesem Aspekt wurden in der Vergangenheit zahlreiche Untersuchungen durchgeführt, die vor allem generelle Fähigkeitsdefizite Lernschwieriger erfassen wollten. Infolge der wenig zufriedenstellenden Ergebnisse rückten in den letzten Jahren speziellere Fähigkeitsdefizite und defizitäre Prozesse der Informationsverarbeitung in den Vordergrund des Forschungsinteresses. Wegen des Umfangs und der Differenziertheit der dabei erhobenen Befunde nimmt dieser Ansatz in der vorliegenden Arbeit breiten Raum ein.

Die Erkenntnis, daß Fähigkeitsdefizite zwar wichtige, aber keineswegs ausschließliche Bedingungen von Lernschwierigkeiten sind, hat die Suche nach weiteren, vor allem nicht im Schüler selbst liegenden Bedingungsfaktoren veranlaßt. Mit externen Bedingungen der Entstehung von Lernschwierigkeiten befassen sich daher die anschließenden Kapitel. Im einzelnen werden dabei motivationale, sozialpsychologische und unterrichtsbezogene Faktoren hinsichtlich ihres Beitrags zur Genese und Überwindung von Lernschwierigkeiten untersucht. Da nach den vorliegenden Ergebnissen kein Untersuchungsansatz – außer in Extremfällen – für sich beanspruchen kann, Lernschwierigkeiten in ausreichendem Maße erklären zu können, sondern angenommen werden muß, daß in der Regel immer eine Anzahl verschiedener Bedingungsfaktoren an der Entstehung beteiligt ist, soll ein Ordnungsmodell die unterschiedlichen Bedingungen und ihre Beziehung zueinander darstellen.

In Anlehnung an dieses Modell und unter Berücksichtigung der schulischen Interventionsmöglichkeiten wird im abschließenden Kapitel eine sequentielle diagnostische Strategie entwickelt, die zunächst mit einer Symptomdiagnose durch den Lehrer beginnt und bei der umfassenden diagnostischen Untersuchung durch den Psychologen endet. Der jeweiligen Diagnose entsprechend werden mögliche Interventionsansätze dargestellt und diskutiert.

Diese Arbeit wurde in leicht veränderter Fassung von der Wirtschafts- und Sozialwissenschaftlichen Fakultät der Universität Heidelberg als Habilitationsschrift angenommen. Die damit verbundene Umfangserweiterung ging über den ursprünglich vereinbarten Rahmen erheblich hinaus. Dem Verlag Kohlhammer, der dieser Erweiterung zugestimmt hat, sei deshalb herzlich gedankt.

Heidelberg, im August 1979 *Werner Zielinski*

# Vorwort zur 2. Auflage

Seit Erscheinen der 1. Auflage ist einige Zeit vergangen, in der die Forschung auf dem Gebiet der Lernschwierigkeiten teilweise beachtliche Erfolge erzielt hat. So sind unsere Kenntnisse auf dem Gebiet der Informationsverarbeitung heute differenzierter und umfassender als zum Zeitpunkt der ersten Auflage. Diesen Veränderungen will die Neuauflage Rechnung tragen. Besonders auf dem Gebiet der Lese-Rechtschreibschwierigkeiten zeichnet sich ein Konsens über die wichtigsten Verursachungsbedingungen ab. Das Kapitel über dieses Problem hebt sich deshalb deutlich von dem entsprechenden Abschnitt der Vorauflage ab. Neu hinzugekommen ist ein Kapitel über Rechenschwierigkeiten. Dieses Problem stand lange im Schatten der Diskussion über die Legasthenie, einer Sonderform von Lese–Rechtschreibschwierigkeiten bei sonst normaler Intelligenz. Nachdem dieser problematische Begriff aus der wissenschaftlichen Diskussion verschwunden ist, wendet sich das Augenmerk der Forschung wieder, wenn auch zögernd, dem lange vernachlässigten Gebiet der Lernschwierigkeiten auf mathematischem Gebiet zu. Einen breiteren Raum nehmen Diagnostik und Behandlung von Lernschwierigkeiten ein. Gestrafft wurde dafür der theoretische Teil, aus dem Ansätze eliminiert wurden, die heute eher von historischem Interesse sind. Insgesamt wurden etwa 80% des Textes neu verfaßt, so daß statt von einer Neuauflage eher von einer Neubearbeitung gesprochen werden kann. Mit dieser Bearbeitung ist die Hoffnung verbunden, daß neben Studierenden der Psychologie, Pädagogik und Sonderpädagogik auch Praktiker angesprochen werden, die mit lernschwierigen Schülern zu tun haben.

Heidelberg, im Winter 1994/95

*Werner Zielinski*

# Kapitel 1

# Einführung

## 1.1 Bedeutung des Phänomens

Lernschwierigkeiten als gelegentliche Mißerfolge in der Schule gehören zum Schulalltag und können wohl kaum völlig vermieden werden. Halten sie dagegen länger an, haben sie für die Betroffenen unangenehme Konsequenzen. Ermahnungen, Tadel oder Bestrafungen durch die Lehrenden sowie Vorwürfe oder gar Schläge von den Eltern sind, wie eine inzwischen als klassisch geltende Untersuchung von Höhn (1967) ergab, in der Vorstellungswelt von Schülern diejenigen Reaktionen, die ein schlechter Schüler zu erwarten hat. Nicht minder belastend dürfte für die Betroffenen die negative Einschätzung des Schulversagers durch seine Klassenkameraden sein. Nach Höhn (1967) wird er von ihnen als faul, dumm, laut, unruhig, grob, langsam und böse eingestuft - ein Befund, der sich in einer Nachuntersuchung im wesentlichen bestätigte (Schäfer, 1975). Langfristig beeinträchtigen Mißerfolge das Selbstvertrauen des betroffenen Schülers, je länger sie andauern, wie eine Untersuchung von Kifer (1975) demonstrieren konnte (s. Abbildung 1.1).

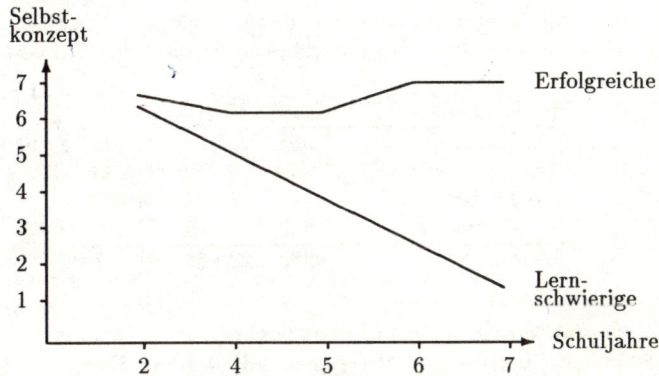

**Abb. 1.1:** Mittelwerte des Selbstkonzepts eigener Fähigkeiten bei Schülern, die 2–7 Jahre zu den besten bzw. schlechtesten 20% ihrer Klasse gehörten (n. Kifer, 1975)

Mit zunehmender Dauer der Zugehörigkeit zu den unteren 20% der Leistungshierarchie ihrer Klassen verschlechterte sich das Selbstkonzept der eigenen

9

Tüchtigkeit von 88 Schülern der zweiten bis siebten Klasse drastisch. Das Fähigkeitskonzept der oberen 20% blieb dagegen während des gleichen Zeitraumes unverändert hoch.

Eltern nehmen die schulischen Mißerfolge ihrer Kinder durchaus ernst. Aus Berichten von Erziehungsberatungsstellen ist bekannt, daß der Hauptanlaß für die Inanspruchnahme dieser Institutionen Leistungsprobleme der vorgestellten Kinder sind. Aus einem Bericht einer großstädtischen Beratungsstelle geht hervor, daß bei rund 78% der Neuzugänge eines Jahres Störsymptome im Leistungsbereich festgestellt wurden. Etwa ein Drittel dieser Fälle hatte in der Schule versagt oder drohte zu versagen (Strobel, 1975). Permanentes Schulversagen zieht nämlich häufig administrative Konsequenzen wie die Herabstufung in einen rangniederen Leistungskurs nach sich. Schwerwiegender ist die Verfügung einer Klassenwiederholung. Einen Überblick über die Zahl der Sitzenbleiber in den verschiedenen Schularten vermittelt Tabelle 1.1.

**Tab. 1.1:** Zahl der nicht versetzten Schüler im gesamten Bundesgebiet im Schuljahr 1992/93 (Statistisches Bundesamt, 1994)

| Sitzenbleiber | männl. | weibl. | insges. |
|---|---|---|---|
| an Grundschulen | 38 644 | 27 000 | 65 644 |
| an Hauptschulen | 22 367 | 13 177 | 35 544 |
| an Realschulen | 32 464 | 25 723 | 58 187 |
| an Gymnasien | 32 714 | 24 641 | 57 355 |
| insgesamt | 126 189 | 90 541 | 216 730 |

Danach mußten am Endes des Schuljahres 1992/93 im Bundesgebiet mehr als 200 000 Schüler die Klasse wiederholen. Nichtversetzungen führen oft dazu, daß Schüler die Schule ohne den Mindestabschluß verlassen müssen, wie Tabelle 1.2 verdeutlicht.

**Tab. 1.2:** Schulentlassungen im gesamten Bundesgebiet am Ende des Schuljahres 1991/92 ohne Erreichen des Hauptschulabschlusses (Statistisches Bundesamt, 1994)

| Entlassungen | männl. | weibl. | insges. |
|---|---|---|---|
| aus Hauptschulen | 17 361 | 9 874 | 27 235 |
| aus Sonderschulen | 15 236 | 9 257 | 24 493 |
| aus Realschulen | 3 112 | 1 787 | 4 899 |
| aus Gymnasien | 2 680 | 1 740 | 4 420 |
| insgesamt | 38 389 | 22 658 | 61 047 |

Man bedenke die heutige Arbeitsmarktsituation vgl. besonders Auswirkungen auf die individuelle Biographie

Am einschneidendsten sind wohl die Konsequenzen für Schulversager, die in die Sonderschule für Lernbehinderte umgeschult werden. Etwa 205 000 Schüler besuchten 1991/92 in der Bundesrepublik die Sonderschule für Lernbehinderte (Statistisches Bundesamt, 1994). Der Besuch einer anderen Schule dokumentiert auch nach außen hin den Statusverlust, der mit dem Schulversagen verbunden ist, und führt zur Stigmatisierung als 'Hilfsschüler'. Die Vorurteile gegenüber Sonderschülern fand v. Bracken (1976) erneut bestätigt.

Zwar bringt die durch die Sonderschuleinweisung bedingte Verringerung der schulischen Anforderungen für den Schüler eine gewisse Entlastung. Sie drückt sich in einem positiveren Selbstkonzept der eigenen Tüchtigkeit aus, wie Rheinberg und Enstrup (1977) und neuerdings auch Haeberlin (1989) beim Vergleich zwischen Sonderschülern und gleich intelligenten Hauptschülern feststellen konnten. Am Ende der Schulzeit unterscheiden sich die Selbstkonzepte der Schüler beider Schularten jedoch nicht mehr. Darin deutet sich nach Rheinberg und Krug (1978) eine Orientierung des Selbstkonzepts der Sonderschüler an den nach der Schulentlassung relevanten Bezugsstandards an.

*Die genannten Zahlen zeigen*

Die bislang dargestellten Befunde dürften ausreichend belegen, daß von Lernschwierigkeiten und ihren Konsequenzen nicht nur zu vernachlässigende Minderheiten, sondern jährlich Tausende von Schülern mit ihren Familien betroffen sind. Diese Tatsache unterstreicht die Notwendigkeit einer verstärkten Beschäftigung mit diesem Problem mit dem Ziel, die Zahl der Lernschwierigkeiten zu verringern. Damit ein solches Unternehmen erfolgreich sein kann, ist eine Ermittlung der Verursachungsfaktoren erforderlich, ohne deren Kenntnis Behandlungsversuche lediglich eine Praxeologie auf Versuch–Irrtum–Basis sind. Erst wenn die Bedingungen bekannt sind, die Lernschwierigkeiten auslösen und aufrechterhalten können, besteht die Möglichkeit, durch Veränderungen dieser Bedingungen schulisches Leistungsversagen nicht nur *nach* seinem Eintreten gezielt zu beeinflussen, sondern bereits sein Zustandekommen zumindest teilweise zu verhindern. *Eingreifen durch Eltern*

Eine solche Ursachenerhellung besitzt aber nicht nur eine eminente praktische Bedeutung, sondern ist auch von wissenschaftlichem Interesse. So versprechen Vergleiche von Kindern mit und ohne Lernschwierigkeiten Einblicke in psychische Prozesse, deren Komplexität und Differenziertheit normalerweise wegen ihres reibungslosen und z.T. automatisierten Ablaufs leicht übersehen werden. Derartige Untersuchungen tragen damit nicht unerheblich zur Vertiefung unseres Informationsstandes bezüglich solcher Prozesse und ihrer internen wie externen Bedingtheit bei und liefern die Grundlage für verbesserte Theorieentwürfe. Bessere Theorien erlauben aber nicht nur angemessenere und/oder ökonomischere Erklärungen von bislang diskrepant erscheinenden Befunden; experimentelle Überprüfungen ihrer Tragfähigkeit bedienen sich in der Regel der gezielten Veränderung postulierter Bedingungsfaktoren. Sollen die gemachten Annahmen aufrecht erhalten werden können, so müssen sich bei modifizierten Bedingungen auch veränderte Effekte nachweisen lassen. Ist dies der Fall, ergeben sich nicht nur Rückwirkungen auf die theoretischen Annahmen, sondern auch auf die praktische Arbeit von Psychologen und Pädagogen. Ist erst bekannt, durch welche Modifikationen welcher Bedingungen welche Veränderungen bei Lernschwierigen ausgelöst werden können, besteht die Möglichkeit, Modifikationsprogramme zu entwickeln und diese gezielt zur Behandlung einzusetzen. Eine solche Wechselwirkung zwischen Grundlagenforschung und pädagogisch-psychologischer Praxis deutet sich in verschiedenen Arbeiten an (Campione & Brown, 1977; Chi, 1978; Mandl & Friedrich, 1992) und gibt zu vorsichtigem Optimismus Anlaß.

## 1.2 Probleme einer Definition

Ist Schulversagen nach den oben gemachten Ausführungen ein Schicksal, von dem jährlich Tausende von Schülern der verschiedenen Schulgattungen betroffen sind, so ist zu fragen, ob und wie das den verschiedenen Formen des Schulversagens Gemeinsame begrifflich zu fassen ist; denn bei der Durchsicht der Literatur fällt auf, daß zur Kennzeichnung dieses Phänomens eine Vielzahl von Begriffen verwendet wird, die teils synonym gebraucht, teils ausdrücklich voneinander abgehoben werden. So ist etwa die Rede von Lernbehinderung (Kobi, 1975), Leistungsversagen (Tiedemann, 1977) oder Lernstörungen (Sander, 1981); man spricht vom schlechten Schüler (Höhn, 1967) oder einfach vom Schulversager (Kemmler, 1967).

Versuchen, das Versagen auf unterschiedlichen Schulstufen und in den verschiedensten Schularten durch ein übergreifendes Merkmal zu charakterisieren, stehen andere Versuche gegenüber, die differente Formen des Versagens voneinander abheben wollen. Während der schlechte Schüler bei Höhn und der leistungsschwache Schüler bei Kemmler durch die negative Abweichung vom Leistungsdurchschnitt der Klasse definiert wird, ist das Kriterium für Lernbehinderung

*„das schwere und dauernde Versagen in Grund- bzw. Hauptschule, deren Bildungsmöglichkeiten nicht ausreichen, um das lernbehinderte Kind zu fördern"* (Wegener, 1969, S. 528).

Damit wird der Begriff der Lernbehinderung ausdrücklich für eine schwere Form des Schulversagens reklamiert, die eine besondere Form der Beschulung notwendig macht. Sie wird meist mit unterdurchschnittlichen Intelligenzleistungen in Verbindung gebracht.

In der anglo-amerikanischen Literatur besteht eine ähnliche Begriffsvielfalt. Bei einer Befragung von 35 renommierten Wissenschaftlern erhielt McDonald (1968) 22 verschiedene Begriffe genannt, die das gleiche Phänomen erfassen sollten. Am meisten wurden die Begriffe *learning disability* und *learning disorder* gebraucht und in der Regel auch synonym verwendet und dabei von dem Begriff *mental retardation* abgehoben, der den Bereich der Lern- und geistigen Behinderung umfaßt.

In einer Analyse der gängigsten Lehrbücher ermittelte Hammill (1990) elf verschiedene Definitionen von 'learning disability', aber auch eine zunehmende Konvergenz der Auffassungen. Am meisten Zustimmung hat danach der Vorschlag des 'National Joint Commitee on Learning Disabilities Definition' (NJCLD) gefunden. Nach ihm ist der Begriff

*„Lernschwierigkeiten (...) ein allgemeiner Ausdruck für eine heterogene Gruppe von Störungen, die sich in bedeutsamen Schwierigkeiten beim Erwerb oder Gebrauch des Hörverständnisses, Sprechens, Lesens, Schreibens, Denkens oder Rechnens manifestieren. Diese Störungen liegen im Individuum selbst begründet, sind vermutlich auf Dysfunktionen des zentralen Nervensystems zurückzuführen und können über die gesamte Lebensspanne hinweg auftreten"* (Hammill, 1990, S. 77; Übers. v. Verf.).

Mit diesen Phänomenen können Probleme der Selbstregulation, der sozialen Wahrnehmung und des sozialen Verhaltens gekoppelt sein, die selbst keine Lernschwierigkeiten verursachen. Weitere interne Bedingungen wie sensorische Störungen oder externe Umstände wie kulturelle Deprivation bzw. unangemessener Unterricht können zu den im Individuum vermuteten Ursachen hinzutreten, werden aber nicht als Ursache von Lernschwierigkeiten betrachtet (NJCLD, 1988).

Die Definition des NJCLD verlegt damit den Ursprung von Lernschwierigkeiten eindeutig in das Individuum und gesteht externen Bedingungen wie Unterricht und sozio-kulturellen Faktoren lediglich den Charakter moderierender Begleitphänomene zu. Das Problem einer solchen individuellen Ursachenerklärung, die in Einzelfällen durchaus als denkbar erscheint, ist, daß sie erst nach Ausschluß aller möglichen Alternativen mittels diagnostischer und therapeutischer Maßnahmen zu rechtfertigen ist, da die vermuteten Störungen des zentralen Nervensystems sich nur in schweren Fällen objektivieren lassen. Wir bevorzugen statt dessen eine Definition, die zunächst am äußeren Erscheinungsbild ansetzt:

*„Von Lernschwierigkeiten spricht man im allgemeinen, wenn die Leistungen eines Schülers unterhalb der tolerierbaren Abweichungen von verbindlichen institutionellen, sozialen und individuellen Bezugsnormen (Standards, Anforderungen, Erwartungen) liegen oder wenn das Erreichen (bzw. Verfehlen) von Standards mit Belastungen verbunden ist, die zu unerwünschten Nebenwirkungen im Verhalten, Erleben oder in der Persönlichkeitsentwicklung des Lernenden führen"* (Weinert & Zielinski, 1977).

Institutionelle Bezugsnormen sind Anforderungen, die von bestimmten Institutionen, wie z.B. verschiedenen Schulformen, gestellt werden. Von Besuchern Höherer Schulen werden demzufolge höhere Leistungen erwartet als von Absolventen von Haupt- oder Sonderschulen. Bei sozialen Bezugsnormen handelt es sich dagegen um empirische Standards, wie etwa die Durchschnittsleistung einer konkreten Schulklasse, die zum Bezugspunkt der Leistungsbeurteilung wird. Als lernschwierig werden die in der Leistungsrangordnung am Ende liegenden Schüler bezeichnet. Bei individuellen Bezugsnormen wird die Leistung eines Schülers mit seinen bisherigen Lernergebnissen verglichen. Eine Leistungsverschlechterung wäre hier ein Indikator für Lernschwierigkeiten.

Der Nachteil einer bezugsnormorientierten Definition liegt auf der Hand. Lernschwierigkeiten werden hier nicht anhand eindeutiger Kriterien erfaßt, sondern als relative, von der jeweils gewählten Bezugsnorm abhängige Phänomene. Dies mag man bedauern, doch treten Lernprobleme in der Regel durch Vergleich mit bestimmten Bezugsstandards ins Bewußtsein der Betroffenen. Die an der Klassennorm orientierte schlechte Note oder der Vergleich mit der besseren Vornote signalisieren dem betroffenen Schüler, aber auch Lehrern und Mitschülern ein Versagen. Darüber hinaus soll auch dann von Lernschwierigkeiten gesprochen werden, wenn ein Schüler zwar die gestellten Anforderungen mit Hilfe von zusätzlichem Lernaufwand und Nachhilfestunden gerade noch erreicht, dabei aber unerwünschte Nebenwirkungen wie Schulängste, Aggressionen oder ein Rückzug von sozialen Kontakten als Folge einer leistungsmäßigen Überforderung auftreten.

Über mögliche Ursachen sagt ein so gefaßter Begriff von Lernschwierigkeiten allerdings nichts aus. Er ist lediglich geeignet, Schülern, Lehrern und Eltern ein Mißverhältnis zwischen Leistung und Leistungsbemühungen einerseits und Leistungsanforderungen andererseits zu signalisieren, das beseitigt werden sollte. Lernschwierigkeiten sind damit nur ein Sammelbegriff für untersuchungsbedürftige Probleme im Leistungsbereich, die durch genauere Diagnose erst geklärt werden müssen, um erfolgreich behandelt werden zu können.

## 1.3   Klassifikation von Lernschwierigkeiten

Der Begriff Lernschwierigkeiten im Sinne unserer Definition umfaßt eine Vielzahl von Zustandsbildern, so daß es notwendig erscheint, durch Bildung von Subklassen die schwer überschaubare Vielfalt zu ordnen. Leider gibt es kein Klassifikationssystem, über das hinreichend Konsens besteht. Dabei mangelt es nicht an Möglichkeiten zur Einteilung.

Einen ersten Anhaltspunkt für eine Differenzierung bietet zunächst die Definition selbst. Je nach *Art der Bezugsnorm*, von der ein Schüler abweicht, kann es sich um unterschiedliche Phänomene handeln. Lernschwierigkeiten nach sozialen Bezugsnormen beruhen auf einem Vergleich mit einer bestimmten Bezugsgruppe und drücken sich in einem bestimmten Abweichungsgrad von deren Normwerten aus. Nach sachlichen Bezugsnormen festgestellte Lernschwierigkeiten bezeichnen dagegen eine Distanz zu einem bestimmten Lernziel, und zwar unabhängig davon, wieviele andere Schüler dieses Kriterium ebenfalls verfehlen. Lernschwierigkeiten auf der Basis individueller Bezugsnormen akzentuieren die längsschnittliche Leistungsentwicklung eines Individuums. Hierbei könnte schon der Rückgang sehr guter Leistungen auf ein durchschnittliches Niveau als Hinweis auf Lernprobleme gewertet werden. Aber selbst innerhalb einer bestimmten Bezugsnorm, wie etwa der sozialen, werden unterschiedliche Schüler als lernschwierig eingestuft, je nachdem, ob Alters-, Klassenoder Schulartnormen zugrunde gelegt werden. So werden z.B. Lernbehinderte von Nichtbehinderten mit Hilfe von Altersnormen der Intelligenz- und Schulleistungstests getrennt, während schulartspezifische Normen zur Feststellung von Normabweichungen in verschiedenen Schularten dienen, innerhalb derer Klassennormen zur Einstufung von Leistungen nach Niveaustufen eingesetzt werden können.

Neben einer Unterscheidung nach der Art der Bezugsnorm läßt sich eine *Spezifikation nach Lerninhalten* vornehmen. Schwierigkeiten beim Lesen oder Rechtschreiben lassen sich z.B. von Problemen im mathematischen Bereich oder in sachkundlichen Fächern abheben.

Aus der Zahl der betroffenen inhaltlichen Bereiche kann eine Unterscheidung nach der *Generalität der Normabweichung* abgeleitet werden. Generelle Lernschwierigkeiten, die sich wie bei der Lernbehinderung in nahezu allen schulrelevanten Lerngebieten abzeichnen, können auf diese Weise von partiellen

14

Lernproblemen abgegrenzt werden, die sich, wie im Falle von Rechenschwierigkeiten, nur auf einen Teilbereich erstrecken.

Weitere Differenzierungen lassen sich nach dem *Grad der Normabweichung* vornehmen. Leichtere Lernschwierigkeiten, die noch als an der unteren Grenze des Normbereichs liegend einzustufen sind, können von schwereren Formen abgehoben werden, die eine Betreuung in Sonderschulen für Lernbehinderte oder geistig Behinderte erforderlich machen.

Nach der *zeitlichen Erstreckung* ist eine Unterscheidung von Lernproblemen, die nur kurze Zeit bestehen und damit vorübergehender Natur sind, von Lernschwierigkeiten denkbar, die längere Zeit andauern oder chronischen Charakter tragen.

Eine Differenzierung nach dem *Grad der Beeinflußbarkeit* ist vor allem unter therapeutischem Aspekt interessant. Kurzfristig im Rahmen des normalen Schulunterrichts auftretende und damit leicht behandelbare Lernschwierigkeiten können von mittelfristig (evtl. durch Kurs- oder Klassenwiederholung) behebbaren unterschieden und von pädagogisch nur langfristig zu beeinflussenden Lernproblemen abgehoben werden, die nur in pädagogischen Sondereinrichtungen angemessen zu betreuen sind.

Eine Kombination der zeitlichen Kategorie mit dem Aspekt des Beeinträchtigungsumfangs erlaubt, verschiedene Formen von Lernschwierigkeiten zu klassifizieren. Eine Lernbehinderung wäre danach durch eine *generelle und chronische* Leistungsreduktion charakterisiert, die sog. Legasthenie dagegen durch eine (auf die Schreib- und Leseleistung beschränkte) *partielle und chronische* Leistungsbeeinträchtigung.

Eine weitere interessante Unterscheidung läßt sich nach *dominanten Verursachungsbedingungen* treffen. Interne, im Schüler selbst liegende Ursachen können von externen Verursachungsbedingungen unterschieden werden. Krapp (1977) differenziert die externen Bedingungen weiter nach Ursachen in der Schule und solchen in der Familie. Noch weiter geht ein Modellvorschlag von Carroll (1973), der diese Bedingungsklassen weiter differenziert und drei interne Bedingungsklassen von zwei externen unterscheidet. Er bildet die Grundlage der Gliederung des Buches und soll zu Beginn des 2. Kapitels ausführlicher dargestellt werden.

## 1.4   Naive Erklärungsversuche

Werden Laien nach Ursachen schlechter Schulleistungen befragt, so äußern sie, daß es an der Begabung, mangelndem Fleiß oder fehlendem Interesse liegen könne. Weniger häufig werden Milieueinflüsse wie Berufstätigkeit der Mutter oder familiäre Konflikte als mögliche Ursachen benannt. Aber selbst Personen, die von Berufs wegen mit Kindern und ihren Schulleistungen zu tun haben, besitzen offenbar kein wesentlich differenzierteres Kategoriensystem als Laien. Wie eine Untersuchung von Höhn (1967) an 35 Lehrern verschiedener Schulgattungen zeigte, sehen auch sie Begabungsmangel und Faulheit als die wesentlichsten Verursachungsmomente für schlechte Schulleistungen an; weniger häufig werden Konzentrationsstörungen erwähnt. An Milieufakoren werden Erziehungsfehler der Eltern, gestörte Familienbeziehungen und die Berufstätigkeit der Mutter genannt.

Meyer und Butzkamm (1975) kommen zu einem ähnlichen Ergebnis. Tabelle 1.3 zeigt, wie sich bei 29 Schülern des dritten Schuljahres, die im letzten Zeugnis in Mathematik die Note 5 erhalten hatten, die Ursachenerklärungen der Lehrer auf die vermuteten Einflußfaktoren verteilen.

**Tab. 1.3:** Prozentuale Verteilung von Ursachenerklärungen von Lehrern auf verschiedene Einflußbereiche bei Mathematiknote 5 (nach Meyer & Butzkamm, 1975, S. 63)

| Vermutete Verursachungsbedingungen | % |
|---|---|
| Begabungsfaktoren | 54 |
| Anstrengung | 22 |
| sonstige Persönlichkeitsfaktoren | 10 |
| außerschulisches Milieu | 4 |
| sonstige Faktoren | 9 |
| Beschreibung von Leistungsresultaten | 1 |

Die eindeutige Dominanz von Begabungsfaktoren gegenüber dem Faktor Anstrengung steht im Gegensatz zu der von Höhn (1967) ermittelten ungefähren Geichgewichtung der beiden Variablen. Diese Diskrepanz läßt sich vielleicht damit erklären, daß Meyer und Butzkamm (1975) die Erklärung schlechter Mathematikleistungen verlangten, die möglicherweise stärker als begabungsabhängig angesehen werden als Leistungen in Deutsch oder Sachkunde.

Diese Interpretation wird gestützt durch Befunde von Hofer (1975), der bei 41 Lehrern den Zusammenhang ihrer impliziten Persönlichkeitstheorie mit den Noten in den Fächern Deutsch und Mathematik untersuchte (s. Tabelle 1.4).

**Tab. 1.4:** Korrelationen zwischen Schulnoten und den Faktorwerten für die Beurteilungsdimensionen Begabung und Anstrengung (nach Hofer, 1975, S. 12)

| Schulfach | Begabung | Anstrengung |
|---|---|---|
| Deutsch | .40 | .40 |
| Mathematik | .50 | .38 |

Die Leistungen im Fach Deutsch werden danach wie in der Untersuchung von Höhn (1967) gleich hoch mit den Ursachenfaktoren Begabung und Anstrengung in Zusammenhang gebracht. Für das Fach Mathematik dagegen wird, ähnlich wie in der Arbeit von Meyer und Butzkamm (1975), der Begabung ein größeres Gewicht beigemessen.

Rheinberg (1975) versuchte darüber hinaus, die Ursachenerklärungen für Schulleistungen durch 49 Realschullehrer mittels Vorgabe von sechs potentiellen Kausalfaktoren zu ermitteln und mit dem gegenwärtigen bzw. erwarteten

Leistungsstand der Schüler in Beziehung zu setzen. Die von ihm ermittelten Befunde verdeutlicht Tabelle 1.5.

**Tab. 1.5**: Korrelationen zwischen Ursachenerklärungen von Schulnoten und dem aktuellen bzw. zukünftigen Leistungsniveau (nach Rheinberg, 1975, S. 191 f.).

| Ursachenerklärung | aktueller Leistungsstand | zukünftiges Leistungsniveau |
|---|---|---|
| allgemeine geistige Fähigkeiten | .69 | .64 |
| spezielle fachliche Begabung | .72 | .69 |
| allgemeine Arbeitshaltung | .61 | .39 |
| Interesse am aktuellen Unterrichtsstoff | .57 | .26 |
| häusliches Milieu | .33 | .29 |
| leib-seelische Verfassung | .36 | .17 |

Die untersuchten Lehrer maßen in relativ guter Übereinstimmung Begabungsfaktoren die größte Bedeutung für den aktuellen Leistungsstand bei, danach folgten Anstrengungs– und Interessenfaktoren. Dem häuslichen Milieu und der körperlich–seelischen Verfassung räumten sie dagegen nur ein geringes Gewicht ein. Aus den nahezu gleich engen Zusammenhängen zwischen aktuellem und erwartetem Leistungsniveau bei der Begabungsattribution ist zu schließen, daß Lehrer Begabungsfaktoren im Gegensatz zu den übrigen Variablen als relativ stabil ansehen.

Aufgrund der bisher referierten Befunde konnte der Eindruck entstehen, daß Lehrer die Schulleistungen ihrer Schüler relativ einheitlich und undifferenziert kausal erklären. Aber bereits bei Höhn (1967) fanden sich unterschiedliche Gewichtungen der Variablen Begabung und Anstrengung bei Grundschul– und Gymnasiallehrern. Rheinberg (1980) ermittelte Unterschiede in den Erklärungsmustern zwischen Lehrern, die sich an sozialen Standards orientieren, und solchen, die individuelle Bezugsnormen bevorzugen. Darüber hinaus zeigte sich, daß Lehrer auch die eigene Verantwortlichkeit in Betracht ziehen.

Müller und Neureuther (1975) konnten diese Befunde bei Untersuchungen an Gymnasiallehrern bestätigen, fanden aber bei ihnen Unterschiede in der Bereitschaft, die Verantwortung für Mißerfolge der Schüler zu übernehmen. Je mehr ein Lehrer schlechte Schülerleistungen durch Anlagefaktoren erklärte und weniger durch sein eigenes Verhalten, desto weniger glaubte er an die Wirksamkeit seines eigenen Unterrichts und desto weniger realisierte er angemessenes Lehrerverhalten wie z.B. die Schaffung gleicher Lernvoraussetzungen, Rücksicht auf schwächere Schüler oder Einplanung zusätzlicher Hilfen.

Rheinberg (1977) konnte ebenfalls Zusammenhänge zwischen Kausalattribuierungen von Lehrern und ihrem Verhalten aus der Sicht ihrer Schüler feststellen und somit die Verhaltenswirksamkeit von Ursachenerklärungen bestätigen. Zusätzlich ermittelte er, daß die Attribuierungen durchaus variieren können. So fand er unterschiedliche Gewichtungen der vermuteten Ursachenfaktoren, je nachdem, ob das Verhalten eines guten oder schlechten Schülers zu erklären war, wie Abbildung 1.2 zeigt.

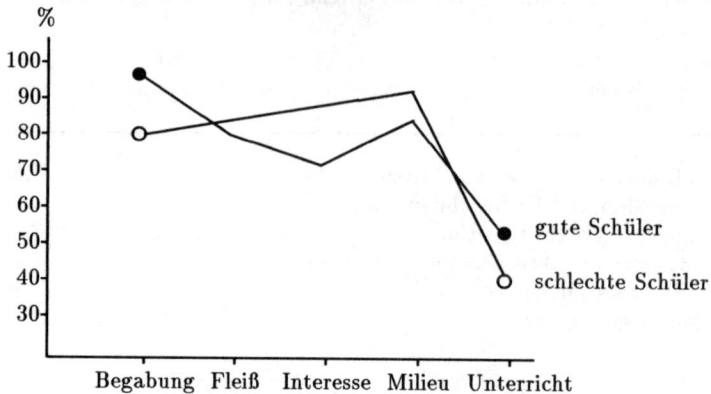

**Abb. 1.2:** Prozentuale Häufigkeiten für Ursachenerklärungen von Lehrern für die Schulleistungen guter und schlechter Schüler (nach Rheinberg, 1977, S. 92)

Am unterschiedlichsten sind die Gewichtungen hinsichtlich Begabung, Interesse und Unterricht. Der Verursachungsfaktor Begabung dominiert bei der Erklärung der Leistungen guter Schüler, mangelndes Interesse wird dagegen für die Leistungsdefizite schlechter Schüler verantwortlich gemacht. Milieufaktoren spielen aus der Sicht der Lehrer eine ähnlich wichtige Rolle wie die Begabung. Unterrichtsaspekten wird dagegen eher geringer Einfluß eingeräumt. Für die Leistungen schlechter Schüler werden sie als noch weniger bedeutsam angesehen als für die Lernergebnisse guter Schüler. Dies könnte ein Versuch sein, sich von der Verantwortung für das Schülerversagen zu entlasten.

Insgesamt gesehen, lassen die vorliegenden Befunde erkennen, daß bei den vermuteten Ursachen von Schülerleistungen die Konzepte Begabung und Anstrengung dominieren, weitere Verursachungsbedingungen aber durchaus in Betracht gezogen werden. Bei guten und schlechten Schülern werden die Kausalfaktoren unterschiedlich akzentuiert. Zwischen Ursachenerklärungen von Lehrern bestehen interindividuelle Differenzen. Es gibt Anhaltspunkte dafür, daß Kausalattribuierungen sich auf das Verhalten von Lehrern gegenüber ihren Schülern auswirken.

Damit sind die naiven Vorstellungen über das Zustandekommen von Schulleistungen nicht mehr nur interessante Nebenprodukte der Forschung, sondern handlungsleitende Theorien, die bei der wissenschaftlichen Analyse von Lernschwierigkeiten in Betracht gezogen werden müssen.

# Kapitel 2

# Verursachungsbedingungen

Anhand der einleitenden Schilderung des Phänomens lassen sich *interne* Ursachen, die im Lernenden selbst liegen, von *externen* Bedingungen abheben, die der Lernumgebung entstammen. Carroll (1973) sowie Haertel et al. (1983) differenzieren diese Bedingungsklassen weiter. Carroll nimmt an, daß Erfolg und Mißerfolg im Unterricht von drei internen sowie zwei externen Bedingungsklassen abhängen. Haertel et al. postulieren darüber hinaus noch vier moderierende Bedingungsvariablen.

*Interne Bedingungen:*
- die Fähigkeit eines Schülers, Instruktionen zu verstehen
- die aufgabenspezifischen Vorkenntnisse des Schülers
- die Lernmotivation des Schülers

*Externe Bedingungen:*
- die dem Schüler vom Lehrer zugestandene Lernzeit
- die Qualität des Unterrichts

*Moderierende Bedingungen:*
- das Klima des Unterrichts
- die Peer-Group-Beziehungen
- die Bedingungen des Elternhauses
- der Einfluß von Medien

Instruktionsverständnis und Vorkenntnisse bedingen die Zeit, die ein Schüler zur Lösung einer konkreten Aufgabe benötigt. Je größer die Schwierigkeiten sind, die er beim Verstehen von Unterrichtsanweisungen hat und je unzureichender die Lernvoraussetzungen eines Schülers sind, desto mehr Lernzeit muß er zur Erreichung eines Lernziels aufwenden. Die von ihm dabei aufgewandte Lernzeit ist ein Indikator seiner Lernmotivation. Je weniger der Schüler für die Schularbeit motiviert ist, desto weniger wird er die ihm zur Verfügung gestellte Lernzeit nutzen. Die der ganzen Schulklassse und, gegebenenfalls in Abweichung davon, dem einzelnen Schüler vom Lehrer zugestandene Lernzeit definiert den quantitativen unterrichtsorganisatorischen Rahmen. Ist die den Schülern zugestandene Lernzeit zu knapp bemessen, sind die intendierten Lernziele nicht zu erreichen. Lernschwierigkeiten wären die notwendige Konsequenz. Die unterrichtsdidaktischen Aspekte werden durch die Qualität des Unterrichts repräsentiert. Guter Unterricht kann die von den Schülern benötigte Lernzeit verkürzen, schlechter Unterricht dagegen bewirkt, daß die zugestandene Lernzeit zur Bewältigung des Lernpensums nicht ausreicht. Ein negatives Unterrichtsklima und gestörte Peer–Group–Beziehungen beeinträchtigen vermutlich die Lernmotivation und verkürzen dadurch die vom Schüler aufgewandte Lernzeit. Ungünstige Verhältnisse im Elternhaus können die Lernmotivation ebenfalls reduzieren, sich aber auch auf die Vorkenntnisse eines Schülers negativ auswirken. Elektronische Medien steuern auf der einen Seite durch ihr Informationsangebot Vorkenntnisse bei, können andererseits durch ihre aufwendige Informationsaufbereitung und –darbietung aber auch zur Konkurrenz des Schulunterrichts werden, der im Vergleich zu ihnen als langweilig oder zu schwierig erlebt und abgelehnt wird. Die Lernmotivation wird dadurch gemindert. Der Medieneinfluß kann aber auch die Vorkenntnisse beeinträchtigen, wenn Kinder durch übermäßigen Medienkonsum von Hausaufgaben abgehalten werden. Die im Modell angesprochenen Einflußgrößen und ihre postulierten Beziehungen zueinander werden in Abb. 2.1 noch einmal veranschaulicht.

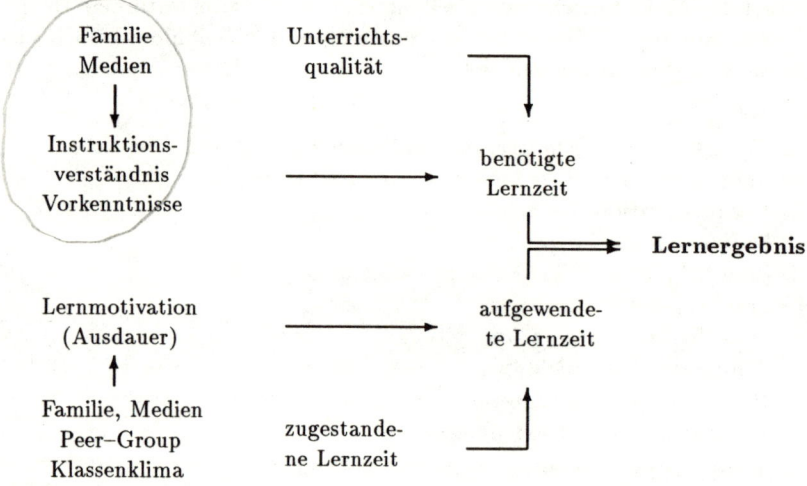

**Abb. 2.1:** Interne und externe Bedingungen für Lernschwierigkeiten

Der Abbildung ist zu entnehmen, daß Lernschwierigkeiten immer dann entstehen, wenn die aufgewendete Lernzeit geringer ist als die zur Aufgabenlösung erforderliche Lernzeit. Andererseits wären mangelnde Vorkenntnisse und Schwierigkeiten beim Instruktionsverständnis bis zu einem gewissen Grade durch Verlängerung der Lernzeit kompensierbar. Diese Schlußfolgerung hat seinerzeit Bloom (1976) veranlaßt, für schwache Schüler die Bereitstellung zusätzlicher Lernzeit zu fordern, um den Lernerfolg für (nahezu) alle Schüler zu ermöglichen. Darüber hinaus macht die Abbildung aber auch deutlich, daß Lernschwierigkeiten von einer ganzen Reihe von Bedingungen abhängen können und nicht nur auf eine einzige Ursache zurückgehen. Bei aller Plausibilität des Modells soll im folgenden anhand empirischer Befunde jede einzelne Bedingung daraufhin überprüft werden, welchen partiellen Anteil sie zur Genese von Lernschwierigkeiten beiträgt. Die einzelnen Facetten des Modells strukturieren damit die weitere Darstellung.

*Es geht nicht darum zu beweise, sondern auszustellen*

## 2.1 Mangelndes Instruktionsverständnis

Instruktionsverständnis ist nach Carroll (1973) Ausdruck der intellektuellen Befähigung im allgemeinen und der sprachlichen Intelligenz im besonderen und eine notwendige, wenn auch nicht zureichende Voraussetzung für schulischen Erfolg. Intelligenztests gelten seit langem als die besten Verfahren zur Erfassung dieser Fähigkeiten wie zur Vorhersage von Schulleistungen. Unterstellt man, daß sprachliche Intelligenztests besonders das Verständnis für sprachliche Instruktionen erfassen, so könnten statistisch gesicherte Beziehungen zwischen sprachlichen Intelligenzleistungen und schulischem Erfolg bzw. Mißerfolg den postulierten Einfluß mangelnden Instruktionsverständnisses auf die Entstehung von Lernschwierigkeiten belegen. Kühn (1987) hat kürzlich in einem Übersichtsreferat die gängigsten Tests, die im Schulalter Verwendung finden, auf ihre Beziehungen zu Schulleistungen untersucht. Dabei erwiesen sich Tests mit überwiegend verbaler Aufgabenstellung tatsächlich als am besten zur Schulerfolgsprognose geeignet.

Dieses Ergebnis überrascht nicht, ist unser Schulsystem derzeit doch durch die Dominanz verbaler Vermittlungsprozesse gekennzeichnet. Es kann als Hinweis auf mangelnde sprachliche Fähigkeiten Lernschwieriger interpretiert werden. Hunt (1978) versuchte, dieses Fähigkeitsdefizit zu präzisieren.

Hunt et al. (1975) untersuchten Studienanfänger zunächst mit einem Verfahren, das Wortschatz, Sprachgebrauch, Leseverständnis und Rechtschreibung überprüfte. Aufgrund der zusammengefaßten Werte wurden Studenten ermittelt, die zum besten bzw. schlechtesten Viertel der Stichprobe gehörten.

Im ersten Versuch hatten je 20 Vpn der beiden Extremgruppen zu entscheiden, ob Buchstabenpaare (A–A; B–C) identisch oder verschieden waren. Im 2. Versuch sollten sie beurteilen, ob die projizierten Buchstabenpaare den gleichen Laut (E–e) repräsentierten oder nicht (E–F) . Während sich bei der Entscheidung über die physikalische Identität der Buchstabenpaare nur geringfügige Differenzen zwischen den Gruppen ergaben, benötigten die Studenten mit den schlechteren Sprachleistungen signifikant mehr Zeit für die Beurteilung der phonemischen Identität. In einer zweiten Untersuchung mußten Studenten mit guten und schlechten Sprachleistungen Aufgaben von der Art 'Montag + Donnerstag = ?' durch Umkodieren in die Rangziffern der Wochentage lösen (Montag=1; Donnerstag=4). Studenten mit schlechten Sprachleistungen waren hierbei signifikant langsamer.

Aufgrund dieser und weiterer Befunde nimmt Hunt (1978) als Ursache für die verminderten Sprachtestleistungen einen verlangsamten Ablauf der bei derartigen Aufgaben erforderlichen sprachlichen Kodierungen an. Das führe dazu, daß bei gleicher Lernzeit Personen mit längeren Kodierungszeiten weniger sprachliche Informationen zu verarbeiten und im Langzeitgedächtnis zu speichern in der Lage sind. Lernschwierigkeiten wären danach die Folge der pro Zeiteinheit geringeren *Quantität* der Informationsverarbeitung.

Modelle der kognitiven Psychologie erlauben indes einen differenzierteren Einblick in möglicherweise beeinträchtigte kognitive Teilprozesse bei der Entstehung von Lernschwierigkeiten. Für Swanson (1990) gehören zu erfolgreichem Problemlösen kognitive Substrategien wie *Planung, Kontrolle, Überwachung, Prüfung, Revision und Evaluation.* Vergleiche zwischen unterschiedlich erfolgreichen Schülern ergaben in der Tat strategische Defizite Lernschwieriger.

Barton (1988) untersuchte 48 Jungen mit Lernschwierigkeiten (IQ zwischen 85 und 115, Schulleistungen unter Prozentrang 15) und eine nach dem Alter parallelisierte Gruppe von 48 Jungen ohne Lernprobleme. Beide Gruppen bestanden aus einer jüngeren (8–10 Jahre) und einer älteren (11–13 Jahre) Subgruppe. Sie hatten die Aufgabe, ein bestimmtes Bild aus einer Zufallsanordnung von 48 Bildobjekten durch so wenig Fragen wie möglich zu identifizieren. Die Objekte variierten systematisch nach Größe, Form und Farbe.

Jungen mit Lernschwierigkeiten stellten häufig Fragen mit geringerem Informationsgehalt, d.h., sie fragten mehr oder minder unsystematisch, ob ein bestimmtes Objekt das gesuchte sei. Sie benutzten in geringerem Ausmaß Fragen unter Zuhilfenahme der dem Material inhärenten Kategorien Größe, Form und Farbe, die eine Eliminierung mehr als eines Items erlaubt hätten. Sie benötigten folglich mehr Fragen, um das gesuchte Objekt zu finden als die Jungen der altersgleichen Kontrollgruppe. Insgesamt erreichten die älteren Lernschwierigen das Niveau der um 2–3 Jahre jüngeren Kontrollkinder. Diese Rangordnung blieb auch nach einem Training erhalten, von dem alle Gruppen profitierten.

Swanson und Cooney (1985) untersuchten das strategische Verhalten 12 lernschwieriger und 12 unauffälliger Jugendlicher, indem sie ihnen Rechenaufgaben vorlegten, die im Schwierigkeitsgrad ca. drei Jahre unter ihrem aktuellen Leistungsniveau angesiedelt und somit hochvertraut waren. Die Aufgaben waren so konstruiert, daß sie entweder durch Erinnerung der Lösung, Anwendung einer einfachen Regel, Ersetzung einer Regel durch eine andere (z.B. Addition durch Multiplikation), Bildung von Einheiten aus wiederkehrenden Elementen oder durch das Merken von Teilresultaten leichter zu lösen waren als durch mechanische Ausführung der vorgegebenen Rechenoperationen.

Die Jugendlichen mit Lernschwierigkeiten konnten sich, im Gegensatz zu ihren Kontrollpartnern, weniger häufig an die Ergebnisse erinnern, wechselten seltener die Regel, bildeten kaum zusammenfassende Einheiten und sicherten weniger Zwischenergebnisse.

Eine größere Neigung zum Raten und eine geringere Tendenz, Strategien zum Lösen von Problemen zu benutzen, fanden auch Ludlow und Woodrum (1985) beim Vergleich durchschnittlich intelligenter 11jähriger lernschwieriger Schüler mit Schülern ohne Lernprobleme. Lernschwierige Jugendliche konnten ihr Informationsverarbeitungstempo bei einem Konzentrationstest den Erfordernissen der Aufgabe schlechter anpassen als Schüler einer gleich alten Kontrollgruppe (Cotugno & Levine, 1990). Sie überwachten auch ihre Enkodierungen weniger gut (Swanson & Cochran, 1991). Einen indirekten Beleg für mangelndes Kontrollverhalten Lernschwieriger liefert eine Untersuchung von Short et al. (1991), bei der Lernschwierige Analogieprobleme still bzw. von lautem Denken begleitet zu lösen hatten. Bei lautem Denken, das sie offenbar zu besserer Kontrolle zwang, verbesserten sich ihre Leistungen deutlich. Lernschwierige reflektierten ihre Fehler seltener (Shafrir et al., 1990) und waren beim Problemlösen Kindern ohne Lernprobleme bezüglich ihrer Vergleichs– und Bewertungsstrategien unterlegen (Thomas, 1989).

Campione et al. (1985) trainierten mit leicht retardierten und nichtretardierten Kindern vergleichbaren Intelligenzalters das Lösen von Matrizenproblemen vom Typ der Raven–Tests. Nach dem Training unterschieden sich die beiden Gruppen nicht. Im Übertragen der erlernten Regeln auf andersartige Probleme waren Schüler ohne Lernschwierigkeiten ihren lernretardierten Partnern jedoch um so deutlicher überlegen, je geringer die Ähnlichkeit mit der Trainingssituation war. *[handschriftlich: in der geistigen Entwicklung zurückgeblieben]*

Neben diesen strategischen Defiziten wurden in den letzten beiden Jahrzehnten auch Defizite Lernschwieriger in ihrem Wissen über ihre kognitiven Strategien ausgemacht. Dieses Wissen über Kognitionen wird als *Metakognition* bezeichnet.

Wong und Wong (1986) befragten 45 gute, mittlere und schlechte Leser der Klassen 5–7 nach ihrem Wissen über den Einfluß von Wortschwierigkeit und Textorganisation auf die Leichtigkeit bzw. Schwierigkeit der Bearbeitung eines Textes. Wie erwartet, hatten schlechte Leser geringere metakognitive Kenntnisse als gute Leser.

Englert et al. (1988) untersuchten das Wissen über das Abfassen eines Textes bei 10 lernschwierigen Schülern der Klasse 4–5 und 20 Schülern ohne Lernprobleme, aber unterschiedlicher Leistungshöhe. Lernschwierige Schüler wußten weniger als die Mitglieder der Kontrollgruppe darüber, wie sie den Schreibprozeß kontrollieren und regulieren sollten, wie sie Texte organisieren oder strukturieren, Einfälle generieren oder gruppieren sollten und wie Qualität und Vollständigkeit ihrer Texte zu überwachen wären. Der Ausprägungsgrad der Metakognitionen korrelierte mit der Qualität der Textproduktionen.

Slife et al. (1985) verglichen 24 Kinder der Klassen 2–6 mit Lernschwierigkeiten in Mathematik mit 24 Kindern ohne Lernprobleme. Um sicherzustellen, daß sie sich nur in ihren Metakognitionen, nicht aber in ihren mathematischen Fähigkeiten unterschieden, wurden die beiden Gruppen auf der Basis ihrer Mathematikleistungen parallelisiert. Alle Kinder erhielten zunächst einen Satz von zehn Additionsaufgaben vorgelegt mit der Aufforderung anzugeben, wie viele von ihnen sie glaubten richtig lösen zu können. Nach der Bearbeitung der Aufgaben hatten die Kinder zu markieren, welche Lösungen sie für richtig oder falsch hielten.

Die Lernschwierigen schätzten ihre Leistungen im voraus signifikant weniger korrekt ein als ihre Kontrollpartner. Auch bei der Entdeckung von Fehlern waren Lernschwierige hochsignifikant weniger erfolgreich. Sie hielten dabei häufiger als ihre Kontrollpartner richtige Lösungen für falsch.

Damit ist deutlich geworden, daß Lernschwierige nicht nur Defizite in bezug auf ihre kognitiven Strategien aufweisen, sondern auch weniger über diese Strategien und über ihr Können wissen. Diese beiden Aspekte sind, wie die Arbeit von Slife et al. (1985) zeigt, voneinander zu trennen. Sie entwickeln sich aber offensichtlich nicht unabhängig voneinander. So konnten Rottman und Cross (1990) mit Hilfe eines metakognitiv orientierten Lesetrainings sowohl das metakognitive Wissen ihrer Schüler verbessern als auch die Leseleistungen selbst. Harris et al. (1988) führten mit 40 lernschwierigen Schülern der 4. Klasse ein Training zur Verbesserung der Rechtschreibleistungen durch. Bei der Nachuntersuchung stellte sich heraus, daß sich nicht nur die Rechtschreibleistungen, sondern auch das metakognitive Wissen der Schüler verbessert hatten.

Hasselhorn und Mähler (1992) untersuchten die Wirkung eines Strategie- und Metakognitionstrainings auch bei lernbehinderten Sonderschülern.

Je 30 Sonderschüler und Grundschüler gleichen mentalen Alters wurden drei verschiedenen Bedingungen zufällig zugeteilt. Die erste Gruppe nahm an einem Strategietraining ohne metakognitive Komponente teil, die zweite erhielt beide Trainingskomponenten, während die dritte als Kontrollgruppe ohne Training fungierte. Die metakognitive Trainingsgruppe wurde anhand verschiedenen Materials in Sinn und Gebrauch von Einprägungsstrategien eingeführt. Die Regeln 'Sortiere nach Gruppen', 'Benenne die Gruppen', 'Lerne nach Gruppen' und 'Wiederhole nach Gruppen geordnet' wurden demonstriert, verbalisiert und eingeübt. Am Ende der ersten Trainingssitzung sollten die Kinder die Regeln benennen, anwenden und ihre Nützlichkeit erklären können. Eine zweite Trainingssitzung im Abstand von 14 Tagen diente nur der Festigung des Trainingserfolges. Die Strategiegruppe erhielt ein reines Kategorisierungstraining ohne Anwendungshinweise.

Als Testmaterial wurden 16 zufällig angeordnete Bilder verwendet mit der Aufforderung, sie zu ordnen, daß sie sich besser einprägen lassen und sie dann zu lernen. Nach der Einprägungsphase wurden die Kinder angehalten, alle Bilder zu nennen, die sie sich merken konnten und anzugeben, wie sie das bewerkstelligt hätten. Alle Kinder wurden einem Prätest, einem Posttest und nach sechs Monaten einem Wiederholungstest unterzogen.

Der Vergleich der Posttestwerte mit den Prätestergebnissen zeigte, daß sich alle Gruppen verbesserten, am stärksten die Gruppe mit dem metamemorialen Strategietraining. Nach sechs Monaten ließ sich jedoch kein Trainingseffekt mehr nachweisen. Die kategoriale Organisation bei der Wiedergabe nahm in den beiden Trainingsgruppen gegenüber der Kontrollgruppe signifikant zu, am stärksten in der metamemorialen Strategiegruppe. Nach sechs Monaten war auch dieser Effekt wieder verschwunden. Die Reproduktionsleistungen folgten dem gleichen Trend mit der Ausnahme, daß nach sechs Monaten die Leistungen noch leicht zu– statt abnahmen.

Zusammenfassend betrachtet, scheinen die dargestellten Ergebnisse dafür zu sprechen, daß lernschwierige Schüler sich von Kindern ohne Lernschwierigkeiten durch kognitive Strategiedefizite und reduzierte Kognitionen über diese Strategien unterscheiden. Diese Metakognitionen lassen sich von den kognitiven Strategien selbst trennen und können zusammen mit diesen, aber auch separat trainiert werden. Metakognitionen sind kein zu vernachlässigendes Beiprodukt der Strategieentwicklung, sondern leisten einen eigenen Beitrag zur Erklärung von Unterschieden zwischen lernschwierigen Schülern und solchen ohne Lernprobleme. Trainingseffekte sind meist nur von kurzer Dauer.

Die wiederholt gemachte Beobachtung, daß kognitive Strategien sowie Metakognitionen Lernschwieriger durch relativ kurzzeitiges Training zu verbessern sind, wirft die Frage auf, warum diese Strategien und Metakognitionen nicht spontan eingesetzt werden. Für Torgesen (1982) sind Lernschwierige einfach 'inaktive Lerner'. Diese These konnte durch eine Untersuchung von Swanson (1988) widerlegt werden.

*deprivieren:* Die Mutter oder eine andere
Bezugsperson entbehren lassen
*Kovarianz:* Maß für die gegens. Abhängigkeit
zweier größen (Statistik)

Swanson untersuchte 29 normal intelligente lernschwierige Schüler im Alter zwischen
9 und 10 Jahren, deren Schulleistungen, besonders im Lesen, zwei Jahre hinter den Erwartungen zurückgeblieben waren, und verglich sie mit 27 lernunauffälligen Schülern
gleichen Alters. Die Lernschwierigen zeigten keine Anzeichen neurologischer oder emo-
tionaler Auffälligkeiten und waren kulturell nicht depriviert. Beide Gruppen erhielten
Bilder von Bildgeschichten ungeordnet vorgelegt und hatten die Aufgabe, diese in eine
sinnvolle Reihenfolge zu bringen. Dabei sollten sie ihre Gedanken laut aussprechen.
Diese Verbalisierungen wurden auf Tonband aufgenommen, niedergeschrieben und von
unabhängigen Experten nach 21 Kategorien bewertet.

In einem ersten Schritt wurden die Verbalisierungsfähigkeiten der Kinder überprüft. Die Differenzen zugunsten der unauffälligen Kinder waren insignifikant. Um
die teilweise heterogenen Gruppen vergleichbar zu machen, wurden IQ– und Schulleistungsunterschiede per Kovarianzanalyse statistisch kontrolliert. Daraufhin unterschieden sich beide Gruppen weder hinsichtlich ihrer Gesamtleistungen noch bezüglich
der Zahl der angewandten Strategien.

In einem weiteren Schritt wurde ermittelt, ob sich die beiden Gruppen in einzelnen
Strategien unterschieden. Dabei zeigte sich, daß die unauffälligen Schüler signifikant
häufiger sytematisch vorgingen und öfter Bewertungs– und Rückmeldeprozesse einbezogen als Lernschwierige. Letztere versuchten mit allgemeineren, aber ineffektiveren
Strategien die Aufgaben zu lösen.

Mit dieser Untersuchung, konnte gezeigt werden, daß Lernschwierige beim Problemlösen keinesfalls inaktiv sind. Sie wenden nur andere, weniger effektive
Strategien dabei an. Aktiv waren auch die Lernschwierigen einer Studie von
Conca (1989). Sie wendeten ebenfalls ineffektivere Strategien bei Gedächt-
nisaufgaben an. Auch hier drängt sich wieder die Frage auf, weshalb Lernschwierige diese weniger effektiven Strategien präferieren. Chi und Ceci (1987)
vertreten die Auffassung, daß strategische Differenzen auch auf Unterschiede
im Wissen über Strategien zurückgehen können. Damit käme dem zweiten
Aspekt des Modells von Carroll (1973) ein besonderes Gewicht zu. Er soll im
nächsten Abschnitt ausführlich diskutiert werden.

## 2.2 Mangelnde Vorkenntnisse

Die in den Modellen von Carroll (1973) und Haertel et al. (1983) als für den
Lernerfolg wichtig angesehenen aufgabenspezifischen Vorkenntnisse wurden
bereits von Gagné (1973) als unverzichtbare Grundlage des Lernfortschritts
postuliert. Empirische Befunde, nach denen der Stand der Vorkenntnisse von
Schülern deren späteren Lernerfolg in dem jeweiligen Fach bedeutsamer Weise
determinieren, belegen diese Annahmen. So lassen sich nach Bloom (1976)
etwa 50% der Varianz der späteren Schulleistungen durch Unterschiede in den
Vorkenntnissen aufklären. Zu ähnlichen Ergebnissen kommen Weinert et al.
(1989).

Beobachtungen, daß Kinder mit Lernschwierigkeiten weniger wissen und
Gewußtes häufig schneller vergessen als andere Schüler, scheinen darauf hinzu-
deuten, daß Vorkenntnisdefizite mit Gedächtnisproblemen zusammenhängen.
Diverse Forschungsergebnisse bestätigen diesen Eindruck. So waren Kinder

mit Lernschwierigkeiten ihren unauffälligen Vergleichspartnern unterlegen, sobald sie Gedächtnisinhalte erinnern sollten.

Torgesen und Goldman (1977) untersuchten 32 gute und schlechte Leser des 2. Schuljahres, die nach Intelligenz– und Wortschatzleistungen als durchschnittlich beurteilt wurden, hinsichtlich ihrer Leseleistungen jedoch um ca. ein Jahr differierten. Ihnen wurden sieben Bilder in immer anderer Reihenfolge gezeigt. Die Kinder hatten die Aufgabe, die Bilder in die Reihenfolge zu bringen, in der sie diese glaubten gesehen zu haben. Die lernschwierigen Kinder hatten geringere Behaltensleistungen als ihre Vergleichspartner.

Klicpera (1982) ließ 33 leseschwache Schüler im Alter von 11–14 Jahren Sätze von unterschiedlicher Syntax und Semantik nachsprechen und verglich deren Leistungen mit denen von 18 leistungsunauffälligen Kindern gleichen Alters und vergleichbarer Intelligenz. Die lernschwierigen Schüler machten deutlich mehr Fehler als ihre Vergleichspartner.

Klicpera und Savakis (1983) prüften die Wiedergabe mündlich vorgetragener Geschichten bei der gleichen Gruppe. Dabei zeigte sich, daß die lernschwierigen Schüler nicht nur weniger Informationen wiedergeben konnten als ihre alters– und intelligenzgleichen Kontrollpartner, sondern auch die Bedeutungen und logischen Strukturen in geringerem Maße berücksichtigten.

In den letzten Jahren ist die Frage, woher derartige Probleme rühren, stärker in den Mittelpunkt des Forschungsinteresses gerückt. Als denkbare Orte, an denen Lern– und Gedächtnisprobleme entstehen können, diskutiert Bauer (1987) das sensorische Register, den Kurzzeitspeicher, das Langzeitgedächtnis sowie Transferprozesse zwischen diesen Speichern.

Um zu testen, ob vielleicht eine Störung des sensorischen Registers die Ursache für die Lernprobleme Lernschwieriger sein könnte, wurden visuelle und akustische Reize benutzt. Visuelle Reize bleiben im sensorischen Register bis zu 0.5 Sekunden präsent, akustische bis zu 2 Sekunden.

Morrison et al. (1977) präsentierten ihren normal bzw. schlecht lesenden Pbn für 150 Millisekunden Punktmuster und geometrische Figuren. Zwischen den beiden Gruppen ergaben sich keine Unterschiede in der Wiedererkennungsleistung, wenn diese innerhalb von 300 Millisekunden nach der Präsentation, also innerhalb der Präsenzzeit für visuelle Reize, erhoben wurde.

Torgesen und Houck (1980) überprüften das sensorische Register für akustische Reize, indem sie Ziffernfolgen nachsprechen ließen. Wieder ergaben sich keine Leistungsunterschiede zwischen lernschwierigen und nicht lernschwierigen Pbn, wenn 1–4 Ziffern pro Sekunde, also innerhalb der Grenzen des sensorischen Registers, präsentiert wurden. Die Lernschwierigen fielen in ihren Leistungen erst ab, wenn die Präsentationsrate pro Sekunde verringert wurde. Abbildung 2.2 verdeutlicht diesen Befund.

Damit scheiden Störungen des sensorischen Registers als mögliche Ursache für Lern– und Gedächtnisdefizite Lernschwieriger aus.

Beobachtungen, daß Lernschwierige vom Gelernten weniger reproduzieren können als nicht Beeinträchtigte, legen die Vermutung nahe, Lernschwierigkeiten gingen auf ein defizitäres Langzeitgedächtnis zurück. Um diese These zu prüfen, untersuchte Belmont (1972) die Behaltensleistungen intellektuell Retardierter im Vergleich zu Nichtretardierten.

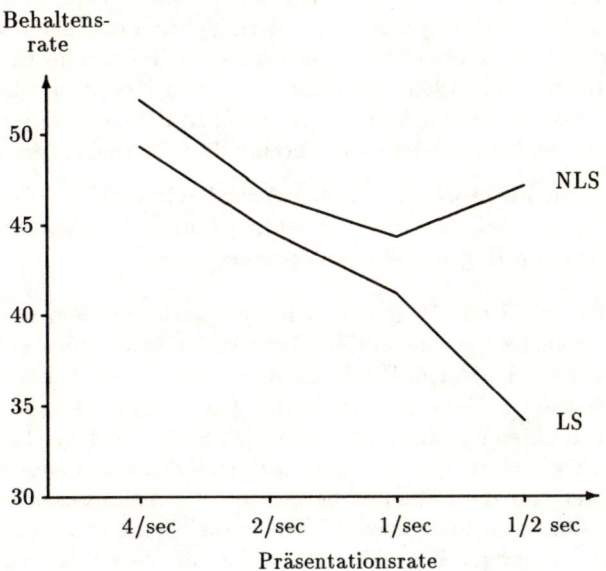

**Abb. 2.2:** Behaltensleistungen lernschwieriger (LS) und nicht lernschwieriger Kinder (NLS) beim Zahlennachsprechen unter vier verschiedenen Präsentationsraten (nach Torgesen & Houck, 1980)

71 Schüler der Klassen 3–11 mit einem Intelligenzalter zwischen 8 und 16 Jahren sowie 31 intellektuell Retardierte im Alter von 12–39 Jahren (IQ 56 bis 83) wurden mit folgender Aufgabe konfrontiert: Sie hatten auf einem Demonstrationsschirm aufleuchtende verschiedenfarbige Drucktasten zu beobachten und sich deren Position zu merken. Am Ende jeder Serie leuchtete an einem separaten Platz erneut ein farbiges Licht auf. Die Vpn mußten nun jene Taste drücken, deren Farbe mit der des zuletzt aufleuchtenden Lämpchens identisch war. 18 der 72 Durchgänge liefen in der geschilderten Weise ab. In den restlichen Durchgängen wurde die Präsentation des separaten Reizes um 4, 8 oder 12 Sekunden verzögert. Auf diese Weise sollte ermittelt werden, ob Retardierte schneller vergessen als normal intelligente Schüler. Wie erwartet, fielen die Behaltensleistungen mit zunehmender Verzögerung deutlich ab. Der Leistungsabfall der Retardierten entsprach jedoch genau dem der Nichtretardierten. Allerdings konnten sich die Retardierten durchweg an weniger Farben erinnern. Wurden die Retardierten mit ihren nicht retardierten Vergleichspartnern nach dem Intelligenzalter parallelisiert, verschwanden auch diese Differenzen. Auch die Vergessenskurve der jüngeren Kontrollgruppe unterschied sich der Form nach nicht von der Form der älteren Kontrollgruppe. Die jüngeren Schüler merkten sich aber unter allen Bedingungen weniger Farbpositionen als die älteren.

Aus diesem Befund, der das Ergebnis einer Literaturanalyse von Belmont und Butterfield (1969) bestätigt, kann geschlossen werden, daß Lernschwierige offenbar nicht schneller vergessen als Schüler ohne Lernprobleme. In der Behaltensleistung gleichen sie jüngeren Kindern gleichen Intelligenzalters. Die Behaltensdifferenzen treten bereits bei unverzögerter Testung in Erscheinung. Belmont und Butterfield (1969) interpretieren diese Resultate als Hinweise darauf, daß die vermeintlichen Merkfähigkeitsdefizite Lernschwieriger eher in defizitären Prozessen beim Erwerb von Lerninhalten zu suchen sind.

Als eine Ursache für prozessuale Defizite wurden lange Zeit Störungen der *selektiven Aufmerksamkeit* angesehen. Selektive Aufmerksamkeit wurde meist mit den Aufgaben von Hagen (1967) untersucht.

Den Pbn wurden dabei von Hagen zunächst je sechs Kärtchen mit je einem Tier und einem Haushaltsgegenstand gezeigt mit der Anweisung, sich zu merken, wo sich die Tiere nach dem Umdrehen und Ablegen der Kärtchen jeweils befänden. Nach jeder Sechserserie wurde den Kindern eine Karte mit einem Tier gezeigt. Sie mußten nun angeben, an welcher Stelle das Kärtchen mit dem betreffenden Tier abgelegt war. Die Zahl der richtig bezeichneten Positionen wurde als Meßwert für die Fähigkeit betrachtet, die Aufmerksamkeit auf relevante Informationen zu fokussieren. Nach zwölf Serien wurden die Kinder veranlaßt, zu jedem der gezeigten Tiere auch die mit abgebildeten Haushaltsgegenstände zu nennen. Die Zahl der richtig erinnerten Paare wurde als Maß für unbeabsichtigtes Mitlernen irrelevanter Informationen gewertet.

Hallahan et al. (1973) untersuchten mit dieser Aufgabe zwei Gruppen von Jungen der 6. Klasse, die hinsichtlich ihrer Intelligenzleistungen vergleichbar waren, sich bezüglich ihrer Lese– und Rechtschreibleistungen um zwei Jahre unterschieden. Die leistungsschwachen Schüler waren den guten Schülern in der Merkfähigkeit für die instruktionsgemäß zu merkenden Tierfiguren signifikant unterlegen. Hinsichtlich der Zahl der unabsichtlich mitgelernten Haushaltsgegenstände unterschieden sich die beiden Gruppen allerdings nicht.

Dieser wiederholt replizierte Befund wurde lange Zeit als Indiz für eine relative Unfähigkeit Lernschwieriger zu selektiver Aufmerksamkeit und als mögliche Ursache ihrer Lernprobleme interpretiert. Tarver (1981) ermittelte jedoch aufgrund genauerer Analysen, daß Lernschwierige sich nur die Initialitems der Sequenzen von Tierbildern schlechter, die rezenten Objekte jedoch genau so gut merken konnten wie ihre Kontrollpartner. Die Unterlegenheit Lernschwieriger im Behalten initialer Items in Lernserien demonstriert auch eine Untersuchung von Bauer (1977).

Lernschwierige und unauffällige Kinder im Alter von 9–10 Jahren, die nach Alter, Geschlecht und IQ vergleichbar waren, hatten die Aufgabe, Serien von je neun einsilbigen Hauptwörtern, die im Abstand von 1 Sekunde vorgegeben wurden, sofort nach der Präsentation wiederzugeben. Die Trefferquote wurde für jede der neun seriellen Positionen notiert. Abbildung 2.3 veranschaulicht das Ergebnis. Die Grafik demonstriert augenfällig die Unterlegenheit Lernschwieriger beim Behalten der ersten Elemente von Lernserien. Dieses Ergebnis konnte neuerdings auch eine Untersuchung von Bauer und Peller–Porth (1990) bestätigen.

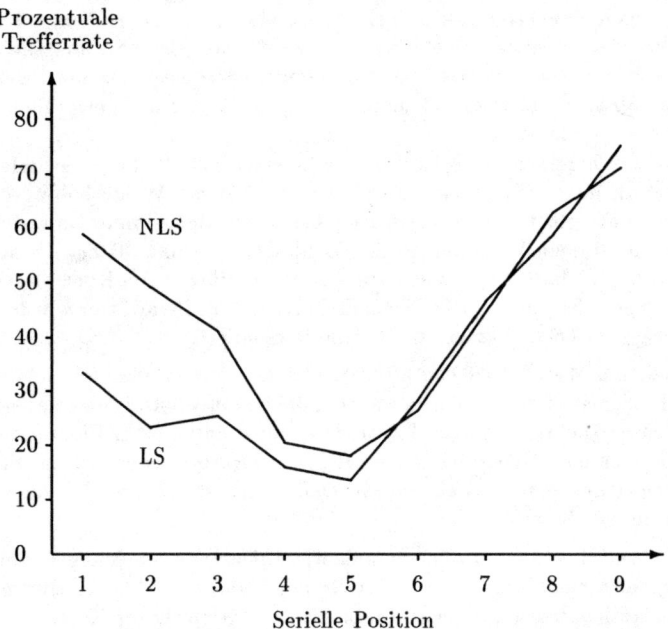

**Abb. 2.3:** Durchschnittliche prozentuale Trefferrate lernschwieriger (LS) und nicht lernschwieriger Schüler (NLS) beim Erinnern einsilbiger Wörter (nach Bauer, 1979)

Die Merkfähigkeit für rezente Reize zeigt, daß die Lernschwierigen im Augenblick der Reizpräsentation durchaus aufmerksam waren, sonst hätten sie sich diese Reize nicht merken können. Eine Unfähigkeit zur Aufmerksamkeit scheidet damit als mögliche Störquelle für Gedächtnisleistungen aus. Die Probleme Lernschwieriger beim Merken initialer Items deuten vielmehr darauf hin, daß defizitäre Kontrollprozesse bei der für die Kurzzeitspeicherung erforderlichen Reizverarbeitung eine Rolle spielen. Belege für diese Interpretation liefern Beobachtungen von Torgesen und Goldman (1977).

In der bereits erwähnten Untersuchung beobachteten die Autoren bei der Vorgabe der Bildsequenzen, die sich die Kinder merken sollten, deren Lippenbewegungen, weil sich in ihnen vielleicht Wiederholungsbemühungen andeuten könnten. Nach Abschluß der Untersuchung wurden die Kinder befragt, was sie getan hatten, um die richtige Bildfolge behalten zu können.

Wie schon berichtet, war die Merkfähigkeit der Leseschwachen für Bildsequenzen gegenüber ihren gut lesenden Vergleichspartnern reduziert. Letztere ließen auch mehr Wiederholungsbemühungen erkennen. Um zu prüfen, ob diese Wiederholungen als ursächlich für die Behaltensdifferenzen angesehen werden können, wurden die Kinder angehalten, bei Reizvor– und Reizwiedergabe die Bilder zu benennen. Danach bestanden zwischen guten und schlechten Lesern keine signifikanten Behaltensunterschiede mehr.

Cermak (1983) überprüfte das Wiederholungsverhalten auch qualitativ. Lernschwierige Schüler dreier Altersstufen sollten wie lernunauffällige Schüler gleichen Alters in 5 Durchgängen eine Liste von 20 geläufigen, akustisch vorgegebenen Hauptwörtern lernen. Zuvor wurden sie aufgefordert, das jeweils vorgelesene Wort allein oder auch zusammen mit anderen Wörtern der Liste zu wiederholen. Da die Präsentation im 5-Sekundenabstand erfolgte, war hierzu genügend Zeit. Das Wiederholungsverhalten der Kinder wurde aufgezeichnet.

Wie in den bereits zitierten Arbeiten erinnerten sich die Lernschwierigen an weniger Wörter als ihre Kontrollpartner. Bei der Analyse der Wiederholungsbemühungen zeigte sich, daß selbst die 13–14jährigen Lernschwierigen immer nur einzelne Items wiederholten, also ein Verhalten an den Tag legten, das unauffällige Lerner höchstens im Alter von 8–10 Jahren benutzten. Ihre nicht lernschwierigen Kontrollpartner bevorzugten dagegen eher kumulative Wiederholungen, d.h., Lernwörter wurden zusammen mit vorausgegangenen Wörtern der Lernserie repetiert.

Dallago und Moely (1980) untersuchten bei lernschwierigen und unauffälligen Kindern die Fähigkeit, sich Figuren zu merken, die sich in verschiedene Kategorien klassifizieren ließen. Die unauffälligen Kontrollpartner konnten mehr Figuren behalten und tendierten auch dazu, die Zeichnungen eher nach Kategorien geordnet wiederzugeben als Lernschwierige, ein Hinweis auf ein Defizit Lernschwieriger bei der kategorialen Organisation der Lernitems.

Mähler und Hasselhorn (1990) veranlaßten 10jährige lernbehinderte Sonderschüler, eine gleich alte nichtbehinderte Kontrollgruppe und eine dem Intelligenzalter nach parallelisierte Kontrollgruppe von Erstkläßlern, sich zwölf auf Karten abgebilde Gegenstände einzuprägen, die drei verschiedenen Kategorien angehörten. Die Karten wurden nacheinander einzeln vorgegeben.

Die Lernbehinderten benötigten zur Einprägung etwa so lange wie ihre jüngeren Vergleichspartner der gleichen mentalen Entwicklungsstufe, aber fast doppelt so viel Zeit wie ihre gleich alten Kontrollpartner. Die nichtbehinderten Schüler bevorzugten bei der Reproduktion in stärkerem Maße eine kategoriale Organisation der zu behaltenden Gegenstände, Lernbehinderte und ihre dem Intelligenzalter nach vergleichbaren Kontrollpartner dagegen eher eine serielle Form der Organisation.

Kinder mit Lernschwierigkeiten sind zur Anwendung von Kontroll– und Organisationsprozessen aber durchaus fähig, wenn sie hierzu angeleitet werden. So berichtet Hasselhorn (1987) in einem Übersichtsreferat, daß sich schon in den 70er Jahren folgende Trainingsmaßnahmen als wirksam erwiesen haben:

- das modellgeleitete Einüben der selbständigen Anwendung geeigneter Lernstrategien

- das ausführliche Informieren der Kinder über Nutzen und Grenzen der eingeübten Strategien

- das Einüben der Strategiegeneralisierung unter Variation der Aufgabenstellung

- das direkte Einüben allgemeiner Heuristiken und Techniken zur Überwachung und Regulation des eigenen Lernverhaltens

Allerdings war die Übertragung der eingeübten Strategien auf andere Aufgaben in der Regel so gering, daß die praktische Bedeutsamkeit dieser Befunde in Zweifel gezogen werden muß. Zum einen waren die eingeübten Strategien i.d.R. zu spezifisch, als daß sich ein Transfer auf andere Lernsituationen ohne weiteres erwarten ließe. Zum andern zeigte sich auch bei Gedächtnisstrategien der Einfluß von Metakognitionen. Lernschwierigen fehlen offensichtlich Kenntnisse über effiziente Einprägungstechniken, wie Mähler und Hasselhorn (1990) ermittelten.

Die Autoren hatten in ihrer bereits zitierten Untersuchung ihre Vpn auch über den Nutzen kategorialer Ordnungsstrategien für das Lernen befragt. Die Kinder erhielten dazu zwei Karten mit den in den Lernaufgaben benutzten Gegenständen vorgelegt. Auf der einen Karte waren die Gegenstände nach Kategorien geordnet dargestellt, auf der anderen dagegen ungeordnet. Die Kinder hatten zu entscheiden, welche Karte sich ihrer Meinung nach leichter lernen ließe und ihre Wahl anschließend zu begründen. Lernbehinderte hatten danach ein signifikant geringeres Strategiewissen als ihre nichtbehinderten Vergleichspartner.

Swanson (1983) ließ 8–9jährige normale und retardierte Leser Listen mit unzusammenhängenden Wörtern lernen. Vor der Wiedergabe mußten sie ihre Reproduktionsleistung schätzen. Wie erwartet, erinnerten sich schlechte Leser an weniger Wörter als normale Leser. Die Schätzwerte beider Gruppen für die erwartete Reproduktionsleistung waren vergleichbar. Das Wissen der schlechten Leser über ihre Merkfähigkeit stand jedoch im Gegensatz zu normalen Lesern in keiner Beziehung zu ihrer Trefferrate.

Danach haben Lernschwierige offenbar nicht nur geringere Vorkenntnisse, sondern auch ein geringeres Wissen über Lernstrategien und über ihre Gedächtnisleistungen. Um von derartigem Wissen profitieren zu können, benötigen Schüler aber auch Wissen darüber, wann, wo und wie Lern– und Gedächtnisstrategien einzusetzen sind (Brown, 1978). Damit mehren sich die Anzeichen, daß Wissenskomponenten eine wichtige Rolle bei kognitiven und Gedächtnisleistungen spielen. Die herausragende Bedeutung von Kenntnissen wurde in einer inzwischen als klassisch geltenden Untersuchung von Chi (1978) demonstriert.

Kindern mit einem Durchschnittsalter von 10,5 Jahren, die an einem örtlichen Schachturnier teilnahmen, wurden vier Schachprobleme mit je 22 Figuren jeweils 10 Sek. lang dargeboten. Anschließend mußten sie auf einem leeren Schachbrett die Figuren einsetzen, an die sie sich erinnern konnten. Da nicht alle Figuren beim erstenmal richtig plaziert werden konnten, wurden die Problemstellungen so oft präsentiert, bis alle Figuren richtig gesetzt waren. Bei einer Vergleichsgruppe von Erwachsenen, die lediglich Anfängerkenntnis im Schachspiel besaßen, wurde ebenso verfahren. Beide Gruppen hatten zusätzlich Ziffernfolgen nachzusprechen. Abbildung 2.4 veranschaulicht das Ergebnis.

Die kindlichen Schachexperten konnten sich mehr Schachpositionen merken als die weniger geübten Erwachsenen. Letztere benötigten auch mehr Lerndurchgänge, um sich alle Positionen zu merken, als die kindlichen Experten. Beim Merken von Ziffernfolgen waren die Erwachsenen dagegen überlegen.

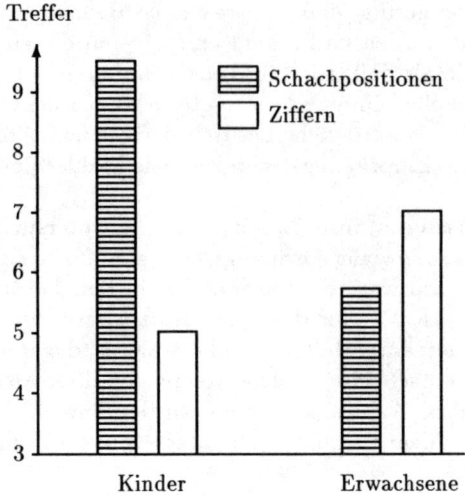

**Abb. 2.4:** Zahl der von geübten kindlichen Schachspielern und ungeübten erwachsenen Spielern erinnerten Ziffern bzw. Positionen von Schachfiguren (nach Chi, 1978, S. 88)

Diese an einer kleinen Stichprobe gewonnenen, Aufsehen erregenden Befunde wurden kürzlich an einer größeren Stichprobe von Opwis et al. (1990) repliziert. Die Schachexperten unter den 10–13jährigen Schülern übertrafen mit ihrer Merkfähigkeit für Schachpositionen nicht nur die Leistungen der erwachsenen Schachnovizen, sondern erreichten sogar die Werte der untersuchten erwachsenen Schachexperten. Wie in der Arbeit von Chi (1978) waren die Erwachsenen den Kindern jedoch in der Merkfähigkeit für Ziffernfolgen überlegen. Bei der Reproduktion zufälliger Klötzchenmuster ergaben sich dagegen keine Unterschiede zwischen den Gruppen.

Der förderliche Effekt bereichsspezifischen Vorwissens auf Behaltensleistungen ist aber nicht nur auf so ausgefallene Bereiche wie Schachprobleme beschränkt, sondern auch in anderen Domänen nachweisbar. Körkel (1987) fand ähnliche Ergebnisse beim Verstehen von Texten und Behalten von Textinformationen. Er ermittelte aufgrund eines Fragebogens, der Wissen über den Fußballsport abfragte, bei Kindern der 3.–7. Klasse Fußball*experten* und Fußball*novizen*. Ihnen wurden Texte über ein Fußballspiel zum Studium vorgelegt. In einer Textversion waren Schikanen in Form von Widersprüchen eingebaut.

Fußballexperten konnten mehr Sätze richtig reproduzieren, erkannten signifikant mehr Widersprüche, die in die Texte eingebaut worden waren und schätzten die Wichtigkeit von Informationen besser ein als Novizen.

Schneider und Bjorklund (1992) zeigten Schülern der 2. und 4. Klasse 24 Bilder von bekannten Objekten und 20 Bilder mit Objekten aus dem Bereich Fußball mit der Aufforderung, sich diese Gegenstände so gut wie möglich einzuprägen. Sie dürften dazu alles tun, was ihnen dabei helfen könnte. Anhand eines Fragebogens wurden das Ausmaß ihres Vorwissens, durch Intelligenztests der Grad ihrer verbalen Fähigkeiten bestimmt.

Fußballexperten erinnerten sich an mehr Gegenstände aus dem Bereich Fußball als Fußballnovizen. Hinsichtlich der Merkfähigkeit für andere Objekte ergaben sich keine Differenzen zwischen Experten und Novizen.

Diese eindrucksvollen Befunde, die den Einfluß bereichsspezifischen Vorwissens auf Behaltens- und Verstehensleistungen demonstrieren, haben auf den ersten Blick nichts mit dem Thema Lernschwierigkeiten zu tun. Betrachtet man jedoch lernschwierige Schüler als 'Novizen' auf ihrem Problemgebiet, ihre nicht lernschwierigen Vergleichspartner dagegen als 'Experten', so lassen sich die Befunde der entwicklungspsychologischen Expertiseforschung zur Erklärung heranziehen. Lernschwierigkeiten wären danach, zumindestens teilweise, auf mangelnde Vorkenntnisse zurückzuführen.

Experten und Novizen unterscheiden sich aber nicht nur bezüglich ihrer bereichsspezifischen Vorkenntnisse, sondern auch hinsichtlich ihres metakognitiven Wissens. Körkel (1987) konnte den zusätzlichen Einfluß metakognitiven Wissens auf das Behalten von Texten bei kindlichen Experten und Novizen im Bereich Fußball demonstrieren, wie Abbildung 2.5 zeigt.

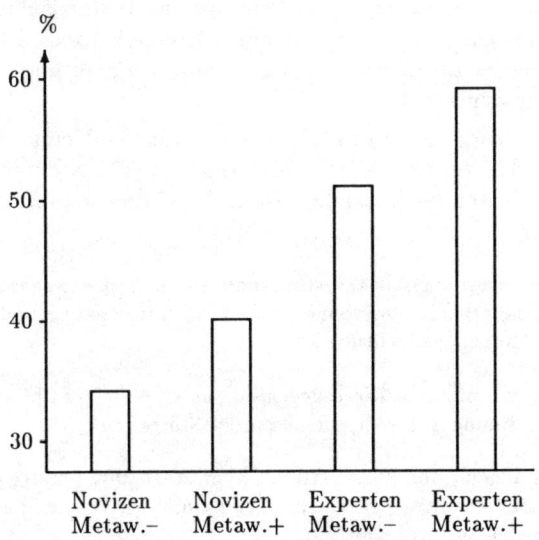

**Abb. 2.5:** Prozentsatz richtig erinnerter Sätze aus Texten über Fußball in Abhängigkeit von bereichsspezifischem Vorwissen und überdurchschnittlichem (+) bzw. unterdurchschnittlichem (−) Metawissen (nach Körkel, 1987)

Innerhalb der Gruppe der Fußballexperten wie der Fußballnovizen war besseres metakognitives Wissen mit besseren Behaltensleistungen für Sätze aus dem Bereich Fußball verbunden.

Experten und Novizen unterscheidet aber auch die Qualität des Wissens. Nach Chi et al. (1989), die die Kenntnisse von Kindern über Dinosaurier untersuchten, besitzen Experten auch ein besser strukturiertes bereichsspezifisches Wissen als Novizen auf diesem Gebiet, das ihnen erlaubt, substantielle Vergleiche anzustellen, kausale Erklärungen zu geben, ihre Aufmerksamkeit auf relevante Merkmale zu richten und neue Informationen zu kategorisieren.

Zusammenfassend kann somit festgehalten werden: Die Probleme lernschwieriger Schüler, die auf ihren Problemgebieten als 'Novizen' anzusehen sind, können auf Defizite in relevanten und gut strukturierten Vorkenntnissen sowie auf mangelndes prozedurales und metamemoriales Wissen zurückgehen.

Bleibt abschließend die Frage zu diskutieren, warum manche Schüler in bestimmten Bereichen fundiertere Vorkenntnisse besitzen als andere. Das Modell von Haertel et al. (1983) verweist auf motivationale und unterrichtliche Einflüsse, auf die in den nächsten Kapiteln noch einzugehen sein wird. Andere Befunde weisen auch auf den Einfluß kognitiver Fähigkeiten hin. So konnte Körkel (1987) anhand der Daten einer Pfadanalyse zeigen, daß Vorkenntnisse zwar die mächtigsten Prädiktoren des Textgedächtnisses sind, selbst aber durch sprachliche Intelligenzleistungen determiniert werden. Die Fußballexperten der Untersuchung von Schneider und Bjorklund (1992) hatten signifikant höhere Werte in Tests zur Erfassung sprachlicher Intelligenz als Novizen mit geringen Vorkenntnissen. Zwar relativieren Befunde von Schneider et al. (1989), die einen bedeutsamen Effekt des Vorwissens auf das Textgedächtnis fanden, aber keinen Einfluß kognitiver Faktoren, dieses Ergebnis, doch ist eine Mitbeteiligung kognitiver Strategien beim Erwerb von Vorkenntnissen zumindest bei Lernschwierigen wahrscheinlich.

Eine Kombination des Fähigkeitsaspekts mit der Kenntnisebene versucht deshalb ein Modell von Pressley et al. (1990), das Charakteristika guter 'Informationsverarbeiter' herausstellt. Danach gehören zu effektiver Informationsverarbeitung

- ein intaktes neurologisches System, das eine ungestörte sensorische Informationsaufnahme erlaubt sowie eine große Gedächtnisspanne und ein gut funktionierendes Langzeitgedächtnis

- eine selektive Aufmerksamkeit gegenüber aufgabenrelevanten Informationen und eine Abschirmung gegenüber irrelevanten Störreizen

- ein breiter allgemeiner Wissensstand, Kenntnisse über Strategien sowie darüber, wo und wann eine Strategie einzusetzen ist und ein Wissen, daß die Anwendung von Strategien sich auszahlt

- ein laufendes Verknüpfen neuer Informationen mit früheren Kenntnisstrukturen

- ein planvolles, kontrolliertes und reflektiertes Denken und Handeln

- ein selbständiges Aufsuchen von Situationen, in denen Informationsverarbeitungsprozesse sich verbessern und automatisiert werden

- ein Selbstvertrauen in die eigene Wirksamkeit und die Überzeugung, daß die eigene Entwicklung der Kontrolle der eigenen Person unterliegt

Lernschwierige haben nach den bereits zitierten Befunden Defizite in einzelnen oder mehreren dieser Bereiche, die wahrscheinlich kumulieren und sich wechselseitig beeinflussen können. Die zuletzt genannten motivationalen Aspekte sollen im folgenden Kapitel genauer angesprochen werden.

## 2.3 Mangelnde Lernmotivation

Lernschwierigkeiten unzureichender Lernmotivation zuzuschreiben, ist schon bei psychologischen Laien eine häufig anzutreffende Attribution. So sahen die von Höhn (1967) befragten Lehrer die Ursachen von Schulversagen in erster Linie in einem Nichtwollen aus Faulheit und Interesselosigkeit begründet . Diese Einschätzung wurde auch von den befragten Schülern geteilt, die offenbar die Lehrerbeurteilungen übernommen hatten.

Motivationstheoretische Analysen sehen das Problem der 'Faulheit' indes differenzierter (Jopt, 1978). Für Heckhausen und Rheinberg (1980) sind Lernaktivitäten Zweckhandlungen und Lernverweigerungen Konsequenzen einer mehr oder minder bewußten Kosten–Nutzen–Bilanz. Nach Heckhausen (1977) muß man sich dazu eine Handlungsepisode in vier Phasen unterteilt vorstellen, die mit einer bestimmten Situation (1) beginnt, auf die eine Handlung (2) folgt, die ein Ergebnis (3) hat, das bestimmte Folgen (4) nach sich zieht. Abbildung 2.6 veranschaulicht eine solche Episode.

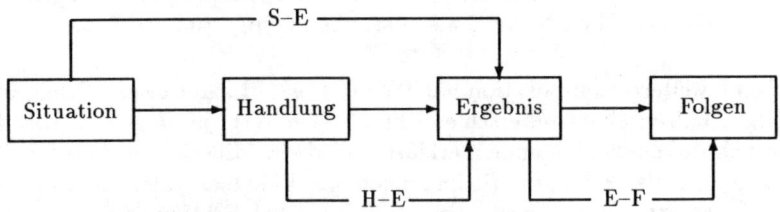

S–E: Situations–Ergebnis–Erwartung
H–E: Handlungs–Ergebnis–Erwartung
E–F: Ergebnis–Folgen–Erwartung

**Abb. 2.6:** Schema einer Handlungsepisode (nach Heckhausen, 1977)

Die Stationen der Episode sind durch drei unterschiedliche Formen von Erwartungen miteinander verknüpft. Die *Situations–Ergebnis–Erwartung* bezieht sich auf das Ergebnis, das sich zwangsläufig einstellt, wenn man in einer bestimmten Situation nicht handelt. Eine solche Situation könnte für einen Schüler der Vortrag eines Gedichts vor der Klasse sein, bei dem er immer schon versagt hat und folglich weiteren Mißerfolg erwartet, für einen anderen ein Diktat oder eine Mathematikarbeit. *Handlungs-Ergebnis-Erwartungen* beziehen sich dagegen darauf, wie weit ein bestimmtes Ergebnis durch eigene Aktivitäten beeinflußbar ist, ob beispielsweise durch intensives Üben das Ergebnis einer angesagten Mathematikarbeit verbessert werden kann. Zu aktivem Lernhandeln kommt es aber erst dann, wenn das *Handlungsergebnis* auch erwünschte *Folgen* nach sich zieht. Falls ein Aushilfslehrer die Mathematikaufgaben stellt und statt einer regelgerechten Benotung lediglich eine anschließende Partnerkorrektur ankündigt, lohnt sich eine Anstrengung nicht. „Eigenes Handeln wird nach diesem Modell erst dann eingesetzt, wenn das Ergebnis des Handelns Folgen hat, die als positiv eingeschätzt werden und wenn das dafür notwendige Ergebnis durch eigenes Handeln erreichbar erscheint" (Heckhausen & Rheinberg, 1980, S. 16).

Aus diesen Modellannahmen haben Heckhausen und Rheinberg (1980) eine aussagenlogische Sequenz von Fragen und Antworten abgeleitet, die mit den einzelnen Stationen der Lernepisode und den zwischen ihnen bestehenden Erwartungen korrespondieren (Abbildung 2.7). Mit ihrer Hilfe lassen sich die Überlegungen nachvollziehen, die einem Schüler durch den Kopf gehen können, wenn er sich vor eine Aufgabe gestellt sieht. Vier Argumenten für 'Nichtstun', hier gesehen als Ergebnis einer Kosten–Nutzen–Bilanz, steht nur eines für ein aktives Herangehen an die gestellte Aufgabe gegenüber. Aber selbst wenn es zur Handlung kommt, entscheidet der Vergleich des Handlungsergebnisses mit einem Gütemaßstab darüber, ob dieses als Erfolg gewertet werden kann oder als Mißerfolg zu verbuchen ist. Je nach angelegtem Gütemaßstab können sich dabei unterschiedliche Resultate ergeben. So kann die Leistung eines Schülers nach individuellem Maßstab eine Verbesserung anzeigen, nach der sozialen Norm seiner überdurchschnittlichen Klasse unter deren Mittelwert liegen und trotzdem nach sachlichen Normen als ausreichend eingestuft werden.

Auf eine weitere Komplikation hat Weiner (1984) hingewiesen. Erfolg und Mißerfolg erhalten einen unterschiedlichen Stellenwert, je nachdem, wie der Schüler sich ihr Zustandekommen erklärt. Wird ein Mißerfolg auf im Schüler selbst liegende, also *internale* Bedingungen wie Fähigkeit oder Anstrengung zurückgeführt, ist seine Betroffenheit größer als bei Erklärung durch *externale*, d.h. außerhalb des Schülers anzusiedelnde Bedingungsfaktoren. Bei Zurückführung des Mißerfolges auf mangelnde eigene Fähigkeiten resultieren daraus nach Weiner (1984) Inkompetenzgefühle. Bei Erklärung durch mangelnde eigene Anstrengung empfindet der Handelnde dagegen eher Schuld und Scham. Deutlich geringer ist seine persönliche Betroffenheit, wenn er seinen Mißerfolg auf zu hohe Aufgabenschwierigkeit oder Pech zurückführt.

Die von Lehrern beobachtete 'Faulheit' eines lernschwierigen Schülers könnte somit darin begründet sein, daß er seine Erfolgschancen in einer konkreten Lernsituation als so gering einstuft, daß ihm jede Eigenaktivität aussichtslos erscheint.

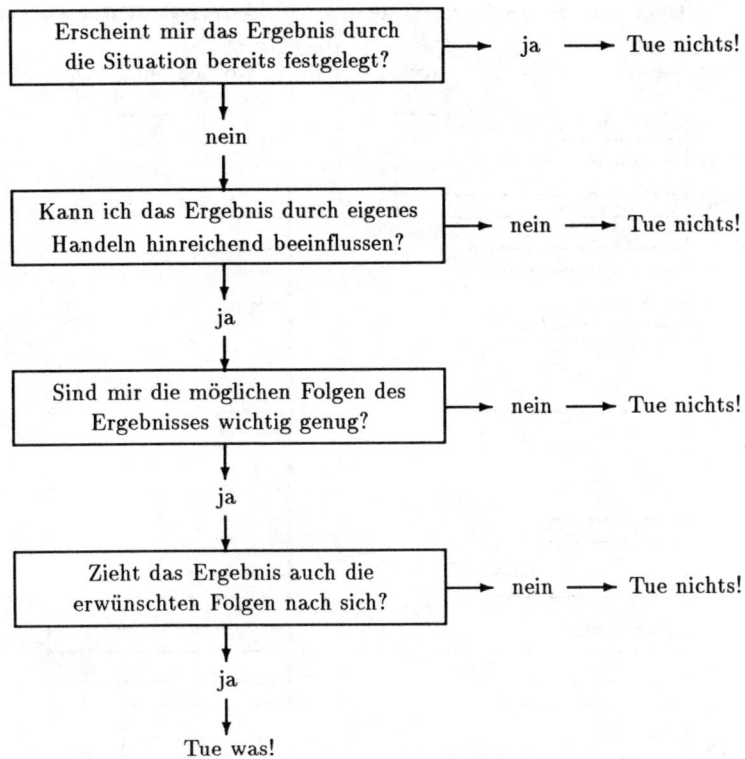

**Abb. 2.7:** Aussagenlogische Sequenz von Fragen und Antworten, die der Entscheidung zum Handeln zugrundeliegen sollen (n. Heckhausen & Rheinberg, 1980, S. 19)

Auch ohne derartige Vorerfahrungen könnte er die konkrete Lernaufgabe als zu schwierig ansehen. Aber selbst wenn ein Lernergebnis erreichbar erschiene, könnten eigene Anstrengungen ausbleiben, falls keine positiven Ergebnisfolgen antizipiert oder als nicht attraktiv genug bewertet würden. Die Erklärung von Mißerfolgen durch mangelnde eigene Fähigkeiten würde die zukünftige Anstrengungsbereitschaft über die konkrete Situation hinaus beeinträchtigen, da eigene Anstrengungen aufgrund fehlender Kompetenz als zwecklos angesehen werden. Ein Zurückführen von Mißerfolgen auf mangelnde Anstrengung eröffnet dagegen im Prinzip Verbesserungschancen durch Forcierung der eigenen Lernbemühungen, die Erklärung von Mißerfolgen durch zu hohe Aufgabenschwierigkeit oder Pech reduziert die persönliche Betroffenheit. Auf der anderen Seite würden Erfolge, durch externe Hilfestellungen oder geringe Aufgabenschwierigkeit in bester therapeutischer Absicht induziert, eine geringere positive Wertigkeit in der Selbstbewertungsbilanz erhalten, wenn sie vom betroffenen Schüler auf zu geringe Aufgabenschwierigkeit zurückgeführt werden.

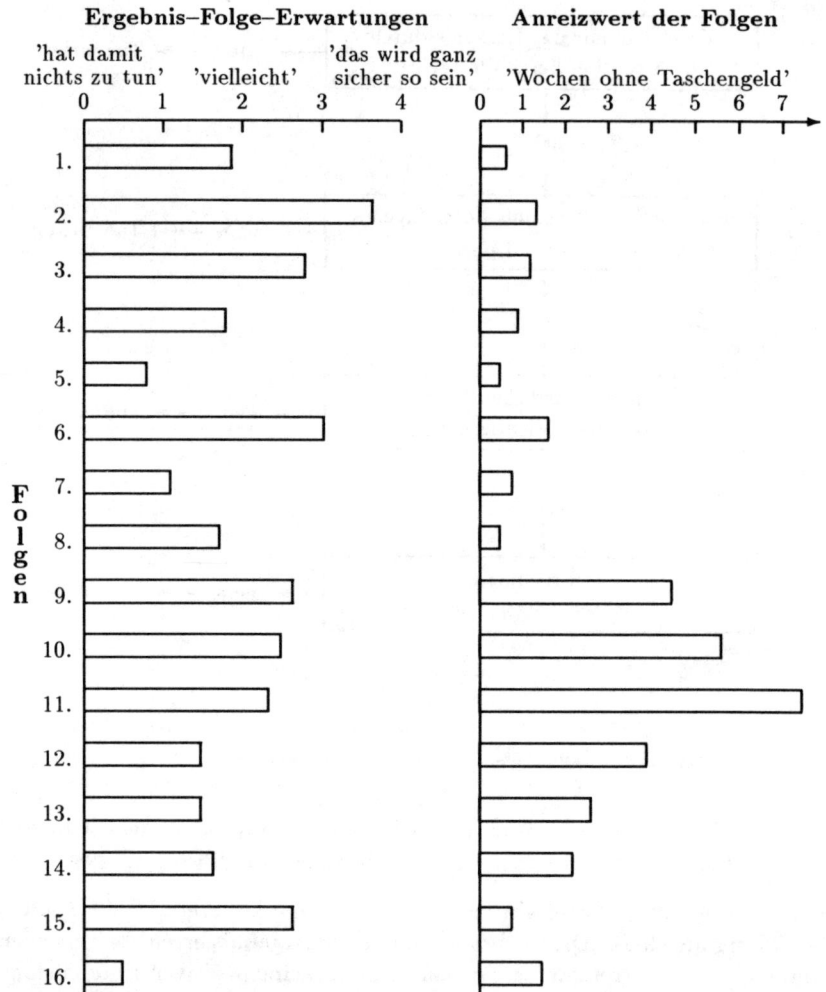

Ergebnis–Folge–Erwartungen     Anreizwert der Folgen

'hat damit                         'das wird ganz
nichts zu tun'    'vielleicht'    sicher so sein'    'Wochen ohne Taschengeld'

*Folgen:* 1. Weiß ich, daß ich was dazugelernt habe; 2. werde ich selbst besonders glücklich sein; 3. habe ich mir bewiesen, was ich kann; 4. werde ich ein wenig stolz auf meine Tüchtigkeit sein; 5. werde ich von meinem Lehrer anerkannt und geschätzt; 6. werden meine Eltern mit mir zufrieden sein; 7. habe ich meinen Mitschülern gezeigt, was ich kann; 8. habe ich dem Lehrer gezeigt, was ich kann; 9. werde ich im nächsten Zeugnis die Note bekommen, die ich gerne hätte; 10. werde ich nach dem Schulabschluß das machen können, was ich vorhabe; 11. wird das Abschlußzeugnis so werden, wie ich mir das wünsche; 12. werde ich in den noch anstehenden Arbeiten gut abschneiden; 13. weiß ich, daß mir meine Kenntnisse später im Beruf weiterhelfen können; 14. werde ich mich auf Auslandsreisen besser verständigen können; 15. werde ich mich wie befreit fühlen; 16. werde ich für das Fach künftig weniger tun müssen.

**Abb. 2.8:** Ergebnis–Folge–Erwartungen und Anreizwerte von 16 Folgen des Ergebnisses einer anstehenden Englischarbeit (nach Heckhausen & Rheinberg, 1980, S. 36)

So sehr das Motivationsmodell von Heckhausen und Rheinberg (1980) dadurch besticht, daß es in der Lage ist, das Phänomen der Lernunwilligkeit auszudifferenzieren, so problematisch erscheint die Annahme derart vielfältiger kognitiver Kalkulationsprozesse. Rheinberg (1989) betont deshalb ausdrücklich, das Modell solle lediglich der Analyse von Motivationsprozessen dienen. Es werde nicht angenommen, daß jeder Schüler in jedem Einzelfall alle Aspekte berücksichtigt. Viele der einzelnen Überlegungen würden wegen ihres wiederholten Auftretens so routiniert erfolgen, daß sich der einzelne ihrer nicht immer bewußt wird. Die Gültigkeit eines Teils ihres Modells konnten Heckhausen und Rheinberg (1980) in einer Studie demonstrieren.

In einer 10. Realschulklasse wurden die Schüler befragt, welche von 16 vorgegebenen Ergebnisfolgen sie mit welcher Sicherheit nach einer wichtigen Englischarbeit erwarteten. Zusätzlich wurden sie aufgefordert anzugeben, wieviele Wochen ohne Taschengeld ihnen das Erreichen der einzelnen Ergebnisfolgen wert wäre. Das Resultat dieser Befragungen zeigt Abbildung 2.8. Die SchülerInnen hielten Gefühle von Glück (2), Stolz, sich selbst Können bewiesen zu haben (3), Zufriedenheit der Eltern (6) sowie von Befreiung (15) für sehr wahrscheinlich, ohne daß ihnen diese Folgen viel bedeutet hätten. Am meisten Wert waren ihnen dagegen jene wahrscheinlichen Konsequenzen, die sich auf Noten (9), Abschlußzeugnis (11) und Berufswahl bezogen (10). Darin drückt sich vermutlich die Nähe des Schulabschlusses und der bevorstehende Berufseintritt aus.

Diese Befunde sagen jedoch noch nichts darüber aus, ob die geäußerten Erwartungen auch handlungswirksam werden. Um diese Frage zu überprüfen, wurden die SchülerInnen vor der Englischarbeit befragt, ob sie sich tatsächlich so intensiv vorbereitet hätten, wie es notwendig gewesen wäre. Diese Angaben wurden mit den Befragungsergebnissen zu den Ergebnis–Folge–Erwartungen und deren Anreizwerten in Verbindung gebracht. Abbildung 2.9 veranschaulicht den Befund.

| Gemittelter Anreizwert aller Folgen: | Gemittelte Ergebnis–Folge–Erwartung | | |
|---|---|---|---|
| | niedrig | mäßig | hoch |
| niedrig | ⊙⊙⊙ · | ⊙ · | ⊙ ▣ |
| mäßig | ⊙ · · | ⊙ · · ▣ | · ▣ |
| hoch | · ▣ | · ▣ ▣ | ▣ ▣ ▣ ▣ |

⊙ nicht zureichende Vorbereitung
· nicht ganz zureichende Vorbereitung
▣ zureichende Vorbereitung

**Abb. 2.9:** Anzahl von Schülern, die angeben, wie sehr sie sich auf die Englischarbeit vorbereitet haben, klassifiziert nach Stärkegraden des Anreizwertes aller Folgen und Ergebnis–Folge–Erwartungen (N=26; nach Heckhausen & Rheinberg, 1980, S. 38).

Wie von den Autoren erwartet, hatten sich jene Schüler auf die Arbeit hinreichend vorbereitet, die hohe Ergebnis–Folge–Erwartungen hatten und denen diese Folgen wichtig waren (das sind die vier Schüler in der Abbildung unten rechts). Schüler mit niedrigen Ergebnis–Folge–Erwartungen, denen diese Konsequenzen unwichtig waren, hatten sich dagegen nicht zureichend präpariert. Ganz allgemein zeigt sich in der Abbildung von oben links nach rechts unten der deutliche Trend einer Zunahme der Vorbereitungsaktivitäten der Schüler mit Zunahme der Ergebnis–Folge–Erwartungen und deren steigenden Anreizwerten. Damit wurde der Beleg erbracht, daß die in dem Motivationsmodell postulierten Komponenten tatsächlich verhaltenswirksam sind.

Weitere Einzelbefunde sind mit den Modellen von Heckhausen und Rheinberg (1980) und Weiner (1984) kompatibel. So haben Lernschwierige häufig ein negatives Selbstkonzept eigener Kompetenz, schreiben Mißerfolge eher mangelnder eigener Fähigkeit (Bryan, 1986; Moser, 1986) oder mangelnder Anstrengung zu (Lauth & Wolff, 1979) und fühlen sich hilfloser als Schüler ohne Lernschwierigkeiten (Wilgosh, 1984). Sie haben geringere Erwartungen bezüglich ihrer zukünftigen Leistungen (Chapman, 1988) und sehen den Schulerfolg als außerhalb ihres Einflußbereichs liegend an (Grolnick & Ryan, 1990). Sie erwarten damit seltener als ihre Vergleichspartner, Leistungsergebnisse durch eigenes Handeln erzielen zu können. Lernschwierige Schüler, die Mißerfolge nicht mangelnder Fähigkeit, sondern zu geringer eigener Anstrengung zuschrieben und damit eigenem Handeln Erfolgschancen einräumten, konnten ihre Leistungen dagegen verbessern (Kistner et al., 1988).

So plausibel die Beziehungen zwischen Motivation und Lernschwierigkeiten erscheinen, so enttäuschend ist der Beitrag motivationaler Variablen zur Vorhersage von Erfolg und Mißerfolg in der Schule. Die in Metaanalysen von Hansford und Hattie (1982) sowie von Fraser et al. (1987) ermittelten durchschnittlichen Korrelationen zwischen Motivationsvariablen und Schulleistungen gingen zwar in die erwartete Richtung, waren aber insgesamt niedrig. Ähnlich enttäuschend verliefen auch Versuche, durch Motivationstraining merkliche und dauerhafte Leistungsverbesserungen zu erzielen (Krug, 1983; Rand, 1987).

Als mögliche Erklärungen diskutiert Weinert (1990) meßtechnische und konzeptuelle Probleme. So wurden die meisten motivationalen Daten nur über Fragebogen erhoben, deren Angemessenheit zur Prüfung von Motivationskomponenten umstritten ist. Zudem wurden die Ergebnisse über verschiedene Klassen gemittelt. Wie problematisch gerade die letzte Prozedur ist, zeigen Befunde von Helmke (1988a), der in verschiedenen Klassen Korrelationen zwischen Testängstlichkeit, einem Maß für Mißerfolgsfurcht, und Mathematikleistungen zwischen $-.81$ und $+.36$ fand. Das bedeutet, daß in manchen Klassen hohe Testängstlichkeit mit geringen Mathematikleistungen einhergingen, in anderen Klassen dagegen steigt die Leistung mit zunehmender Mißerfolgsfurcht. Bei Mittelung der Ergebnisse über die Klassen hinweg müssen derartige Differenzierungen unentdeckt bleiben.

Als konzeptuell naiv ist nach Weinert (1990) die Motivationstrainingsstudien zugrundeliegende Annahme einzustufen, weit zurückreichende Vorkenntnisdefizite könnten allein durch Verbesserung der Motivation ausgeglichen werden. Die Befunde von Helmke (1988a) weisen vielmehr darauf hin, daß weitere Faktoren die Relation zwischen Motivation und Lernergebnis moderieren.

Helmke fand in einer Untersuchung an 39 Hauptschulklassen (N=813) heraus, daß der leistungshemmende Effekt der Testängstlichkeit im Fach Mathematik davon abhing, wie intensiv die Unterrichtszeit genutzt wurde, wie gut Lehrer die Informationen aufbereiteten und welchen Stellenwert Erfolg und Mißerfolg in der jeweiligen Klasse hatten. Der Prognosewert des sich in der gemessenen Testängstlichkeit ausdrückenden mangelnden Selbstvertrauens war um so größer, je stärker Lehrer soziale Vergleichsprozesse förderten, d.h. soziale Normen präferierten, je mehr sie diese Vergleiche publik machten, je weniger Wert sie auf Hausaufgaben legten und je unklarer und unverständlicher der Unterricht war. Schüler mit hohem Selbstvertrauen hatten bessere Mathematiknoten, zeigten intensivere Lernbemühungen, besonders bei Hausaufgaben, engagierten sich mental stärker im Unterricht und konnten sich in Lernsituationen besser gegen die hemmenden Effekte der Leistungsangst abschirmen als Schüler mit geringem Selbstvertrauen. Insgesamt errechnete Helmke eine Korrelation von –.61 zwischen dem Selbstvertrauen in die eigene Mathematikleistung und der Mathematiknote. In einer Kommunalitätenanalyse erwies sich der Beitrag der Motivationsvariable 'Selbstvertrauen' als dem des Vorwissens ebenbürtig.

Unter den Schülern mit geringem Selbstvertrauen in die eigene Mathematikleistung können wir Kinder mit Lernschwierigkeiten vermuten, mit schlechten Noten, geringen schulischen und häuslichen Lernbemühungen, reduziertem mentalen Engagement, der leistungshemmenden Wirkung der Testängstlichkeit ausgeliefert. Sie halten gemäß dem Modell von Heckhausen und Rheinberg (1980) Lernanstrengungen für nutzlos, weil sie kein Vertrauen in ihre Kompetenz besitzen und engagieren sich deshalb auch nicht in der Schule und bei Hausaufgaben. Infolge ihrer erfahrenen Inkompetenz müssen sie Prüfungsarbeiten zu Recht fürchten. Diese Prüfungsangst behindert sie dann möglicherweise auch bei Aufgabenlösungen, zu deren Bewältigung sie unter entspannten Bedingungen in der Lage wären. Ihre Probleme werden noch verstärkt, wenn Lehrer Leistungsvergleiche zwischen den Schülern forcieren, einen unverständlichen Unterricht halten und den schwachen Schülern durch Verzicht auf Hausaufgaben die Möglichkeit zu häuslicher Nacharbeit nehmen.

Als weiteres konzeptuelles Defizit der derzeitigen Motivationsforschung sieht Weinert (1990) die Vernachlässigung der Entwicklungsperspektive an. Die Beziehung zwischen Motivation und Leistung dürfe nicht auf einzelne Episoden beschränkt, sondern müsse vielmehr unter kumulativem Aspekt gesehen werden. Helmke (1988b) konnte nämlich zeigen, daß die durch Interviews erhobene Lernfreude im Fach Mathematik und Mathematikleistungen sich längsschnittlich wechselseitig bedingen. Die Pfadkoeffizienten in Abbildung 2.10 belegen diesen Befund. Die Pfadkoeffizienten von der Mathematikleistung zur Lernfreude sind höher als die von der Lernfreude zur Mathematikleistung und deuten damit eine etwas stärkere Abhängigkeit der Motivation vom erzielten Leistungsergebnis an.

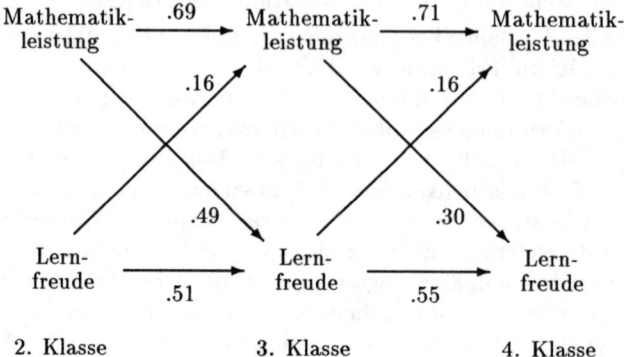

**Abb.: 2.10:** Pfadmodell zum Zusammenhang zwischen Lernfreude und Mathematikleistung in der 2.–4. Klasse (nach Helmke, 1993)

Abbildung 2.11 zeigt ein ähnliches Pfaddiagramm für die 5. und 6. Klasse, bei dem das Selbstvertrauen in die eigene Fähigkeit mit der Mathematikleistung in Beziehung gesetzt ist. Hier haben sich die diagonalen Pfade weitgehend angeglichen.

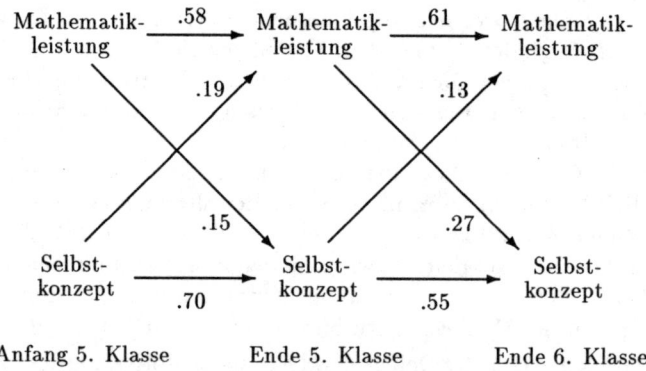

**Abb. 2.11:** Pfadmodell zum Zusammenhang zwischen Vertrauen in die eigene Fähigkeit und der Mathematikleistung in der 5. und 6. Klasse (nach Helmke, 1992a)

Die in den Befunden von Helmke mitgeteilten diagonalen Pfade zeigen die Entwicklung des wechselseitigen Einflusses von Motivationsvariablen und Leistung. Die fehlende Motivation kann danach nicht einfach als Determinante von Lernschwierigkeiten angesehen werden, sondern entwickelt sich offenbar erst auf der Basis negativer Lernergebnisse. Sie ist damit zunächst Ergebnis schulischer Mißerfolge, um erst im Verlauf späterer Schuljahre den Lernerfolg zu beeinträchtigen und anschließend wiederum selbst beeinträchtigt zu werden.

# 2.4 Nicht ausreichende Lernzeit

Nach der Theorie von Bloom (1976), der sich auf den Ansatz von Carroll (1973) stützt, würden Lernschwierigkeiten vornehmlich dadurch verursacht, daß die Schule den unterschiedlichen Eingangsvoraussetzungen ihrer Schüler i.d.R. mit der Applikation gleich langer Lernzeit für alle begegnet. Da nach Untersuchungen von Dahllöf (1971) Lehrer sich aber nicht an den langsamsten Lernern, sondern allenfalls am unteren Durchschnitt orientieren, erhalten langsamer lernende Schüler dadurch zu wenig Lernzeit eingeräumt, um das jeweilige Lernziel 100%ig zu erreichen. Diese Defizite würden mit der Zeit kumulieren, so daß dieses Vorgehen zur Folge hätte, daß sich Eingangsdifferenzen zwischen Schülern im Laufe der Schulzeit vergrößern. Schüler mit unzureichenden Lernvoraussetzungen hätten nämlich geringere Chancen, das nächste Lernziel zu erreichen als ihre Klassenkameraden mit hinreichenden Vorkenntnissen. Als Beleg für die Bedeutung von Vorkenntnissen für den Lernerfolg zieht Bloom (1976) signifikante Korrelationen zwischen den Leistungen aufeinanderfolgender Schuljahre heran, wie sie wiederholt ermittelt wurden. Aus solchen Befunden schließt Bloom, daß durchschnittlich mindestens 50% der Schulleistungsunterschiede durch Differenzen in den Vorkenntnissen der Schüler aufgeklärt werden können. Diese auf vorwiegend amerikanischen Untersuchungen basierende Schätzung wird durch Befunde einer kürzlich abgeschlossenen Untersuchung von Weinert et al. (1989) an 39 Münchner Schulklassen gestützt. Mit .74 war die Schulleistung des vorangegangenen Schuljahres der beste Prädiktor der Schulleistung am Ende des Schuljahres. Bei Kontrolle der Intelligenz ging dieser Zusamenhang etwas zurück, der Beitrag der Intelligenz zur Vorhersage der Schulleistung nach Kontrolle der Vorkenntnisse war dagegen unbedeutend. Insofern unterstreicht dieses Ergebnis noch einmal die Bedeutung von Vorkenntnisdefiziten für die Enstehung von Lernschwierigkeiten, die in Kap. 2.2 herausgestellt wurde.

Während dort Vorkenntnismängel allerdings als interne, individuelle kognitive Defizite betrachtet wurden, macht Bloom für ihr Vorhandensein in erster Linie inadäquaten Unterricht verantwortlich, der Vorkenntnisunterschiede nicht durch Einsatz zusätzlicher Lernzeit hinreichend egalisiert. Als Verfahren zum Ausgleich von Vorkenntnisdefiziten postuliert Bloom die Methode des *zielerreichenden Lernens*, bei der diagnostizierte Vorkenntnislücken erst beseitigt werden, bevor ein neues Lernziel in Angriff genommen wird. Daß durch den Ausgleich von Vorkenntnisdefiziten mittels zusätzlicher Intervention, also durch Verlängerung der Lernzeit für Schüler mit Kenntnislücken, Lernleistungsverbesserungen gegenüber traditionell unterrichteten Schülern erzielt werden können, zeigt eine von Bloom (1976) referierte Untersuchung, die Abbildung 2.12 veranschaulicht.

Wie aus der Graphik ersichtlich, unterscheiden sich beide Gruppen beim Vortest für die erste Lernphase noch nicht. Bei der nach der Methode des zielerreichenden Lernens unterrichteten Gruppe (ZL) setzt jetzt der korrigierende Unterricht ein, an dessen Ende der Lernerfolg erneut überprüft wird. Wie die Kurve dieser Gruppe verdeutlicht,

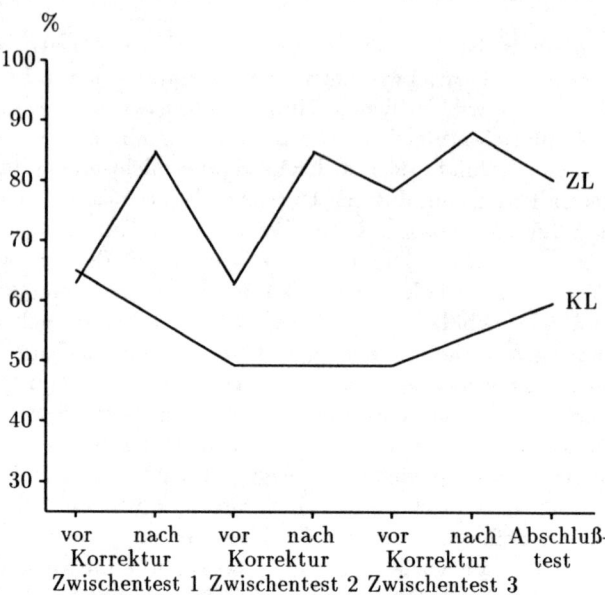

**Abb.: 2.12.** Prozentsätze richtig beantworteter Algebraaufgaben bei drei lernzielorientierten Zwischentests und einem Abschlußtest für konventionell (KL) bzw. nach der Methode des zielerreichenden Lernens (ZL) unterrichtete Schüler (nach Bloom, 1976, S. 62)

steigt dadurch der Prozentsatz richtiger Aufgaben auf über 80%. Nach Durchführung der zweiten Unterrichtsphase ergibt der Zwischentest bereits einen Leistungsvorsprung der ZL–Gruppe vor der konventionell (KL) unterrichteten Gruppe von ca. 15%. Die bei der ZL–Gruppe erneut einsetzende Korrekturphase bringt eine Leistungssteigerung von etwa 20%. Nach der 3. Lernphase ist der Unterschied zwischen den beiden Lerngruppen mit ca. 25% am größten. Die nicht geschlossenen Vorkenntnislücken bei der konventionell unterrichteten Gruppe machen sich hier am stärksten bemerkbar. Zwar schneidet die KL–Gruppe beim Abschlußtest etwas besser ab; dieses Ergebnis kommt jedoch nur dadurch zustande, daß der Abschlußtest auch noch Aufgaben des ersten Tests enthielt, in dem diese Gruppe noch relativ gute Leistungen erzielt hatte.

Damit konnte einmal demonstriert werden, daß im konventionellen Unterricht, der langsamen Lernern nicht ausreichend Zeit zum Erreichen der gesetzten Lernziele läßt, die Lernergebnisse mit der Zeit absinken. Zum andern zeigt der Erfolg einer Verlängerung der Lernzeit, daß dieser externen Bedingungsvariablen bei der Erklärung von Lernschwierigkeiten ein bedeutsames Gewicht zukommt. Weitere Untersuchungen zu diesem Thema, die inzwischen in großer Zahl durchgeführt wurden, bestätigen diesen Befund (Block & Burns, 1976), relativieren ihn jedoch auch etwas (Slavin, 1987). Ausreichende Lernzeit ist offenbar zwar eine notwendige, aber keinesfalls hinreichende Bedingung des Lernerfolgs. Eine weitere Bedingungsvariable diskutiert der folgende Abschnitt.

## 2.5 Mangelnde Unterrichtsqualität

Untersuchungen, die sich mit den Auswirkungen mangelnder Unterrichtsqualität beschäftigen, sind selten. Die meisten Arbeiten befassen sich mit positiven Effekten von Unterricht. Treiber und Weinert (1982) haben nach Durchsicht vor allem anglo–amerikanischer Literatur eine Reihe von Merkmalen zusammengestellt, die mit Unterrichtserfolg in Verbindung gebracht werden.

„Im einzelnen hängt das mittlere Leistungsniveau von Schulklassen von folgenden Prozeßvariablen des Lehrerverhaltens im Unterricht ab:

- von einer intensiv genutzten Instruktionszeit
- einer hohen Lehrstoffrelevanz und Verständlichkeit der Lehreräußerungen bei der Einführung von Sachstoffen
- einer hohen Explizitheit der Aufgabenstruktur
- einer lehrerzentrierten, kontrollintensiven Unterrichtssteuerung und störungspräventiven, unterbrechungsarmen Klassenführung
- einer hohen Vorhersagbarkeit des Instruktions- und Interaktionsverhaltens des Lehrers
- geringen Freiheitsgraden und eingeschränkten Wahlmöglichkeiten für die Schüler
- einer ständigen Überwachung der Lernwege der Schüler
- geringen Fehlerrisiken bei der Beantwortung knapper, eng umschriebener, einfacher Wissensfragen
- von sofortigen positiven Remedialhilfen beim Auftreten von Lernschwierigkeiten und einem geduldigen Abwarten bei sich verzögernden Schülerantworten
- einem engmaschigen Interaktionsnetz und einem als 'warm' perzipierten Sozialklima, das durch häufige Ermutigung und Lob von seiten des Lehrers gefördert wird, und dem auf der Schülerseite eine hohe Beteiligungsrate und eine geringe Aufmerksamkeitsstreuung entsprechen" (S. 265; hervorhebende Anordnung v. Verf.).

Derartige Lehrerverhaltensweisen werden unter dem Stichwort *direkter Unterricht* zusammengefaßt und bezeichnen einen Unterrichtsstil, bei dem der Lehrer den Unterricht plant, seine Durchführung anordnet und seine Ausführung ständig überwacht. Weinert und Helmke (1986) konnten in einer in München an 39 Schulklassen durchgeführten Untersuchung die Gültigkeit einiger dieser Befunde auch für den deutschen Sprachraum belegen und charakterisieren Lehrer erfolgreicher Klassen folgendermaßen:

- Ihre Klassenführung ist sehr effizient und die Rate abweichenden Schülerverhaltens sehr gering;
- sie sind stark auf den Lehrstoff zentriert und nutzen die Unterrichtszeit intensiv zu seiner Bearbeitung anstatt für prozedurale Aktivitäten oder soziale Kontakte;
- Stillarbeit wird von ihnen aktiv überwacht und die Arbeit der einzelnen Schüler kontrolliert. Sie korrigieren dabei Fehler, suchen nach deren Ursachen und helfen bei ihrer Beseitigung, anstatt nur in der Klasse umherzugehen oder am Pult zu sitzen und Arbeiten zu korrigieren.

Erwartungswidrig war der Befund, daß die Häufigkeit der Strukturierung des Stoffes und die Klarheit der Instruktion sich für die Schulleistung als irrelevant erwiesen. In einer weiteren Analyse prüften die Autoren deshalb, ob

dieser unerwartete Befund vielleicht auf die Überlagerung dieser Unterrichtsmerkmale durch andere Variablen zurückgeht. Zumindest für das Merkmal
der Strukturierung gelang dieser Nachweis.

Untersucht wurde die Triftigkeit der Annahme, daß Strukturierungshilfen nur dann
Sinn machen, wenn der Lehrer über die notwendige diagnostische Kompetenz verfügt.
Diese wurde als die Genauigkeit operationalisiert, mit der Lehrer die Leistungsrangordnung ihrer Schüler in einem späteren Mathematiktest vorauszusagen in der Lage
waren. Abbildung 2.13 zeigt den moderierenden Effekt dieser Variable.

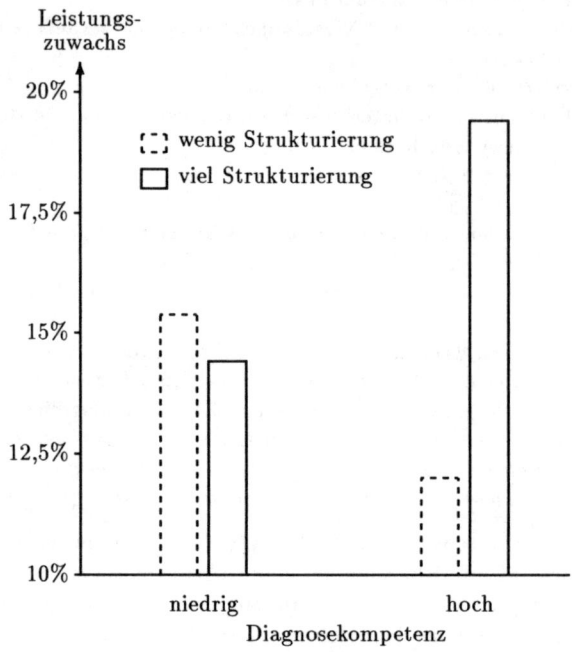

**Abb. 2.13:** Auswirkung von diagnostischer Kompetenz des Lehrers und Häufigkeit von Strukturierungshilfen auf den Leistungszuwachs von Klassen (nach Helmke,
1992b)

Nur bei hoher diagnostischer Kompetenz wirken sich Strukturierungshilfen des Lehrers
besonders positiv auf das Leistungsniveau einer Klasse aus, bei geringer Kompetenz
bewirken sie deutlich weniger. Es kommt also nicht so sehr auf das Ausmaß an Strukturierungshilfen an, sondern darauf, wie gut sie an den Leistungsstand des Schülers
angepaßt sind. Am wenigsten positiv ist die Kombination von hoher Diagnosekompetenz und wenig Strukturierung. Offenbar ist es für Schüler besonders deprimierend,
wenn ihr Lehrer ihre Schwierigkeiten kennt, ohne ihnen hinreichend zu helfen. Insgesamt ist diagnostische Sensitivität so etwas wie eine notwendige Vorbedingung für
den effektiven Einsatz von Strukturierungshilfen, deren Wirkung sie steigern oder
vermindern kann, die für sich genommen allerdings wenig bewirkt.

Aus den referierten Untersuchungsergebnissen läßt sich ein Katalog von Lehrer–
und Unterrichtsmerkmalen ableiten, die den Lernerfolg erschweren und somit
Lernschwierigkeiten begünstigen:

- wenig intensiv genutzte Instruktionszeit
- geringe Lehrstoffrelevanz
- geringe Verständlichkeit der Lehreräußerungen
- geringe Explizitheit der Aufgabenstruktur
- geringe Strukturierungshilfen bei hoher Diagnosekompetenz
- geringe Unterrichtssteuerung und –kontrolle
- Störungen und Unterbrechungen bei der Klassenführung
- geringe oder fehlende Überwachung der Lernwege der Schüler
- fehlende Hilfen beim Auftreten von Lernschwierigkeiten
- Ungeduld bei sich verzögernden Schülerantworten
- nicht ausreichende Interaktionen mit den Schülern
- zu geringe Wärme des Sozialklimas
- zu wenig Ermutigung und Lob von seiten des Lehrers

Der hier gemachte Versuch, den Mangel an Untersuchungsergebnissen zum
Effekt reduzierter Unterrichtsqualität auf Lernergebnisse einfach dadurch zu
kompensieren, daß man das Fehlen der herausgestellten positiven Unterrichtsmerkmale zur Ursache erklärt, ist nicht unproblematisch. Er setzt voraus, daß
das jeweilige Unterrichtsmerkmal in allen Ausprägungsgraden einen gleichge-
richteten Effekt hat. Dies ist zwar eine plausible, meist aber unbewiesene
Annahme. Deshalb gewinnt eine Analyse von Weinert et al. (1992) besondere Bedeutung, die Auswirkungen guten und schlechten Unterrichts explizit
untersuchten.

Weinert et al. (1992) ermittelten in einer Reanalyse der Daten von 1986
aufgrund von Unterrichtsbeobachtungen zunächst, wie die Lehrer Disziplin und
Unterrichtsorganisation managten, inwieweit sie individuelle unterstützende
Schülerkontakte pflegten und ihren Stoff klar und verständlich präsentierten,
wie genau sie die Leistungsrangordnung ihrer Schüler und deren Veränderung
diagnostizierten und wie exakt sie die Schwierigkeit von Mathematikaufgaben
einzuschätzen in der Lage waren. Mit diesen Werten wurden die Lehrer einer
Clusteranalyse unterzogen, die fünf Personen–Cluster erbrachte. Diese unterschieden sich signifikant hinsichtlich ihrer Auswirkung auf den Leistungsstand
ihrer Klassen und die Lernmotivation der Schüler. Die Lehrer mit überdurchschnittlicher Einstufung hinsichtlich Klassenmanagement, Unterrichtsführung,
diagnostischer und sachlicher Kompetenz wurden als 'Experten' bezeichnet.
Ihnen wurde eine Gruppe gegenübergestellt, die bezüglich der genannten vier
Merkmale als unterdurchschnittlich bewertet wurden. Diese am wenigsten erfolgreichen Lehrer erhielten die schmeichelhafte Bezeichnung 'Nichtexperten'.
Ihre konkreten Verhaltensweisen im Unterricht hinsichtlich Strukturierung,
Hausaufgabenkontrolle, Enthusiasmus, Wärme, Anpassungsfähigkeit und Ge-
duld mit langsamen Lernern wurden in Beziehung zu ihren Auswirkungen auf
Leistungsfortschritt und Lernmotivation gesetzt. Abbildung 2.14 zeigt die Er-
gebnisse.

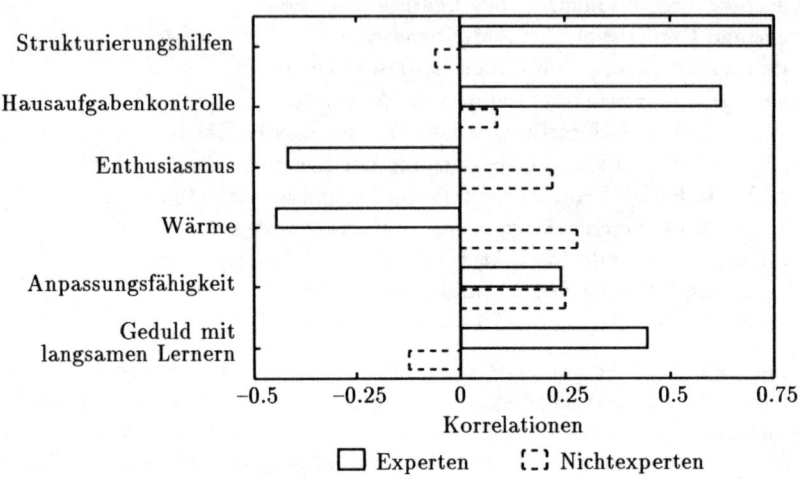

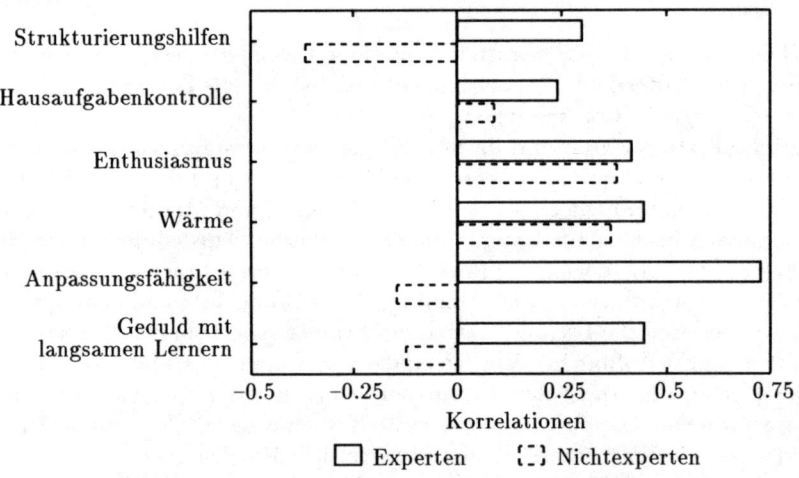

**Abb. 2.14:** Korrelationen zwischen Unterrichtsvariablen und ihren Auswirkungen auf Schulleistung und Lernmotivation bei guten (Experten) und weniger guten Lehrern (Nichtexperten)(nach Weinert et al., 1992)

Gute Lehrer fördern den Leistungszuwachs ihrer Klassen durch strukturierende Hilfen und sorgfältige Hausaufgabenkontrolle, wie die hohen Korrelationen zeigen. Die negativen Beziehungen zwischen Enthusiasmus und Wärme drücken vielleicht so etwas wie den positiven Effekt einer gewissen sachlichen Kühle aus. Die wenig erfolgreichen Lehrer erzielen, wie erwartet, nur geringe positive Leistungsverbesserungen. Enthusiasmus, Wärme und Anpassung an Schülerbedürfnisse kompensieren offenbar ihre didaktische Inkompetenz nur unvollkommen. Ihre Geduld mit langsamen Lernern bewirkt daher eher das Gegenteil. Ihre Strukturierungshilfen dämpfen vermutlich deshalb auch die Lernmotivation der Schüler. Die einzigen positiven Effekte auf die Motivation gehen von Enthusiasmus und Wärme der wenig erfolgreichen Lehrer aus. Gute Lehrer haben dagegen durchwegs positive Korrelationen im Hinblick auf die Lernmotivation aufzuweisen. Am deutlichsten ist der Zusammenhang zwischen Anpassungsfähigkeit des Lehrers und Lernmotivation, gefolgt von Geduld mit langsamen Lernern, Wärme und Enthusiasmus.

Aus den ermittelten Korrelationen lassen sich Schlußfolgerungen für die Fragestellung ableiten, welche Instruktionsvariablen Lernschwierigkeiten begünstigen. Danach ist es offenbar das Fehlen unterrichtsbezogener Hilfen und der Kontrolle von Hausaufgaben, das bei wenig erfolgreichen Lehrern einen Leistungszuwachs verhindert und durch Wärme, Enthusiasmus und Anpassung an die Schülerbedürfnisse nicht auszugleichen ist. Man könnte geneigt sein, in den beiden kontrastierenden Lehrergruppen Vertreter einer verstärkten Stoff– und Sachorientierung auf der einen Seite und einer Schülerorientierung auf der anderen Seite zu sehen. Dann hätte man aber positivere Zusammenhänge zwischen Schülerorientierung und Lernmotivation erwarten dürfen. Aber auch hier übertrifft der stoff– und sachorientierte Lehrer den weniger erfolgreichen Vergleichspartner. Erfolgreiche Lehrer sind demnach durch sachorientierte Hilfen und Hausaufgabenkontrollen gekennzeichnet. Ihre Anpassungsfähigkeit an den Schüler, Geduld mit dem langsamen Lerner sowie Wärme und Enthusiasmus wirken sich positiv auf die Lernmotivation aus und beeinflussen möglicherweise indirekt auch den Leistungsfortschritt. Nicht so erfolgreiche Lehrer haben offenbar wenig didaktische Kenntnisse und zeigen ein geringes Kontrollbemühen. Sie vermögen ihre Schüler auch deutlich weniger zu motivieren als erfolgreiche Lehrer.

Insgesamt zeigen die Befunde dieser Untersuchung, daß Merkmale des Unterrichtsverhaltens von Lehrern offenbar nicht bei allen Merkmalsausprägungen gleichsinnig wirken. Die Annahme, schlechter Unterricht, der Lernschwierigkeiten verursacht oder begünstigt, sei einfach durch Abwesenheit förderlicher Merkmale charakterisiert, ist damit nicht generell haltbar. Bis zum Beweis des Gegenteils kann aber in Ermangelung spezifischer Befunde hilfsweise weiter davon ausgegangen werden. Darüber hinaus haben die Befunde demonstriert, daß die weitere bloße Anhäufung von Einzelbefunden keine zusätzlichen Einsichten verschaffen. Bessere Einblicke in die Effekte positiver wie negativer Unterrichtsmerkmale sind vielmehr nur durch Untersuchungen zu gewinnen, die mehrere Komponenten miteinander verknüpfen. Erste Ansätze sind bereits vorhanden und sollen in Abschnitt 2.10 gesondert diskutiert werden.

## 2.6    Ungünstiges Klassenklima

Alle bislang diskutierten Erklärungsansätze stellen das Individuum in den Vordergrund ihrer Reflexionen und ignorieren dabei die Tatsache, daß Lernen in der Schule in der Regel im sozialen Kontext erfolgt. Das Modell von Haertel et al. (1983) nimmt deshalb weitere Bedingungen als Zusatzvariablen an. Unter ihnen beziehen sich das *Klassenklima* und die *Peer–Group–Beziehungen* auf das soziale Umfeld schulischen Lernens.

Das Klassenklima ist seit langem ein Forschungsgebiet von Walberg, einem der Autoren des angesprochenen Modells. Es handelt sich dabei um ein schwierig zu definierendes Konstrukt, das sowohl von seiten des Lehrers als auch aus der Sicht der Schüler behandelt werden kann. Aus Lehrersicht kann eine Klasse als faul, fleißig, kooperativ, aggressiv, chaotisch o.ä. bezeichnet werden, aus der Sicht der Schüler z.B. als kameradschaftlich, konkurrenzorientiert, tolerant, lehrerbestimmt, konfliktgeladen o.ä. M.v. Saldern (1983) versteht unter sozialem Klima *„eine Übereinstimmung in der subjektiven Umweltwahrnehmung zwischen den Mitgliedern einer Gruppe"* (S. 118).

In dieser Definition wird der Akzent der Klimaforschung deutlich, der sich in erster Linie auf die Perspektive der Schülersicht konzentriert. Diese Akzentsetzung spiegelt sich in den Operationalisierungsversuchen wider, in denen Fragebogen zur Erfassung des Schul-, Klassen- oder Unterrichtsklimas eine dominante Rolle spielen. Einzelne Dimensionen dieser Fragebogen sind z.B. Klassenzusammenhalt, Konkurrenz, Cliquenbildung, Streitigkeiten, Kooperation zwischen Lehrer und Schülern, Aufgabenschwierigkeit, Unterrichtstempo, Verständlichkeit u.ä. (Dreesmann, 1986). Nach einer Untersuchung von Moos (1979) wird das von den Schülern wahrgenommene Klassenklima mit abnehmendem Gewicht bestimmt durch

- die Zufriedenheit mit dem Lehrer
- das Ausmaß an Kritik an der Klasse
- die Zufriedenheit mit dem Lernerfolg
- das Gefühl des sich Wohlfühlens

In unserem Zusammenhang interessiert die Frage, welchen Einfluß derartige Merkmale auf den Lernerfolg haben. Dabei zeigt sich, daß die Befunde je nach verwendetem Meßinstrument und in Abhängigkeit vom Unterrichtsfach variieren. So konnten Walberg und Anderson (1972) mit dem von ihnen konstruierten Klima–Fragebogen bis zu 45% der Schulleistungsunterschiede zwischen Klassen aufklären. Dreesmann (1979) erreichte dagegen mit dem von ihm entwickelten Fragebogen zum Unterrichtsklima lediglich eine Varianzaufklärung von 13% bei der Mathematikleistung. Unterschiede nach dem Unterrichtsfach ergab eine Untersuchung von Walberg et al. (1977), deren Ergebnisse Tabelle 2.1 zeigt.

**Tab. 2.1:** Korrelationen zwischen Merkmalen des Klassenklimas und Schulleistungen in Naturwissenschaften (NW) bzw. Sozialkunde (SK) (nach Walberg et al., 1977)

| | Produktmoment-korrelationen | | Partialkorrelationen (IQ auspartialisiert) | |
|---|---|---|---|---|
| | NW | SK | NW | SK |
| Ausmaß erlebter Freundschaft | .68 | .81 | .51 | .73 |
| Mangel an Kooperation | −.48 | −.58 | −.24 | −.36 |
| Cliquenbildung | −.41 | −.64 | −.17 | −.43 |

Wie der Tabelle zu entnehmen ist, hängt die Leistung in Sozialkunde enger mit Maßen des Sozialklimas zusammen als die in den Naturwissenschaften. Möglicherweise sind naturwissenschaftliche Leistungen stärker von stabileren Faktoren wie etwa dem Vorwissen bestimmt und somit nicht so sehr vom Klassenklima abhängig. Denkbar wäre auch, daß sie, wie auch das Sozialklima selbst, vom Intelligenzniveau her determiniert sind. Durch Auspartialisierung der Intelligenzleistung wurde diese Frage geprüft. Die Korrelationen gingen zwar zurück, was auf einen gewissen Einfluß der Intelligenz hinweist, doch blieben sie mit einer Ausnahme signifikant. Diese Tatsache deutet auf einen eigenständigen Beitrag des Sozialklimas bei der Aufklärung der Schulleistungsunterschiede hin. Am stärksten ist der Einfluß der Feudnschaftsbeziehungen. Lernschwierigkeiten können danach begünstigt werden durch

• fehlende Freundschaften
• mangelnde Kooperation
• Bildung von sich abschließenden Cliquen.

Als weitere Einzelmerkmale des Klassenklimas, die geeignet sind, die Schulleistungen einer Klasse zu beeinträchtigen, ermittelte Walberg (1979)

• die Bevorzugung einzelner Schüler durch den Lehrer
• zu viele soziale Reibungen in der Klasse
• eine übertriebene Förmlichkeit der sozialen Beziehungen
• eine zu starke Zielgerichtetheit des Unterrichts
• einen zu hohen Zeitdruck und
• einen als zu hoch erlebten Schwierigkeitsgrad des Unterrichts.

In einigen der leistungshemmenden Merkmale wird die Rolle des Lehrers angesprochen, der offenbar einen negativen Einfluß auf das Klassenklima hat, wenn er einzelne Schüler bevorzugt, die Förmlichkeit der Interaktionen übertreibt und Richtung, Schwierigkeitsgrad und Ablaufgeschwindigkeit des Unterrichts bestimmt.

Ein ganz anderes Merkmal, das vom Lehrer mitbestimmt wird und sich auf Klassenklima und –leistung auswirkt, ist das Leistungssystem der Klasse. Es läßt sich grob als individualistisch, konkurrenzbetont oder kooperativ klassifizieren. Unter individualistischen Bedingungen ist jeder Schüler gehalten, für sich allein zu arbeiten. Unter Konkurrenzbedingungen wird der Schüler mehr oder minder direkt aufgefordert, mit seinen Klassenkameraden zu wetteifern.

Kooperative Bedingungen stellen die Zusammenarbeit mit anderen Schülern in den Vordergrund. Um die Auswirkungen dieser Vorgaben auf Klassenklima und Schulleistung zu überprüfen, wurden zahlreiche Untersuchungen durchgeführt. Eine Arbeit soll Untersuchungsplan und typische Ergebnisse exemplarisch verdeutlichen.

Johnson et al. (1979) teilten 69 Schülerinnen und Schüler der 4.–6. Klasse zufällig einer kooperativen, kompetitiven oder individualistischen Unterrichtsstruktur zu. Drei Lehrer erhielten ein 30stündiges Training in diesen drei Unterrichtsformen und wurden ebenfalls einer der drei Bedingungen zugelost. Sie hatten eine Woche lang dieselbe Klasse mit dem gleichen Material in Geometrie zu unterrichten. Als abhängige Variablen wurde eine Reihe sozialer Einstellungsmerkmale sowie die Geometrieleistung erfaßt. Tabelle 2.2 demonstriert die Ergebnisse.

**Tab. 2.2:** Mittelwerte von Einstellungsmessungen und Mathematikleistungen unter drei verschiedenen Leistungssystemen (nach Johnson et al., 1979)

| | Leistungssystem | | | |
| **Klimamerkmale** | kooperativ | kompetitiv | individuell | *F* |
|---|---|---|---|---|
| Lernbetreuung durch Lehrer | 3.91 | 3.82 | 3.57 | 2.75 |
| Freundschaft mit dem Lehrer | 3.77 | 3.36 | 3.04 | 5.07 s |
| Beliebtheit beim Lehrer | 3.68 | 3.59 | 3.22 | 3.13 |
| Beachtung der eigenen Arbeit | 3.68 | 2.32 | 2.52 | 30.26 ss |
| Freundschaft mit anderen | 3.18 | 2.50 | 2.78 | 4.77 s |
| Beliebtheit bei anderen | 3.14 | 3.32 | 3.13 | .39 |
| Persönliche Wertschätzung | 5.58 | 5.50 | 5.35 | 1.28 |
| Mathematikleistung | 13.68 | 9.18 | 7.39 | 37.03 ss |

s: signifikant (.05)     ss: sehr signifikant (.01)

Die Ergebnisse zeigen deutliche Vorzüge der kooperativen Lernstruktur. Schüler der kooperativen Bedingung hatten deutlich bessere Leistungen, erfuhren stärkere Anteilnahme ihrer Gruppe an ihren Leistungen und erlebten häufiger freundschaftliche Zuwendung durch Mitschüler und Lehrer.

Diese Ergebnisse liegen im Trend einer Vielzahl von Untersuchungen zu dieser Fragestellung, wie eine Metaanalyse von Johnson et al. (1981) ergab, die vielfache Vorzüge einer kooperativen Lernstruktur gegenüber einer kompetitiven oder individualistischen Form ermittelte. So wirkte sich Zusammenarbeit u.a. positiv aus auf prosoziales Verhalten (Johnson et al., 1976), den soziometrischen Beliebtheitsrang (Johnson et al., 1978), Behaltens- und Problemlöseleistungen (Johnson et al., 1980) oder die Zufriedenheit mit dem kooperativ vermittelten Fremdsprachenunterricht (Gunderson & Johnson, 1980). Ungünstige Effekte hatte dagegen eine Konkurrenzorientierung des Unterrichts. Wettbewerb stand in Zusammenhang mit Schulunlust und mit verringerter Lernfreude (Fry & Coe, 1980). Der Wettbewerbscharakter von Unterricht wird auch betont durch die Art des Bezugssystems der Leistungsbeurteilung. Bei Bevorzugung sozialer Bezugsnormen, die auf Leistungsvergleichen zwischen den Schülern einer Klasse beruhen, vor allem bei häufigen öffentlichen Leistungsvergleichen, erleben Schüler ein erhöhtes Maß an Prüfungsangst (Rheinberg, 1980), die sich hemmend auf Schulleistungen auswirken kann.

Bleibt abschließend zu diskutieren, auf welche Weise das Klassenklima die Lernleistungen beeinträchtigt. Nach einer Literaturrecherche von Dreesmann (1980) mindern Klimavariablen wie Streitigkeiten in der Klasse, Cliquenbildung, Bevorzugung einzelner Schüler durch den Lehrer und Unorganisiertheit des Unterrichts das Interesse am schulischen Lernen. Fehlende Lehrerunterstützung steht in negativer Beziehung zur Lernfreude und dem Wunsch, sich schulisch zu verbessern (Fry & Coe, 1980). Schüler einer individualistischen Lernstruktur schätzten ihre Mitarbeit geringer ein als Schüler unter kooperativen Bedingungen (Johnson et al., 1978). In einer Untersuchung an über 800 Schülern stellte Schwarzer (1983) nach einjähriger Zugehörigkeit zu einer bestimmten Variante des Klassenklimas unterschiedliche Vortest–Nachtestdifferenzen in einer Reihe von Selbstkonzeptfacetten fest (s. Tabelle 2.3).

**Tab. 2.3:** Mittelwertdifferenzen bei verschiedenen Selbstkonzeptaspekten nach einem Jahr Unterricht in Klassen mit unterschiedlichem sozialen Klima (aus Schwarzer, 1983, S. 145)

| | Klassenklima | | | |
| Selbstkonzept | negativ (N=125) | neutral (N=588) | positiv (N=136) | $F$ |
| --- | --- | --- | --- | --- |
| Selbstwertgefühl | 6.95 | 7.82 | 8.11 | 6.78 ss |
| Erfolgszuversicht | 5.39 | 6.47 | 6.38 | 10.78 ss |
| Kontrollverlust | 1.14 | .94 | .68 | 4.02 s |
| Leistungsangst | 8.54 | 7.34 | 5.71 | 15.31 ss |
| Hilflosigkeit | 4.48 | 3.42 | 3.37 | 7.81 ss |

s: signifikant (.05)   ss: sehr signifikant (.01)

Wie Tabelle 2.3 zu entnehmen ist, haben Mitglieder aus Klassen mit ungünstigem sozialen Klima nach einjähriger Zugehörigkeit ein negativeres Selbstgefühl, geringere Erfolgszuversicht und mehr Prüfungsangst als Schüler aus Klassen mit positivem Klima und erleben ein höheres Maß an Kontrollverlust und Hilflosigkeit. Allerdings erlauben derartige Vergleiche noch keinen Schluß bezüglich der Wirkrichtung. Klimafaktoren konnen theoretisch sowohl das Selbstkonzept beeinflussen, aber auch selbst wieder vom Selbstkonzept determiniert werden. Einen Beitrag zur Klärung dieser Frage liefert eine Pfadanalyse von Schwarzer (1983), deren Ergebnis Abbildung 2.15 veranschaulicht.

Die in einer Längsschnittuntersuchung in den Klassen 5–7 ermittelten Klimaindikatoren zeigen in den beiden diagonalen Pfaden kausale Effekte auf das Selbstvertrauen der Schüler. Die Koeffizienten für die Pfade vom Selbstkonzept in Richtung auf das Klassenklima waren insignifikant. Die Pfade wurden deshalb weggelassen.

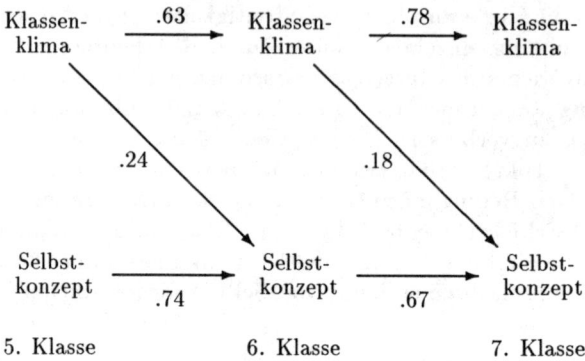

**Abb. 2.15:** Pfaddiagramm zum Zusammenhang zwischen Klassenklima und Selbstkonzept in zwei aufeinanderfolgenden Schuljahren (nach Schwarzer, 1983)

Aufgrund der referierten Befunde kann angenommen werden, daß sich ein ungünstiges Klassenklima negativ auf Lernmotivation und Selbstkonzept auswirkt, Interesse an Unterricht und Mitarbeit beeinträchtigt und auf diese Weise sich auch leistungsmindernd bemerkbar macht, wie es das Modell von Haertel et al. postuliert.

## 2.7 Gestörte Beziehungen zwischen Schülern

Problematische Beziehungen zwischen Schülern wirken sich, wie die Ausführungen zum Thema Klassenklima gezeigt haben, offenbar ungünstig auf den Lernerfolg aus. Sie bestätigen damit einen seit langem bekannten und immer wieder ermittelten Befund, dem zufolge Korrelationen zwischen dem Rang in der sozialen Hierarchie einer Klasse und dem Schulleistungsniveau bestehen. So errechnete Wunsch (1954) bei Wiener Schülern zwischen dem Grade der Beliebtheit in der Klasse und Schulleistungen eine Korrelation von .47. Löwe (1963) ermittelte in Leipzig beim Vergleich der Beliebtheitswerte von Sitzenbleibern mit denen von Schülern ohne Klassenwiederholung eine signifikant größere Unbeliebtheit der Sitzenbleiber. Selg (1965) stellte ebenfalls signifikante Beziehungen zwischen Beliebtheit und Tüchtigkeit fest, fand aber auch, daß höhere Korrelationen auf die Unterstufen von Volksschule und Realschule beschränkt waren. Obendrein ermittelte er große Differenzen innerhalb der gleichen Schulstufe. So variierten die Koeffizienten in 9. Klassen beispielsweise zwischen .28 und .65. Bless (1986) stellte fest, daß Schüler mit Lernschwierigkeiten im Vergleich zu leistungsmäßig unauffälligen Schülern signifikant weniger beliebt waren. Lernschwierige Schüler sind häufiger isoliert und werden von ihren Mitschülern öfter zurückgewiesen als nicht lernschwierige (Stone & la Greca, 1990).

Nach den Befunden von Höhn (1967) könnte man geneigt sein, den sozialen Rangverlust lernschwieriger Schüler einfach als Folge ihres Schulversagens zu erklären, da die negativen Urteile der Lehrer und Mitschüler sogen. schlechter Schüler auffallend konvergieren. Auch deren interpersonale Probleme, die Gresham und Reshley (1986) fanden, wären dann lediglich eine Konsequenz ihres niedrigen sozialen Ranges. Daß sich Lehrer mit ihnen öfter als mit anderen Schülern befassen und sie wegen Unaufmerksamkeit und Regelverletzungen zur Ordnung rufen müssen (Dorval et al., 1982; Siperstein & Doding, 1985), wäre dann nur die Folge ihrer Lernschwierigkeiten sowie ihrer subsequenten interaktionalen Probleme. Verschiedene Untersuchungsergebnisse deuten jedoch darauf hin, daß diese Sichtweise offenbar zu einseitig ist. So sind sozialer Rang und Lernversagen wie teilweise in der Untersuchung von Selg (1965) in einigen Arbeiten unkorreliert (Kistner & Gatlin, 1989; Wiener et al., 1990).

Diese Ergebnisse können ein Hinweis darauf sein, daß die Beziehungen zwischen Lernschwierigkeiten und Unbeliebtheit nicht zwangsläufig sind. Sie sind möglicherweise begrenzt auf bestimmte Klassenklimata. Wie die Befunde zum Klassenklima nahelegen, dürften dies besonders Klassen sein, deren Lehrer großen Wert auf Leistung und Wettbewerb legen, häufig öffentliche Leistungsvergleiche anstellen und damit soziale Vergleichsmaßstäbe anwenden. In Klassen, in denen nicht Leistungsaspekte, sondern eher soziale Wertakzente dominieren, wo Lehrer stärker auf Interaktion und Kooperation setzen und individuelle Vergleichsmaßstäbe bevorzugen, könnte es möglich sein, die Relation von Schulversagen und negativem sozialen Status zu durchbrechen.

Auch die Abnahme der Korrelationen zwischen sozialem Rang und Schulleistung mit ansteigender Klassenstufe, die Selg (1965) feststellte, spricht gegen eine zwangsläufige Beziehung. Sie geht zwar zu einem Teil auf die Reduktion der Leistungsvarianz nach der 4. Klasse infolge homogener Subgruppen in Haupt- und Realschule zurück. Zum anderen drückt sich hierin vermutlich aber auch so etwas wie eine Abkoppelung des Beliebtheitsrangs von Schülern vom Lehrerurteil aus, die mit der beginnenden Pubertät einsetzt. Der soziale Status eines Schülers ist aber offenbar seinerseits in der Lage, sich auf die Schulleistungen auszuwirken, wie Schmuck (1963) in einer in dieser Differenziertheit noch nicht wieder replizierten Untersuchung nachweisen konnte.

Bei Grundschülern wurde zunächst mit Hilfe soziometrischer Befragungen der Grad ihrer Beliebheit und Ablehnung festgestellt. Um auch den Einfluß des subjektiven Beliebtheitsgrades zu untersuchen, sollte jeder Schüler einschätzen, in welchem Viertel der Beliebtheitsrangskala seiner Klasse er sich befände.

Als abhängige Variable diente die Leistungseinstufung durch den jeweiligen Klassenlehrer. Dazu wurden die Schüler jeder Klasse nach dem IQ in eine Rangreihe gebracht und nach dem Median in zwei Gruppen geteilt. In jeder dieser beiden Teilgruppen wurden die Schüler von ihrem Lehrer noch einmal in zwei Untergruppen aufgeteilt, eine gute und eine schlechte. Die Schüler der beiden guten Teilgruppen wurden nun zu je einer neuen Gruppe zusammengefaßt wie die Schüler der beiden Teilgruppen mit schlechten Leistungen. Die beiden neu entstandenen Gruppen unterschieden sich nicht mehr nach ihrer durchschnittlichen Intelligenz, sondern nur noch hinsichtlich ihrer Schulleistungen in Relation zur Intelligenz. Die Gruppe mit guten Leistungen hatte im Verhältnis zu ihrer Intelligenz gute, die andere relativ schlechte Schulleistungen. Die Beziehungen zwischen realem und subjektiv geschätztem Beliebtheitsgrad einerseits und Schulleistungen andererseits zeigt Tabelle 2.4.

**Tab. 2.4:** Realer und geschätzter Beliebtheitsgrad im Zusammenhang mit guten und schlechten Schulleistungen bei Schülern vergleichbarer Intelligenz (nach Schmuck, 1963)

| Beliebtheitsgrad | | Zahl der Schüler mit | |
| real | geschätzt | guter Leistung % | schlechter Leistung % |
| --- | --- | --- | --- |
| hoch | hoch | 65 | 35 |
| | niedrig | 43 | 57 |
| niedrig | hoch | 48 | 52 |
| | niedrig | 31 | 69 |

Danach wurde die Beziehung zwischen Schulleistungen und Beliebtheit innerhalb jeder Bedingung noch einmal durch den subjektiv wahrgenommenen Beliebtheitsgrad moderiert. Diskrepanzen zwischen realem und subjektiv eingeschätztem Beliebtheitsrang schwächten dabei die allgemeine Tendenz ab, Übereinstimmungen verstärkten sie. Insgesamt erwies sich die Abweichung der gefundenen Verteilung von den Erwartungswerten als hochsignifikant.

Eine weitere Variationsquelle für die Beziehungen zwischen Beliebtheit und Schulleistung erhellte die Untersuchung des aktiven Wahlverhaltens der Schüler, das danach unterschieden wurde, ob es sich vorwiegend auf Mitschüler richtete oder eher auf Schüler außerhalb der Klasse. Wie Tabelle 2.5 zeigt, überwiegen bei klasseninternen Wahlen bei guten Leistungen Schüler mit hoher Beliebtheit und bei schlechten unbeliebte Schüler. Bei vorwiegend klassenfernen Wahlen verschwindet dieser Trend.

Die Befunde bestätigen erneut die bereits bekannte Korrelation zwischen Beliebtheitsrang und Schulleistung. Die Moderation dieser Beziehung durch die subjektive Beliebtheitseinschätzung der betroffenen Schüler weist darüber hinaus darauf hin, daß neben den objektiven Bedingungen auch subjektive Momente eine nicht unwichtige Rolle spielen. Damit ist die Annahme, daß schlechte Schulleistungen automatisch die Beliebtheit eines Schülers reduzieren, so generell nicht haltbar.

**Tab. 2.5:** Realer Beliebtheitsgrad bei guten und schlechten Schulleistungen von Schülern mit klasseninternen bzw. klassenfernen Beliebtheitswahlen (nach Schmuck, 1963)

| Realer Beliebtheitsgrad | Zahl der Schüler mit | |
|---|---|---|
| | guten Leistungen % | schlechten Leistungen % |
| *vorwiegend klasseninterne Wahlen* | | |
| hoch | 65 | 45 |
| niedrig | 35 | 55 |
| *vorwiegend klassenferne Wahlen* | | |
| hoch | 49 | 40 |
| niedrig | 51 | 60 |

Der Einfluß der subjektiven Einschätzung bei Diskrepanzen zwischen realer und subjektiv eingeschätzter Beliebtheit erlaubt die Annahme, daß umgekehrt auch der (subjektiv geschätzte) Beliebtheitsrang eine Wirkung auf die Leistung ausübt. Diese Interpretation wird gestützt durch den Befund, daß die Korrelation zwischen Beliebtheit und Leistung gegen Null tendiert, wenn ein Schüler Wahlkontakte außerhalb der Klasse hat. Für diese Einschätzung spricht auch das Ergebnis eines Experiments von Burnstein und Zajonc (1965), die demonstrieren konnten, daß die Leistungen ihrer Versuchspersonen anstiegen, wenn man ihren sozialen Status erhöhte, und nachließen, wenn dieser sich verschlechterte.

Aber auch die bei lernschwierigen Schülern häufig beobachteten interpersonalen Probleme und sozialen Kompetenzrückstände (Wentzel, 1991) können nicht einseitig als Folge des Schulversagens interpretiert werden. Ein Teil der sozialen Probleme Lernschwieriger besteht nach Befunden von Vaughn et al. (1990) offensichtlich schon vor Schuleintritt und muß daher dem familiären Kreis zugeschrieben werden. Wiener (1987) präferiert daher ein Modell der sozialen Beziehungen, das von reziproken Interaktionen zwischen dem lernschwierigen Kind, seinen Eltern, Mitschülern und Lehrern ausgeht.

Wie die sozialen Umfeldbedingungen sich auf Lernleistungen auswirken können, ist bislang wenig untersucht. Schmuck (1963) befragte daher in der oben zitierten Untersuchung die Schüler auch nach ihrer Einstellung zu sich selbst und zur Schule. Dabei zeigte sich, daß der reale Beliebtheitsrang hierfür ohne Bedeutung war. Schüler die sich subjektiv als beliebt einstuften, hatten unabhängig von ihrem realen sozialen Rang eine hochsignifikant positivere Einstellung zu sich selbst und zur Schule als Schüler, die sich selbst für wenig beliebt hielten. Danach scheinen die sozialen Beziehungen eines Schülers zu seinen Mitschülern sich auf dem Wege über die Selbsteinschätzung eigener Beliebtheit, das Selbstkonzept und die Einstellung zur Schule auf die Lernmotivation auszuwirken, wie es das Modell von Haertel et al. (1983) annimmt.

## 2.8  Beeinträchtigungen im familiären Umfeld

Die Beobachtung, daß unter Schülern mit Lernschwierigkeiten Kinder aus ungünstigen sozialen Verhältnissen überrepräsentiert sind (Kemmler, 1976; Probst, 1976), legt die Auffassung nahe, daß Schulversagen in nicht unerheblichem Ausmaß durch ungünstige familiäre und soziale Bedingungen verursacht wird. So sollen nach einer Reihe von Untersuchungen ungeordnete Familienverhältnisse (Werner, 1986), Eheprobleme, Scheidungen oder eine frühe Trennung von Mutter und Kind (Boyd & Parish, 1985), aber auch ungewollte Schwangerschaft, uneheliche Geburt oder Alkoholprobleme in der Familie sich ungünstig auf den Schulerfolg der Kinder auswirken (Schmid et al., 1983). Eine Häufung derartiger Probleme in sozial unterprivilegierten Familien legt die Vermutung nahe, in der sozialen Benachteiligung die Hauptursache familiärer Probleme zu sehen, zumal in diesen Familien auch über finanzielle Schwierigkeiten berichtet wird (Schmid et al., 1983; Toro et al., 1990).

Nach Gillberg und Rasmussen (1982) reicht soziale Benachteiligung an sich als alleinige Erklärungsursache für Lernschwierigkeiten nicht aus. Deshalb wurde in jüngerer Zeit versucht, die Bedingungen genauer zu beschreiben, die in unterschiedlichen Milieus zur Förderung oder Behinderung von Lernprozessen führen. Nach Trudewind (1975) sind es vor allem das Ausmaß an häuslichen Anregungen in Form von Büchern und Zeitschriften und die Ausstattung der häuslichen Umgebung, die mit sprachlichen Intelligenzleistungen der Kinder in Beziehung stehen. Einen Mangel an häuslicher Stimulation stellten auch Werner (1986) und Toro et al. (1990) in Familien lernschwieriger Kinder fest. Marjoribanks (1979) ermittelte einen signifikanten Einfluß der Anforderungen der Eltern an die Leistungen ihrer Kinder und findet darin Bestätigung durch Befunde von Helmke et al. (1991), die einen Zusammenhang zwischen den Leistungserwartungen besonders der Mütter und der Leistungsentwicklung ihrer Kinder ermittelten.

In einer Reihe von Untersuchungen wurde der Einfluß von Erziehungsstilen von Eltern auf die Schulleistungen ihrer Kinder untersucht. Autoritärer wie auch permissiver Erziehungsstil steht nach Dornbush et al. (1987) mit Lernschwierigkeiten in Beziehung. Dieses Ergebnis konvergiert mit einem Befund von Fend et al. (1976), dem zufolge negative elterliche Sanktionen wegen schlechter Zensuren beim Kind hohe Leistungsangst erzeugen, vor allem dann, wenn die affektive Zuwendung von guten Noten abhängig gemacht wird. Nach Thompson et al. (1990) ist der Erziehungsstil in Familien Lernschwieriger durch vermehrte Kontrolle und Mangel an Unterstützung gekennzeichnet. Ginsburg und Bronstein (1993) ermittelten neben einem Einfluß des sozio-ökonomischen Status eine negative Beziehung zwischen mütterlicher Überkontrolle bei den Hausaufgaben und externen Belohnungen einerseits und der Unabhängigkeit des eigenen Urteils vom Lehrer und Schulleistungen andererseits. Stevenson und Baker (1987) fanden einen Einfluß von mütterlichem Ausbildungsniveau und elterlichem Engagement für die Schule, die zusammen 15% der Schulleistungsvarianz aufklärten. Da beide Variablen miteinander korreliert sind, nehmen die Autoren an, daß das Ausbildungsniveau der Mutter das schulische Engagement der Eltern determiniert und dieses wiederum den Mediator für den schulischen Erfolg oder Mißerfolg ihrer Kinder bildet.

Das Dilemma korrelationsstatistischer Querschnittsanalysen besteht darin, daß Korrelationen nicht ohne weiteres kausal interpretiert werden dürfen. So könnten z.B. verstärkte Kontrolle wie mangelnde Unterstützung auch Folge und nicht Ursache von Lernschwierigkeiten sein. Denkbar wäre, daß vermehrte Kontrolle und Strenge erst nach dem Auftreten von Schulproblemen praktiziert werden und Permissivität, wenn Eltern die Hoffnung auf Besserung aufgegeben haben. Weiteren Aufschluß kann man nur von Längsschnittstudien erwarten.

Bradley et al. (1988) untersuchten längsschnittlich über einen Zeitraum von 10 Jahren den Einfluß verschiedener Elternvariablen auf die Schulleistungen der 10jährigen Kinder. Während von den im Alter von 6 Monaten erhobenen Elternvariablen keine mit dem späteren Schulerfolg in Beziehung stand, korrelierte die Zahl der Spielzeuge und das elterliche Engagement im Alter von 2 Jahren signifikant mit dem Schulerfolg der 10jährigen. Wegen des zeitlichen Abstandes der Messungen ist hier die Annahme eines kausalen Effekts erlaubt. Den engsten Zusammenhang mit dem Schulerfolg weist allerdings das gleichzeitig erhobene elterliche Engagement auf. Da dieser Zusammenhang schon vor Schulbeginn bestand, kann er kausal erklärt werden. Noch eindeutiger interpretierbar sind die Befunde statistischer Kausalanalysen, wie die beiden nächsten Arbeiten zeigen.

De Jong (1993) erstellte ein Modell, in dem die Zahl häuslicher Erziehungsprobleme, assoziiert mit dem sozioökonomischen Status, sich auf Konzentrationsleistungen und Aufmerksamkeitsverhalten in der Schule mindernd auswirkt und damit die Schulleistungen beeinträchtigt. Für die Untersuchung wurden aus 111 niederländischen Schulen je fünf neunjährige Schüler per Zufall ausgewählt. Nach Ausschluß all jener Kinder, deren Eltern nicht beide in den Niederlanden geboren waren, den Elternfragebogen nicht ausgefüllt hatten oder die nicht an allen Tests teilgenommen hatten, verblieben 376 Kinder in der Untersuchungsstichprobe. Ihre Konzentrationsfähigkeit wurde mit einem Zahlennachsprechtest, einem Abzähltest und einer Aufgabe geprüft, bei der die Silbenzahl vorgesprochener Worte anzugeben war. Das Aufmerksamkeitsverhalten wurde von den Klassenlehrern eingeschätzt. Ein Schulleistungstest ermittelte Leseverständnis und Rechenleistungen. Mittels Pfadanalyse wurde die Gültigkeit des theoretischen Modells überprüft. Abbildung 2.16 zeigt das Pfaddiagramm.

Wie im Modell angenommen, gibt es einen, wenn auch losen, Zusammenhang zwischen dem sozioökonomischen Status und der Anzahl häuslicher Erziehungsprobleme. Letztere wirkt sich besonders auf das in der Schule beobachtete Aufmerksamkeitsverhalten, etwas weniger auf die gemessene Konzentrationsfähigkeit aus. Beide Aufmerksamkeitsvariablen wiederum üben einen Einfluß auf die Schulleistungen aus. Dabei beeinflußt das Aufmerksamkeitsverhalten stärker die Rechenleistung, bei der Aufmerksamkeit offenbar sehr benötigt wird. Das Leseverständnis wiederum ist auch vom sozioökonomischen Status direkt abhängig. Hierin drückt sich möglicherweise die Wirkung des sprachlichen Anregungsniveaus des Elternhauses aus.

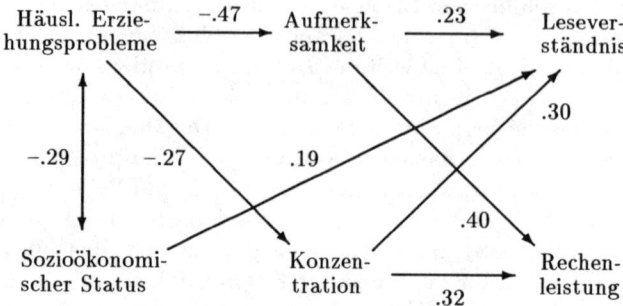

**Abb. 2.16:** Pfaddiagramm zum Zusammenhang zwischen häuslichen Erziehungsproblemen, sozioökonomischem Status, Aufmerksamkeit, Konzentrationsfähigkeit und Schulleistungen (nach de Jong, 1993)

Mit den Befunden von de Jong (1993) ist wahrscheinlich gemacht worden, daß häusliche Erziehungsprobleme sich über verminderte Aufmerksamkeit beeinträchtigend auf Schulleistungen auswirken. Trotz des Einsatzes der pfadanalytischen Auswertung sind aber der kausalen Interpretation simultan erhobener Daten Grenzen gesetzt. Eindeutiger interpretierbar sind dagegen Längsschnittdaten. Diese Bedingung erfüllt eine Arbeit von Tiedemann und Faber (1989).

Die Autoren konstruierten ein theoretisches Modell, in dem drei Erziehungsvariablen, nämlich (1) mütterliche Unterstützung und Förderung, (2) mütterliche Strenge und Kritik sowie (3) die Gewährung selbständiger Freizeitaktivitäten (wie Fernsehen, Einkäufe, Sport, Besuche) als Bedingungen für (a) numerische, (b) sprachliche und (c) visuelle Lernvoraussetzungen angenommen werden. Diese sollen sich auf die Schulleistungen im Lesen, Rechtschreiben und Rechnen am Ende des 1. Schuljahres auswirken und zusammen die kombinierten Endleistungen des 2. Schuljahres bestimmen. Als externe Variablen wurden Alter und Geschlecht der Kinder in das Modell aufgenommen.

An der empirischen Untersuchung nahmen 56 Jungen und 47 Mädchen im Alter von 5–7 Jahren teil, die noch nicht die Schule besuchten. Das häusliche Erziehungsverhalten wurde durch Interviews mit den Kindern erhoben, deren numerische Lernvoraussetzungen durch Aufgaben zum Mengenvergleich, Halbieren und Verdoppeln sowie zur Herstellung ordinaler Relationen erfaßt wurden. Visuelle Lernvoraussetzungen wurden durch das Identifizieren und Vergleichen von Zeichen, sprachliche Voraussetzungen durch Aufgaben zur Lautidentifikation und –analyse ermittelt. Die Schulleistungen wurden mit Hilfe der Schulleistungsbatterie von Kautter und Storz (1972) und durch Lehrerurteile zum Lesen, Rechtschreiben und Rechnen erhoben. Das Ergebnis der pfadanalytischen Auswertung veranschaulicht Abbildung 2.17.

Das Pfaddiagramm zeigt im wesentlichen die erwarteten Abhängigkeiten. Die Erziehungsstilvariablen beeinflussen direkt die Lernvoraussetzungen und diese wiederum die Schulleistungen am Ende des 1. und 2. Schuljahres. Darüber hinaus existieren direkte Einflüsse der Erziehervariablen auch auf die späteren Schulleistungen. Hier wirken sich mütterliche Unterstützung und Förderung auf die kombinierten Schulleistungen am Ende der 2. Klasse positiv, Strenge und Kritik dagegen negativ aus. Positiv schlägt sich mütterliche Strenge dagegen in der Leseleistung am Ende der 1.

Klasse nieder. Vermutlich kann nur durch eine gewisse Strenge das für den Leseerfolg erforderliche Maß an Übung sichergestellt werden. Negativ wirkt sich dagegen das Ausmaß kindbestimmter Freizeitaktivitäten auf die sprachlichen Lernvoraussetzungen aus. Möglicherweise drückt sich in zu vielen Freizeitaktivitäten auch eine Abkoppelung vom sprachlichen Einfluß der Eltern oder gar eine gewisse Vernachlässigung aus. Die von den externen Variablen Alter und Geschlecht ausgehenden Pfade wurden wegen ihrer marginalen Bedeutung aus Gründen der Übersichtlichkeit weggelassen.

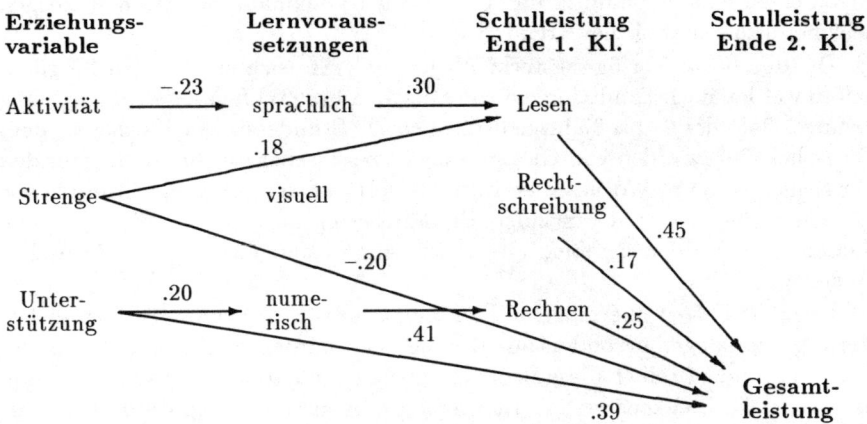

**Abb. 2.17:** Pfaddiagramm zum Zusammenhang zwischen Erziehungsvariablen, Lernvoraussetzungen und Schulleistungen am Ende des 1. und 2. Schuljahres (nach Tiedemann & Faber, 1989)

Mit dieser Kausalanalyse von Längsschnittdaten ist Tiedemann und Faber (1989) der Nachweis gelungen, daß die Erziehungsstilvariablen Unterstützung und Strenge, deren Kovariation mit Schulleistungsdaten bislang nur in Korrelationsstudien belegt wurde, sich determinierend auf spätere Schulleistungen auswirken. Sie können nicht als Reaktion auf die Schulleistungen interpretiert werden, da die Erziehermerkmale vor der Schulzeit erhoben wurden, so daß die Leistungen keine Auswirkungen auf die früheren elterlichen Verhaltensweisen haben konnten.

Der Vorzug derartiger Kausal– und Längsschnittuntersuchungen liegt auf der Hand. Mit ihrer Hilfe werden auch frühere korrelationsstatistische Untersuchungsbefunde zum Erziehungsstil nachträglich gestützt, die eine negative Auswirkung einer autoritären Erziehung gefunden hatten, die in der Regel meist mit erhöhter Strenge einhergeht. Damit sind folgende familiäre Verursachungsfaktoren für kindliche Lernschwierigkeiten als gesichert anzusehen:

- autoritärer Erziehungsstil
- übergroße Strenge der Mutter
- fehlende Unterstützung der Mutter
- geringes Engagement der Eltern
- häusliche Erziehungsprobleme

## 2.9  Der Einfluß von Medien

Moderne Medien wie Radio, Fernsehen oder Computer sind aus unserem täglichen Leben nicht mehr wegzudenken. Sie bestimmen aber auch zunehmend den Ablauf des Freizeitverhaltens der Kinder und Jugendlichen. Nach einer Erhebung von Glogauer (1993) verfügen bereits 62 % der 9– bis 10jährigen über ein eigenes Radio, 52% über einen Radiorecorder und 34% über einen eigenen Fernseher. 14% können über einen eigenen Videorecorder verfügen, 29% besitzen einen Kindercomputer und 62,5% einen Walkman. Bei den 6–8jährigen zeichnet sich ein ähnlicher Trend ab.

Die durch das Verfügungsrecht über die Geräte sich ergebenden Möglichkeiten werden nach Ermittlungen von Glogauer (1993) offenbar auch ausgiebig genutzt. 35% der 6– bis 8jährigen sitzen ca. 30 Stunden in der Woche vor dem Fernseher, 20% werden von Glogauer als Exzessivseher mit bis zu 40 Stunden Fernsehkonsum pro Woche eingestuft. Sie verbringen somit mehr Stunden vor dem Fernseher als in der Schule. Besorgniserregend erscheint die Tatsache, daß 76% der Kinder angaben, allein, d.h. ohne Kontrolle, vor dem Fernseher zu sitzen.

Über die Folgen übermäßigen Fernsehkonsums wird derzeit vielfach diskutiert. Lehrer klagen besonders am Montag über uninteressierte und übermüdete Kinder und schreiben diese Beobachtungen dem besonders an Wochenenden exzessiven Fernsehkonsum zu. Inzwischen gibt es einige empirische Untersuchungen zu dieser Frage. Eine Metaanalyse von Williams et al. (1982), die 23 Studien umfaßte, ergab eine schwache, aber konsistente negative Beziehung zwischen der Dauer, die Kinder in ihrer Freizeit vor dem Fernseher verbrachten, und ihren Schulleistungen. Diesen Trend konnten Keith et al. (1986) bestätigen. Mit den Daten einer Längsschnittstudie von über 28 000 Oberstufenschülern konnten Fehrmann et al. (1987) eine Pfadanalyse rechnen, in der ein direkter negativer kausaler Effekt der Fernsehdauer auf die Schulnoten nachgewiesen wurde. Moderiert wird das Fernsehverhalten durch das Fähigkeitsniveau der Schüler. Die fähigeren Schüler verbrachten weniger Zeit vor dem Fernseher als die weniger befähigten. Einen ähnlichen Befund ermittelten Sprafkin und Gadow (1986). Nach ihren Erhebungen sitzen Kinder mit Lernschwierigkeiten signifikant länger vor dem Fernseher als Kinder ohne solche Schwierigkeiten.

Negative Auswirkungen dürfte exzessiver Fernsehkonsum auch auf die Lesetätigkeit haben. Nach der Erhebung von Glogauer (1993) lesen 73% der Viel– und Exzessivseher nie oder nur manchmal ein Buch. Ob dieses Verhalten Auswirkungen auf die Lesefertigkeit hat und somit Lernschwierigkeiten Vorschub leistet, kann allerdings nur vermutet werden. Es wäre nämlich auch denkbar, daß Kinder deshalb das Fernsehen dem Buch vorziehen, weil ihre Leseschwierigkeiten ihnen das Lesen von Büchern schwer oder gar unmöglich machen. Ihr exzessiver Fernsehkonsum wäre demnach nur der Versuch, Informationen auf leichterem Weg zu erlangen und nicht die Ursache ihrer Leseprobleme. Dieser leichtere Zugang verringert allerdings zwangsläufig den Anreiz, sich Informationen aus Texten zu beschaffen und damit auch die Gelegenheit zur Verbesserung der Lesefertigkeit. Ob bei sehr schwachen Lesern jedoch die Unmöglichkeit, sich Informationen über das Fernsehen zu beschaffen, die Lesebereitschaft erhöhen würde, muß allerdings bezweifelt werden.

Einen einfachen Zusammenhang zwischen Fernsehkonsum und Lesetätigkeit anzunehmen verbieten auch die Ergebnisse einer Untersuchung von Neuman (1986). Danach wird das Lese- wie auch das Fernsehverhalten von Kindern in starkem Maße von den Einstellungen und Verhaltensweisen der Eltern beeinflußt, die von ihren Kindern übernommen werden.

Insgesamt betrachtet ist die Frage, in welchem Ausmaß übermäßiger Fernsehkonsum am Zustandekommen von Lernschwierigkeiten beteiligt ist, derzeit nicht abschließend zu beantworten. Das gleiche gilt auch für den Einfluß von Computer- und Videospielen, die zu Hause konsumiert werden. Eindeutiger erscheint dagegen die Sachlage im Hinblick auf den Effekt eines gezielten Einsatzes von Computern in der Schule. Eine Metaanalyse von Schmidt et al. ließ bereits 1985 überwiegend positive Effekte mittleren Ausmaßes erkennen. Neuere Arbeiten berichten über positive Auswirkungen des Computereinsatzes auf Wortlesegenauigkeit und -geschwindigkeit (Jones et al., 1987; Torgesen et al., 1988), Wortschatz (Johnson et al., 1987), Aufsatzschreiben (Morocco et al., 1992) und Rechenfertigkeit (Okolo, 1992; Talbot et al., 1992). Weniger eindeutig waren die Befunde zum Rechtschreiben. Positiven Befunden (Biglmaier, 1987; MacArthur et al., 1990; Masendorf et al., 1990) stehen andere gegenüber, die zeigen, daß Schreiben dem Tippen auf der Computertastatur überlegen ist (Cunningham & Stanovich, 1990). Andere Autoren fanden keine Differenzen zwischen traditionellem und computerunterstütztem Rechtschreibunterricht (Vaughn et al., 1992, 1993).

Die positive Wirkung des Computereinsatzes kommt vermutlich über eine gesteigerte Motivation zustande. So erhöhte die Ergebnisrückmeldung durch den Computer sowohl Lösungsqualität als auch -quantität (Robinson et al., 1989). Computerarbeit führte auch zu einer längeren Beschäftigung mit den Lerninhalten und einer geringeren Quote an Unaufmerksamkeit (MacArthur et al., 1986). Besonders effektiv scheint dabei die Zusammenarbeit mit einem Partner zu sein (Lieber & Semmel, 1987).

Gegenüber diesen insgesamt überaus positiven Befunden scheint allerdings eine gewisse Skepsis angebracht. Die allermeisten Untersuchungen erstreckten sich nur über einen Zeitraum von wenigen Tagen oder Wochen. Erst über mehrere Monate laufende Untersuchungen können zeigen, ob nur ein gewisser Neuheitseffekt am Werke war oder ob die beschriebenen Wirkungen auf die Möglichkeit, ein individuelles Lerntempo zu wählen oder häufigere Ergebnisrückmeldungen zu erhalten, zurückzuführen sind. Ganz allgemein muß betont werden, daß die weitere Entwicklung auf dem Sektor des Computereinsatzes nicht so sehr durch verbesserte Hardware bestimmt wird, sondern ganz entscheidend von der Qualität der angebotenen Programme abhängen dürfte.

## 2.10   Integrationsansätze

Das Modell von Haertel et al. (1983) diente als Rahmen zur Prüfung der Frage, ob die dort postulierten Einzelaspekte einer empirischen Überprüfung standhalten. Für die Erklärung von Lernschwierigkeiten haben derartige Modelle indes nur begrenzten Wert. Sie machen zwar einerseits deutlich, daß Lernprobleme durch unterschiedliche Faktoren mitbedingt sein können und verhindern auf diese Weise zu simple Ursachenzuschreibungen. Andererseits sind sie zu statisch und lassen dadurch den entwicklungsgenetischen Aspekt vermissen. Modelle, die auch diesem Anspruch gerecht werden, sind derzeit erst in Umrissen erkennbar.

Nach Keating (1990) sollen dynamische Modelle von iterativen Prozessen mit Rückkoppelungsschleifen ausgehen sowie externe wie interne Gegebenheiten berücksichtigen. Zu den externen Gegebenheiten zählt er neben den grundlegenden physikalischen Gesetzmäßigkeiten, denen wir unterliegen, vor allem die Wissensstruktur einer Kultur sowie die Art ihrer Vermittlung durch Erziehung und Unterricht. Sie definieren die Informationen, die ein Individuum aus seiner Umwelt erhält. Ihre Wahrnehmung wird durch artspezifische Charakteristika unseres Wahrnehmungssystem ebenso bestimmt wie durch Erfahrungen der individuellen Entwicklung. Im Zuge seiner kognitiven Sozialisation sucht das Individuum, sich ein sinnvolles Bild seiner Welt zu machen und gezielt Informationen über seine Umwelt zu erlangen. Die gewonnenen Informationen wiederum haben Rückwirkungen auf das informationssuchende Subjekt und den Aufbau seiner kognitiven Strukturen, die im Laufe der Entwicklung verändert werden und ihrerseits wieder Informationssuche und –aufnahme verändern.

Der Vorzug dynamischer Modelle besteht in der Berücksichtigung kumulativer Prozesse, die auch scheinbar geringfügigen Einflüssen durch permanente Iteration Wirkung verschaffen. So können selbst minimale Restriktionen der kognitiven Anregungsbedingungen in einer sozialen Schicht mittel– bis langfristig zu einer deutlichen Verarmung der kognitiven Strukturen eines Kindes besonders dann führen, wenn die tradierten Informationen suboptimal transformiert werden, wie das in Unterschichtfamilien die Regel zu sein scheint. Kommen zu den reduzierten externen Anregungsbedingungen noch Restriktionen des individuellen kognitiven Apparats, wie sie sich in einem nur knapp durchschnittlichen allgemeinen Fähigkeitsniveau ausdrücken können, so werden aktive Informationssuche und –aufnahme und damit die Entwicklung der kognitiven Strukturen beeinträchtigt. Ein dynamisches Modell der kognitiven Entwicklung ohne Berücksichtigung motivationaler Prozesse würde der Realität jedoch kaum gerecht. Erfolg oder Mißerfolg aktiver Informationssuche haben unzweifelhaft auch ihre affektive Seite. Ein Modell, das auch den motivationalen Aspekt berücksichtigt, stammt von Kanfer und Ackerman (1989).

Nach Kanfer und Ackerman bestehen zwischen Fähigkeiten, Aufmerksamkeit und Motivation Wechselbeziehungen. Motivationsprozesse steuern Intensität und Persistenz der eingesetzten Aufmerksamkeit. So werde zunächst darüber befunden, ob ein Zielverhalten nützlich ist und die zur Zielerreichung erforderliche Anstrengung in angemessener Relation zu ihrem Ergebnis steht. Danach werde entschieden, ob eine Aufgabe bearbeitet wird oder nicht und welches Maß an Aufmerksamkeit und kognitiven Ressourcen für die Bearbeitung einer aktuellen Aufgabe erforderlich ist. Wird eine Aufgabe als schwierig, aber lösbar eingestuft, wird der Lösungsvorgang von Aufmerksamkeit erfordernden Selbstregulationsprozessen begleitet. Sie überwachen die Ausführung, registrieren die Diskrepanzen zwischen Ergebnis und Ziel und münden in Selbstbewertungen wie Zufriedenheit oder Enttäuschung. Damit beeinflussen sie das aufgabenspezifische Selbstkonzept eigener Fähigkeiten und die Erfolgserwartung, die wiederum Einfluß auf die Aufmerksamkeitssteuerung bei zukünftigen Aufgabenstellungen hat.

Überträgt man dieses Modell auf die Situation Lernschwieriger, so wird deren ungünstige Situation deutlich. Aufgrund begrenzter kognitiver Ressourcen haben sie in der Vergangenheit schon vielfach Mißerfolge erlebt. Sie werden deshalb dazu tendieren, die ihnen vorgelegten Aufgaben als weniger nützlich anzusehen, ihre kognitiven Kapazitäten als nicht ausreichend oder die aufzuwendenden Bemühungen als zu groß einzuschätzen, und ihre Aufmerksamkeit subjektiv lohnenderen Aktivitäten zuwenden. Werden sie im Unterricht dennoch zur Bearbeitung einer für sie schwierigen Aufgabe veranlaßt, werden sie bei reduzierten Vorkenntnissen mehr kognitive Ressourcen bereitstellen müssen als überdurchschnittlich befähigte Schüler und dadurch leichter zu überfordern sein. Die so vorprogrammierten Mißerfolge mit den sich daraus ergebenden Enttäuschungen werden ihr Selbstkonzept von den eigenen Fähigkeiten weiter dezimieren und dazu führen, daß sich ihre Aufmerksamkeit auf leichter zu erreichende Ziele verlagert und so die weitere Entwicklung ihrer kognitiven Strukturen behindert wird.

Damit sind allerdings nur die internen Selbstregulationsprozesse beschrieben. Sie müssen ergänzt werden durch die Einbeziehung externer moderierender Bedingungen. So können günstige Unterrichtsbedingungen die reduzierten kognitiven Ressourcen bis zu einem gewissen Grade kompensieren, ungünstige dagegen bestehende Lernschwierigkeiten weiter verstärken. Soziale und familiäre Bedingungen wirken sich vor allem auf motivationale Prozesse aus und stützen oder beeinträchtigen auf diese Weise Selbstbewertung und Aufmerksamkeit und beeinflussen so wiederum die von Kanfer und Ackerman (1989) beschriebenen Selbstregulationsprozesse. Trotz des erkennbaren Fortschritts ist der Erklärungswert des Modells von Kanfer und Ackerman derzeit noch begrenzt, da es nur die internen Selbstregulationsprozesse berücksichtigt und lediglich teilweise und hier auch nur an Erwachsenen empirisch überprüft wurde.

Ein Modell, das auch externe und moderierende Bedingungen einbezieht und den Rahmen des von Haertel et al. skizzierten Entwurfs weitgehender ausfüllt, stammt von Keeves (1972). Nach der Durchführung zahlreicher Korrelationsstudien mit einzelnen und kombinierten Variablen erstellte er ein zweistufiges Modell zur Vorhersage der Schülerleistung.

Auf der ersten Stufe wird neben den Eingangsleistungen als Indikator für die Vorkenntnisse eines Schülers auch dessen Voreinstellung zu dem untersuchten Schulfach als motivationale Variable berücksichtigt. Als externe schulische Variablen gehen Quantität und Qualität der Lehrer–Schüler–Interaktionen in das Modell ein. Zentrale soziologische Variable ist das sozioökonomische Niveau des Elternhauses. Es soll einmal das Niveau der Eingangsleistungen, aber auch die Einstellung zum Schulfach mitbestimmen und Einfluß auf die Schichtzugehörigkeit der Freunde des Schülers, die Organisation und Zusammensetzung der Klasse und die Einstellungen und Erwartungen der Eltern bezüglich Erziehung und Zukunft ihres Kindes besitzen. Die Schichtzugehörigkeit der Freunde wiederum soll deren schulische Ziele, ihre schulfachbezogenen Aktivitäten und schließlich die weitere Einstellung zum Schulfach beeinflussen. Von den Einstellungen und Erwartungen der Eltern hängt das Ausmaß häuslicher Hilfen bei Hausaufgaben ab, das wiederum sowohl die Leistung in und die Einstellung zu dem betreffenden Schulfach determiniert. Abbildung 2.18 zeigt das Modell.

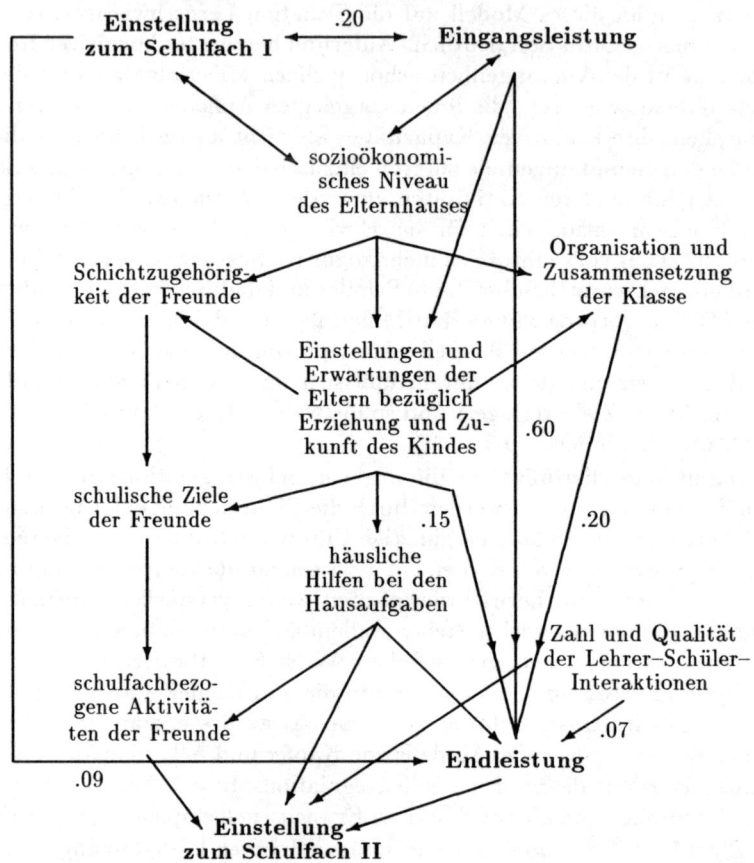

**Abb. 2.18:** Mehrebenenmodell der Beziehungen zwischen Variablen des Elternhauses, der sozialen Gruppe, des Lehrerverhaltens und Schulleistungen (nach Keeves, 1972, S. 252).

An 215 Schülern des 5. Schuljahres überprüfte Keeves die Gültigkeit seines Modells. In multiplen Regressionsanalysen konnten die Endleistungen der Schüler im Fach Mathematik nach einem Jahr zu 68% vorhergesagt werden. Lediglich 6% steuerten Einstellungs– und Umweltvariable zur Aufklärung der Schulleistungsunterschiede bei. Dieses enttäuschende Ergebnis ist methodisch begründet. Bei schrittweiser Regression haben hinzugefügte Variablen nur eine marginale Chance, zur Varianzaufklärung beizutragen, wenn die Analyse mit dem varianzstärksten Faktor beginnt. Um das Gewicht der einzelnen Faktoren besser bestimmen zu können, führte Keeves eine der ersten Pfadanalysen im pädagogischen Bereich durch. Die ermittelten signifikanten Pfadkoeffizienten sind an den zugehörigen Pfeilen angebracht. Sie sind niedriger als normale Korrelationskoeffizienten, da bei ihnen der Anteil anderer Variablen auspartialisiert wurde.

Zwischen Eingangsleistung im Fach Mathematik und der Einstellung zum Fach existiert nur eine lose Beziehung. Obwohl ihr Gewicht abgenommen hat, üben Vorkenntnisse nach wie vor den größten Effekt auf die Endleistung nach einem Jahr aus. Die restlichen Variablen wie Organisation und Zusammensetzung der Klasse, Einstellung der Eltern zu Erziehung und Zukunft ihrer Kinder, Einstellung zum Fach Mathematik und Quantität und Qualität der Lehrer–Schüler–Interaktionen leisteten zwar einen signifikanten, insgesamt aber minimalen Beitrag zur Varianzaufklärung. Die übrigen Variablen des Modells erwiesen sich als nicht bedeutsam. Ihre Pfadkoeffizienten sind deshalb nicht aufgeführt.

Der Wert einer umfassenden empirischen Modellprüfung liegt darin, daß sie die Gewichte der einzelnen Variablen in Relation zu den anderen Faktoren des Modells besser zu bestimmen erlaubt. So reduzierte sich z.B. auch der Anteil der Vorkenntnisse, dessen Bedeutung, wie der anderer Variablen auch, ohne Berücksichtigung von Konkurrenzvariablen sicher überschätzt würde. Mehrebenenanalysen sind aus diesem Grunde unverzichtbar. Die erste Mehrebenenanalyse im deutschen Sprachraum wurde von Treiber (1980) vorgestellt.

In Treibers Modell wurden auf der Individualebene Vorkenntnisse des Schülers und sein Fähigkeitsniveau, Hilfe und Kontrolle bei Hausaufgaben, der Elternwunsch nach höherer Schulbildung und die Dauer des täglichen Fernsehens aufgenommen. Auf der Unterrichtsebene wurden die Anzahl gehaltener Unterrichtsstunden, die Beanspruchung des Lehrers durch organisatorische Tätigkeiten, Zeitverluste durch Unterrichtsstörungen, Korrekturen von Heften und Übungsarbeiten während des Unterrichts und die Anzahl der bearbeiteten Unterrichtseinheiten einbezogen. Auf der Schulebene wurden der Lärm in der Schulumgebung, die Austattung der Klassenzimmer mit Lehr– und Lernmaterialien sowie die Art der von den Kindern erstellten Klassenzimmerausstattung erfaßt. Zur Modellüberprüfung wurden in die Untersuchung 77 Hauptschulklassen mit über 2000 Schülern des 5. Schülerjahrgangs einbezogen. Kriteriumsvariable war, wie bei Keeves (1972), die Mathematikleistung am Ende der 5. und 6. Klasse. Die Pfeile in Abbildung 2.19 demonstrieren die angenommenen Effekte, die Ziffern die ermittelten signifikanten Pfadkoeffizienten.

Die im Modell postulierten Auswirkungen der Schülervariable auf Schule und Unterricht sowie der angenommene Einfluß der Schule auf den Unterricht erwiesen sich als insignifikant. Statistisch bedeutsam waren mit 29% Varianzaufklärung nur die direkten Effekte der Schülervariablen, des Unterrichts mit 14% und der Schulumgebung mit 7%. Insgesamt konnten damit 50% der Schulleistungsvarianz aufgeklärt werden.

Innerhalb des Blocks der Schülervariablen hatten die Vortestleistungen in Mathematik das größte Gewicht, gefolgt von den Fähigkeitsindikatoren. Als relativ unbedeutend erwiesen sich Hilfen und Kontrollen bei Hausaufgaben. Na-

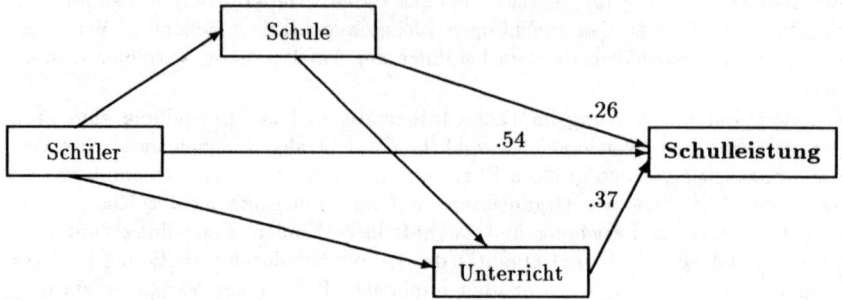

**Abb. 2.19:** Mehrebenenmodell der direkten Kausaleffekte von Merkmalen des Schülers, der Schule und des Unterrichts auf Schulleistungen (nach Treiber, 1980). Die Pfeile kennzeichnen die postulierten Wirkrichtungen, die beigefügten Zahlen die signifikanten Pfadkoeffizienten.

hezu bedeutungslos waren der Einfluß der Bildungserwartungen der Eltern und der Effekt des täglichen Fernsehkonsums. Beim Block der Unterrichtsvariablen haben Zeitverluste durch organisatorische Tätigkeiten sowie Störungen durch Schüler und von außen einen negativen, die Anzahl der gehaltenen Unterrichsstunden wie der behandelten Unterrichtseinheiten einen positiven Effekt. Die besten Indikatoren für den Schuleffekt waren das Ausmaß des Lärms in der Schulumgebung und die Ausstattung des Klassenzimmers durch die Kinder. Insgesamt war das Modell besser zur Vorhersage guter Schulleistungen geeignet als zur Prädiktion des Leistungsverhaltens schwacher Schüler.

Eine weitere Mehrebenenanalyse, an der 39 Hauptschulklassen teilnahmen, wurde von Helmke et al. (1986) zur Aufklärung der Leistungsvarianz in Mathematik vorgenommen. Als Schülervariablen wurden die kognitiven und motivationalen Eingangswerte im Fach Mathematik erfaßt. Unterrichtsmanagement und die Qualität des Unterrichts wurden nach Beobachtung eingeschätzt, deren Wahrnehmung durch die Schüler erfragt. Abhängige Variablen waren das Engagement der Schüler, die Mathematikleistungen und die motivationalen Endwerte (Einstellung zum Fach Mathematik und fachspezifisches Selbstkonzept) am Ende des Schuljahres.

Die kognitiven Eingangsvoraussetzungen hatten für die Vorhersage der Jahresendleistungen eine herausragende Bedeutung. Einen zusätzlichen, wenn auch geringeren, Beitrag leisteten das beobachtete sowie das von den Schülern wahrgenommene Klassenmanagement des Lehrers. Das unterrichtliche Engagement der Schüler hatte keinen beobachtbaren Einfluß auf die Mathematikleistungen, sondern wirkte sich nur auf die motivationalen Endwerte aus. Insgesamt konnten 61% der Varianz der Mathematikleistungen aufgeklärt werden.

Die referierten Analysen machen deutlich, daß durch Einbeziehung von Daten unterschiedlicher Ebenen das Gewicht einzelner Variablen reduziert wird. Sie werden auf das ihnen zukommende Gewicht zurechtgestutzt. Dabei wurden noch längst nicht alle relevanten Variablengruppen erfaßt. Wünschenswert wären Analysen, die alle maßgeblichen Variablen der wichtigsten Analyseebenen einbeziehen. Hier stößt die Forschung jedoch an ihre ökonomischen Grenzen.

## Wiederholungsfragen

1. Welche Gruppen von Verursachungsbedingungen für Lernschwierigkeiten lassen sich nach dem Modell von Haertel et al. unterscheiden?

2. Welche verschiedenen kognitiven Defizite verbergen sich hinter dem Sammelbegriff 'Mangelndes Instruktionsverständnis'?

3. Auf welche möglichen Ursachen werden die häufig beobachteten Gedächtnisprobleme Lernschwieriger zurückgeführt?

4. Welche einzelnen Facetten des Modells der Lernmotivation von Heckhausen und Rheinberg (1980) tragen zur scheinbaren 'Faulheit' Lernschwieriger bei?

5. Welche Lehrerverhaltensweisen werden mit Lernschwierigkeiten ihrer Schüler in Zusammenhang gebracht?

6. Welche Aspekte des Klassenklimas beeinträchtigen den Lernerfolg?

7. Wie hängen Schulleistungen und sozialer Status in der Klasse zusammen? Wodurch wird diese Beziehung moderiert?

8. Welche familiären Probleme haben nachweislich Einfluß auf den Lernerfolg?

9. Welchen Einfluß haben Medien auf Lernschwierigkeiten?

10. Welche Einzelvariable hat sich in Mehrebenenanalysen wiederholt als die für den Lernerfolg wichtigste herausgestellt?

## Antworten

1. Das Modell von Haertel et al. unterscheidet zwischen internen, im Schüler selbst liegenden Bedingungen (Instruktionsverständnis, aufgabenspezifischen Kenntnissen und Fähigkeiten, Motivation), externen Bedingungen (gewährte Lernzeit, Unterrichtsqualität) und moderierenden Bedingungen (Klassenklima, Peergroup–Beziehungen, Familie, Medien).

2. Mangelndes Instruktionsverständnis im engeren Sinne kann auf defizitäres Wortverständnis zurückgehen. Im weiteren Sinne weist es auf Probleme im Bereich der sprachlichen Intelligenz hin. Diese können in verlangsamten sprachlichen Kodierungen, defizitären kognitiven Strategien und/oder einem reduzierten Wissen über diese Strategien sowie darüber bestehen, wann welche Strategie sich am effektivsten einsetzen läßt.

3. Gedächtnisprobleme Lernschwieriger können auf Defiziten der selektiven Aufmerksamkeit, des sensorischen Registers, des Kurzzeitspeichers, des Langzeitgedächtnisses und der Einprägungsprozesse beruhen. Das dominante Gedächtnisproblem Lernschwieriger ist aber offenbar in mangelhaften Lern- und Einprägungsstrategien und reduziertem Wissen über diese Strategien zu suchen, aus denen lückenhafte Gedächtnisstrukturen resultieren. Lernschwierige gleichen darin 'Novizen' auf dem jeweiligen Lerngebiet, ihre nicht lernschwierigen Klassenkameraden dagegen 'Experten', deren breitere Wissensbasis ihnen die Aneignung neuen Lernstoffes erleichtert.

4. Nach dem Modell von Heckhausen und Rheinberg beeinträchtigen zu hohe wahrgenommene Aufgabenschwierigkeit, fehlende positive Konsequenzen, unattraktive Ergebnisfolgen und ungünstige Selbstbewertungen des Lernergebnisses die Lernmotivation.

5. Schwer verständliche Lehrersprache, mangelnde Aufgabenstrukturierung, fehlende Überwachung der Lernwege, nicht ausreichende Hilfen beim Auftreten von Lernschwierigkeiten, unzureichende Unterrichtssteuerung, fehlende Ermutigung durch den Lehrer können Lernschwierigkeiten auslösen oder zumindest verstärken.

6. Fehlende Freundschaftsbindungen, mangelnde Kooperation, Cliquenbildungen sowie starker Konkurrenzdruck können den Lernerfolg beeinträchtigen.

7. Schulleistung und sozialer Rang in der Klasse sind mittelhoch korreliert. Diese Beziehung ist am engsten zwischen Schulleistungen und dem von den Schülern subjektiv geschätzten eigenen sozialen Rang, bei Schülern bis zur Pubertät, bei Betonung des Leistungsaspekts und beim Fehlen befriedigender sozialer Beziehungen außerhalb der Klasse.

8. Autoritärer Erziehungsstil, übergroße Strenge der Mutter und fehlende Unterstützung durch sie, geringes Engagement der Eltern für schulische Belange und häusliche Erziehungsprobleme sind geeignet, den Lernerfolg von Schülern zu reduzieren.

9. Übermäßiger Medienkonsum steht in negativer Beziehung zur Lesebereitschaft. Diese wird vom Vorbild der Eltern, aber auch von der Lesefertigkeit beeinflußt. Bei gezieltem Einsatz und geeigneten Programmen können Medien den Wissenserwerb unterstützen.

10. Das Niveau der bereichsspezifischen Vorkenntnisse ist die wichtigste Bedingung des Lernerfolgs.

# Kapitel 3

# Diagnostik und Intervention

## 3.1 Instruktionsverständnis

Nach dem Modell von Haertel et al. (1983) ist Instruktionsverständnis eine notwendige Bedingung des Schulerfolges. Lernschwierigkeiten können danach auf Probleme beim Verstehen von Anweisungen zurückgehen. Sieht man im Instruktionsverständnis einen Indikator für den Faktor 'Verbale Intelligenz', so bietet sich zu seiner Diagnose die Palette der bekannten Intelligenztests an. Sie eignen sich allerdings nur zur Grobklassifikation intellektueller Fähigkeiten und bieten kaum Ansatzpunkte für Behandlungsmaßnahmen. Die in Kap. 2.1 referierten Untersuchungen zur Erfassung kognitiver und metakognitiver Strategien weisen zwar auf differenziertere Ansatzpunkte hin, die dort eingesetzten diagnostischen Instrumente sind derzeit aber noch nicht über ein experimentelles Stadium hinausgekommen und stehen somit für den praktischen Einsatz noch nicht zur Verfügung. Auch zeigen die vorliegenden Trainingsstudien, daß Erfolge derzeit noch, wenn sie erzielt werden, sehr spezieller Natur und in der Regel nur von begrenzter Dauer sind. An dieser Einschätzung dürften auch die erstaunlich positiven Befunde eines von Klauer (1989, 1991) vorgestellten Intelligenztrainings nichts ändern. Nachuntersuchungen durch unabhängige Untersucher konnten bislang die Erfolge dieses Programms nicht bestätigen (vgl. Beck et al., 1993; Hager & Hasselhorn, 1993). Der Trend geht vielmehr weg von Versuchen zur Beeinflussung allgemeiner kognitiver Strategien hin zu spezielleren Ansätzen. Ein solcher Ansatzpunkt könnte die Spezialisierung auf das verbale Verständnis im engeren Sinne sein.

Zur Diagnostik von Problemen in diesem Bereich bietet sich der *Anweisungs- und Sprachvertändnistest ASVT* von Kleber und Fischer (1982) an. Er ist in den ersten beiden Grundschulklassen einsetzbar und umfaßt die Bereiche 'Anweisungsverständnis', 'Sprachverständnis' und 'Nachschlagen'. Die Zuverlässigkeit der Untertests liegt zwischen .81 und .84 und kann als befriedigend bewertet werden. Statt einer mittelwertbezogenen Normierung wird eine maßnahmenorientierte Einstufung der Ergebnisse vorgenommen.

Am differenziertesten wird derzeit das Sprachverständnis mit dem *Hörverstehenstest für 4. bis 7. Klassen HVT 4–7* (Urban, 1986) erfaßt. Er ist in die sechs Untertests 'Lautunterscheiden', 'Sofortiges Erinnern', 'Anweisungen folgen', 'Bedeutungen erkennen', 'Betonungen erkennen' und 'Textverständnis' gegliedert. Die Zuverlässigkeit der einzelnen Untertests liegt zwischen .68 und .88 und kann im allgemeinen als zureichend bewertet werden. Korrelationen zwischen Testergebnissen und Lehrereinschätzungen zwischen .52 und .74 belegen die Gültigkeit des Verfahrens.

Eine Korrelation des ASVT (Kleber & Fischer, 1982) mit einem Wortschatztest von .53 weist darauf hin, daß Wortverständnis offenbar eine wesentliche Komponente des Instruktionsverständnisses zu sein scheint. Spezielle Gruppentests zur Prüfung des Wortverständnisses stehen derzeit jedoch nicht mehr zur Verfügung, nachdem der Vertrieb mehrerer derartiger Verfahren eingestellt wurde. Zu Wortschatzuntersuchungen muß deshalb auf Untertests von Testbatterien zurückgegriffen werden. So enthalten der *Allgemeine Schulleistungstest AST 2* (Rieder, 1991), der *AST 3* (Fippinger, 1991) und der *AST 4* (Fippinger, 1992) sowie der *Kombinierte Schultest KS 3,4,5* (Mietzel, 1976) Untertests zur Untersuchung des Wortverständnisses. Für individuelle Prüfungen können Subtests bewährter Individualtests herangezogen werden. Hier bietet sich der Wortschatztest aus der *Testbatterie für Entwicklungsrückständige Schulanfänger TES* (Kornmann, 1977) ebenso an wie der entsprechende Untertest aus dem Hamburg-Wechsler Intelligenztest für Kinder HAWIK-R (Tewes, 1983).

Sind Entwicklungsrückstände im Wort– und Instruktionsverständnis diagnostiziert, so stellt sich die Frage nach einer angemessenen Behandlung. Mit dem *Psycholinguistischen Sprachförderungsprogramm PS* von Lug (1985) ist ein Arbeitsmaterial auf dem Markt, das die Bereiche 'Gehörtes und Gesehenes verstehen', 'Gedanken in Worten ausdrücken', 'Gehörtes und Gesehenes behalten und wiedergeben', 'Laute verbinden, Wörter ergänzen und Grammatik anwenden' sowie 'aus Gehörtem und Gesehenem Beziehungen ableiten' trainieren will. Es besteht aus Spielen und Übungen mit Arbeitsmaterial und Kassette, das im Alter von 3 bis 10 Jahren eingesetzt werden kann.

Das Programm erscheint auf den ersten Blick geeignet, einige der im oben zitierten Hörverstehenstest (Urban, 1986) ausdifferenzierten Defizite therapeutisch anzugehen. Aufgrund seines speziell auf Verwendung in Kindergärten, Schulkindergärten und Sonderschulen abgestellten Materials dürfte es für den Einsatzbereich des Hörverstehenstests HVT, der für den Einsatz in 4. bis 7. Klassen vorgesehen ist, jedoch weniger geeignet sein. Zudem liegen derzeit noch keine Angaben über eine Bewährung des Trainingsprogramms vor, so daß über seine Wirksamkeit keine Angaben gemacht werden können. Darüber hinaus erscheint es fraglich, ob ein Training allgemeiner Verstehensbereiche, wie es das Programm von Lug (1985) vorsieht, rasch zu meßbaren Verbesserungen führen kann. Nach einer Metaanalyse von Kavale (1990) erwiesen sich bislang allgemeine psycholinguistische Trainingsprogramme als nur wenig erfolgreich.

Statt allgemeine Wortschatz– und Verstehensleistungen zu erfassen, dürfte es für Lehrer einfacher und relevanter sein zu erfahren, welche konkreten Begriffe einer bestimmten Unterrichtslektion ein bestimmter lernschwieriger Schüler nicht versteht. Er oder sie müssen sich allerdings darüber Rechenschaft ablegen, welche Begriffe zur Erreichung eines bestimmten Lernzieles unabdingbar sind und deren Geläufigsein bei ihren Problemschülern überprüfen.

Die unklaren oder fehlenden Begriffe hätten dann Thema konkreter remedialer Maßnahmen zu sein.

Bei Schülern mit Lernschwierigkeiten entstehen Vorkenntnislücken vielfach dadurch, daß die fraglichen Begriffe aufgrund von Gedächtnisproblemen oder wegen ihrer Abstraktheit nur schwer gespeichert werden können. Handelt es sich um Schlüsselbegriffe, die für den Fortgang des Curriculums unverzichtbar sind, muß alles daran gesetzt werden, daß der Schüler diese Begriffe erwirbt. Als erfolgreiche Methode zur Sicherung derartiger Begriffe hat sich die *Schlüsselwortmethode* (Scruggs & Mastropieri, 1990), herausgestellt. Bei dieser Methode werden abstrakte Schlüsselbegriffe mit bildlichen Veranschaulichungen assoziiert, die bei der Wiedererinnerung behilflich sein sollen. Im folgenden ein Beispiel.

Schülern, die sich die Härtegrade von Mineralien einprägen sollten, wurde folgende mnemotechnische Hilfe gegeben, um sich einzuprägen, daß Hornblende den Härtegrad 5 auf der 10teiligen Härtegradskala hat: Das Schlüsselwort für Hornblende ist *horn*. Das Ankerwort für five (5) ist *hive* (Bienenstock). Stell dir nun ein Horn vor, in dem sich ein Bienenstock befindet. Wenn ich nun nach dem Härtegrad von Hornblende frage, denkst du an ein Horn mit einem Bienenstock (hive) und gibst mir die richtige Antwort 'five'.

Schüler, die diese mnemotechnischen Hilfen erhielten, wurden mit Schülern verglichen, die entweder angehalten worden waren, die Informationen mehrfach zu wiederholen oder denen die Einprägungsmethode freigestellt worden war. Die Methoden erzielten unterschiedliche Effekte. Während bei der Schlüsselwortmethode durchschnittlich 79% der Fragen korrekt beantwortet wurden, waren es bei den beiden anderen Methoden, die sich in ihrer Effektivität voneinander kaum unterschieden, nur etwa 28%. 24 Stunden später stieg die Behaltensquote bei der Schlüsselwortmethode sogar noch etwas an, während die Mitglieder der beiden Vergleichsgruppen das wenige, das sie gelernt hatten, auch noch vergessen hatten.

Diese Ergebnisse wurden inzwischen mehrfach von den Autoren und unabhängigen Untersuchern erfolgreich repliziert. Dabei zeigte die Schlüsselwortmethode ihre größte Überlegenheit bei bedeutungsarmem Material (Mastropieri et al., 1985). Sie ließ sich auf historische (Mastropieri & Scruggs, 1989) wie auf naturwissenschaftliche Stoffgebiete (Scruggs & Mastropieri, 1989a) anwenden. Eine spontane Übertragung mnemotechnischer Strategien ohne spezielles Training gelang allerdings nur sehr fähigen Schülern (Scruggs & Mastropieri, 1989b). Durchschnittliche und wohl erst recht lernschwierige Schüler müssen hierzu wohl besonders angeleitet werden. Eine solche Anleitung zur selbständigen Erarbeitung mnemotechnischer Einprägungshilfen war, wie eine Untersuchung von Scruggs und Mastropieri (1989b) zeigte, erfolgreich. Allerdings erwies sich diese Prozedur als sehr zeitaufwendig und umfaßte weit weniger Begriffe als bei einer von Lehrern vorgenommenen Implementierung. Daß Lehrer hierzu imstande sind, belegt eine Untersuchung von Mastropieri (1988).

Danach hat eine in zahlreichen experimentellen Untersuchungen bewährte mnemotechnische Methode ihre Tauglichkeit für den Einsatz im pädagogischen Feld unter Beweis gestellt. Da sie recht zeitaufwendig ist und eine erhebliche

Bereitschaft zu Mehrarbeit auf Seiten des Lehrpersonals voraussetzt, sind ihrem praktischen Einsatz Grenzen gesetzt. Sie wird sich daher kaum als allgemeine Lehrmethode durchsetzen lassen, sondern sich in ihrem Einsatz auf zentrale abstrakte Schlüsselbegriffe beschränken müssen, deren Einprägung lernschwierigen Schülern Probleme bereitet. Am ehesten dürften engagierte Sonderschullehrer, die häufiger mit Lern- und Behaltensproblemen lernschwieriger Schüler konfrontiert sind, die erforderlichen Mühen auf sich nehmen, die sich am Ende in besseren Lern- und Behaltensleistungen ihrer Schüler auszuwirken versprechen.

Ein weiteres Verfahren zur Verbesserung bereichsspezifischen Textverständnisses wurde von Palinscar und Brown (1984) erprobt, die *Methode des reziproken Lehrens*. Ein Lehrer und eine Gruppe von Schülern wechseln sich dabei in der Diskussionsleitung über einen bestimmten Textabschnitt, der Verständnisprobleme bereitet, ab. Vier das Verständnis fördernde Prinzipien werden dabei eingeübt: das Stellen von Fragen, das Klären von Problemen, das Zusammenfassen des Wesentlichen und die Vorhersage des weiteren Verlaufs. Der jeweilige Gesprächsleiter für einen Textabschnitt beginnt die Diskussion mit der Stellung von Fragen und beendet sie mit einer Zusammenfassung des Inhalts. Bei Nichtübereinstimmung zwischen den Gruppenmitgliedern wird darüber diskutiert und gegebenenfalls der Text noch einmal gelesen und zusammengefaßt, solange bis Übereinstimmung erzielt ist. Die Klärung von Verständnisproblemen soll durch die Diskussion angeregt werden. Bevor zum nächsten Textabschnitt übergegangen wird, fordert der jeweilige Gesprächsleiter zu Spekulationen über den vermuteten weiteren Inhalt auf. Der Lehrer leitet und unterstützt die Diskussion im Hintergrund entsprechend den Bedürfnissen des jeweiligen Diskussionsleiters. Dadurch, daß alle Gruppenmitglieder mal als Gesprächsleiter, Zuhörer oder Kritiker fungieren, sind sie auch alle für den Diskussionserfolg verantwortlich. Ziel ist die immer aktivere Rolle der Gruppenmitglieder und eine zunehmend in den Hintergrund tretende Aktivität des Lehrers, der am Ende nur noch die Aufgabe hat, angemessene Verhaltensweisen der Diskussionsteilnehmer zu verstärken und die Diskussion auf einem den Kenntnissen der Teilnehmer entsprechenden Niveau zu halten.

Obgleich ein drei- bis sechswöchiges tägliches Training streng textbezogen war, wirkte es sich nicht nur auf das Fragestellen, die Klärung von Sachverhalten, das Zusammenfassen von Inhalten und die Fähigkeit zur Vorhersage von Textsequenzen aus, sondern manifestierte sich auch in verbesserten Leistungen in Leseverständnistests. Für die Mehrheit der Gruppenmitglieder ergaben sich nach Palinscar und Brown (1984) Leistungsverbesserungen in der Größenordnung von zwei Schuljahren. Schüler, die über den gleichen Zeitraum hinweg direkte Hilfen zur Entwicklung und Anwendung von Verständnisstrategien erhielten, machten geringere Fortschritte, die weniger dauerhaft und nur auf die jeweils spezifischen Texte beschränkt waren (Brown & Campione, 1986).
Offenbar schafft die aktive Beschäftigung mit den Verständnisproblemen, die durch das reziproke Lehren bewirkt wird, eine selbstverantwortliche und somit intensivere Auseinandersetzung mit Texten und den involvierten Strategien, die das Verständnis nicht nur des konkreten Textes, sondern auch weiterer

Texte erleichtern. Eine Anwendung dieser Methode im deutschen Sprachraum durch unabhängige Forscher steht indes noch aus, so daß über ihre Effektivität in unserem Schulsystem derzeit keine Aussage gemacht werden kann. Ihre vielversprechenden Ergebnisse lassen jedoch eine Erprobung lohnend erscheinen.

## 3.2  Vorkenntnisse

So überzeugend die Ergebnisse sind, die den Einfluß mangelnder Vorkenntnisse beim Zustandekommen von Lernschwierigkeiten belegen, so schwierig ist die Beantwortung der Frage, welches denn die zur Erreichung konkreter Lehrziele relevanten Vorkenntnisse seien. Nach Gagné (1962, 1973) braucht ein Lehrer nur die Frage zu stellen, welche Vorerfahrungen zum Erreichen eines konkreten Lehrzieles erforderlich sind, um zu einer Liste relevanter Vorkenntnisse zu gelangen. Diese Frage müsse er sich so oft stellen, bis er alle erforderlichen Vorkenntnisse auch dieser Vorkenntnisse ermittelt habe, um auf die Basis zu stoßen, auf der alle relevanten Vorkenntnisse vorhanden sind. Erst von dieser Basis aus könnten erfolgreiche Instruktionsversuche gestartet werden. Auf diese Weise ergäben sich Hierarchien von Lehrzielen, die von unten nach oben abgearbeitet werden müßten, um die jeweils nächst höhere Lehrzielebene zu erreichen.

So einfach dieses Verfahren auf den ersten Blick erscheint, so schwer ist es für manchen Lehrer zu realisieren. Es erfordert den Experten, der sein Fachgebiet detailliert beherrscht. Daß von Experten konstruierte Lehrzielhierarchien empirischen Überprüfungen standhalten können, wurde von Sander (1986) erneut bestätigt. Wie das Ergebnis einer solchen empirischen Überprüfung aussehen sollte, zeigt Abbildung 3.1.

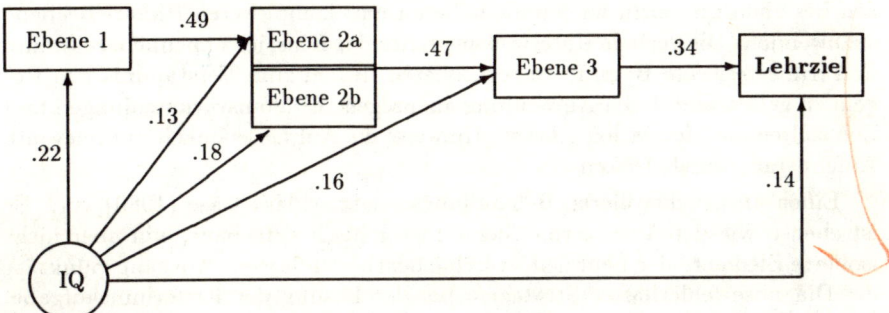

**Abb. 3.1:** Pfaddiagramm für die Kausalbeziehungen zwischen Intelligenz, Vorkenntnisebenen beim Prozentrechnen und Lehrziel (n. Sander, 1986, S. 132)

Das Diagramm verdeutlicht den von Gagné (1962, 1973) postulierten geringen Einfluß der Intelligenz auf die Lernergebnisse und bestätigt die bedeutsamen Auswirkungen der untergeordneten Lernebenen auf jeweils übergeordnete. Kausale Beziehungen zwischen nicht benachbarten Ebenen treten nicht auf. Die zu Rate gezogenen Experten hatten diese Hierarchie vorausgesagt.

Weniger versierte Lehrer sind auf die Hilfe solcher Experten angewiesen. Manche von ihnen haben an der Grobstrukturierung von Lehrplänen mitgewirkt oder sind an der Konzipierung und Gestaltung von Lehrbüchern beteiligt. Von daher ist es logisch, wenn zunehmend mehr Schulbuchverlage die Hilfe von Experten bei der Konzipierung von Lehrzielhierarchien und lehrzielorientierten Tests in Anspruch nehmen und ihren Lehrwerken lehrzielorientierte informelle Tests beigeben, mit deren Hilfe das Erreichen oder Verfehlen lehrgangsbezogener Lehrziele diagnostiziert werden kann. Allerdings erfordert ihr Einsatz eine Bindung an den durch das Lehrbuch vorgegebenen Lehrgang.

Wenn eine solche Bindung abgelehnt wird oder lehrzielorientierte Tests fehlen, ist der einzelne Lehrer gefordert, solche Lehrzielhierarchien selbst zu erstellen. Er kann sich dabei von Experten beraten lassen, Fehler seiner Schüler analysieren oder einfach lernschwierige Schüler bei ihren vergeblichen Lösungsversuchen beobachten. Durch die Aufforderung, laut zu denken, läßt sich Denkfehlern wie Wissenslücken auf die Spur kommen und durch zunehmende Verringerung der Aufgabenschwierigkeit schließlich die Lernbasis bestimmen, auf der keine Wissenslücken mehr bestehen. Dabei wird er die Erfahrung machen, daß verschiedene lernschwierige Schüler durchaus unterschiedliche Wissenslücken haben können und deshalb auch spezifischer Behandlungsmethoden bedürfen. Für bestimmte Gebiete wie das elementare Lesen und Rechnen haben sich indes Entwicklungssequenzen ergeben, die für eine größere Gruppe von Schülern typisch sind und folglich eine entwicklungsbezogene Diagnostik ermöglichen. Auf diese spezielle Entwicklungsdiagnostik und die darauf aufbauenden Interventionsmaßnahmen wird in den entsprechenden Abschnitten eingegangen.

Eine Behandlung von Lernschwierigkeiten hat nach den Vorstellungen von Gagné (1962, 1973) von der Lernbasis auszugehen, auf der keine Kenntnislücken bestehen und sich der jeweils höheren und komplexeren Hierarchieebene zuzuwenden. Die verbale Unterweisung hätte das Lehrziel zu nennen, relevante und früher erlernte Begriffe zu reaktivieren, Hilfen zum Verständnis von Regeln zu geben und deren Anwendung anzuregen. Ergebnisrückmeldungen und Lob sollten die Motivation stärken, Hinweise die Aufmerksamkeit auf relevante Aufgabenmerkmale lenken.

Einen anspruchsvolleren Behandlungsansatz schlägt Case (1980) vor. Er ist ebenso wie der Ansatz von Gagné hierarchisch aufgebaut, will aber nicht isolierte Elemente der Lehrzielhierarchie bearbeiten lassen. Ausgangspunkt ist die Diagnose fehlerhafter Strategien bei der Lösung der Kriteriumsaufgabe. Anhand von Aufgaben, für die die vom Schüler angewandte Strategie ungeeignet ist, soll er einsehen lernen, warum seine Strategie fehl am Platze ist. Dann sollte die angemessene Strategie eingeführt und der Schüler dazu gebracht werden zu erkennen, warum diese Strategie effektiver ist. Abschließend wäre die neue Strategie einzuüben und auf neue Situationen anzuwenden. Um die Anforderungen an das Arbeitsgedächtnis zu reduzieren, sollten Instruktionen vereinfacht und grundlegende Prozesse durch massive Einübung automatisiert werden (Case, 1975). Vereinfacht läßt sich der Ansatz von Case in den Worten von Sander (1986, S. 66) darstellen:

- Diagnostiziere die inkorrekte Strategie, demonstriere ihre Unangemessenheit und forme die richtige Strategie aus.
- Minimalisiere die Anforderungen an die Kapazität des Arbeitsgedächtnisses.
- Sorge für massive Übung in den grundlegenden Operationen.

In einer Untersuchung an 180 Haupt– und Realschülern, die das Lehrziel, die Beherrschung der Prozentrechnung, verfehlt hatten, überprüfte Sander (1986) die differentiellen Effekte eines Remedialprogramms nach Gagné gegenüber einer Programmversion nach Case. Die Effekte beider Programme wurden mit den Ergebnissen eines konventionellen Nachhilfeprogramms verglichen. Das Case–Programm erzielte umittelbar nach der Übungsphase einen deutlich größeren Effekt als Gagné–Programm und konventioneller Unterricht, deren Wirkungen sich nicht voneinander unterschieden, allerdings nur bei den befähigteren Schülern. Nach acht Wochen zeigte sich eine allgemeine signifikante, wenn auch marginale Überlegenheit des Case–Programms. Offenbar war das Case-Programm für weniger befähigte Schüler etwas zu anspruchsvoll.

## 3.3  Motivation

Zur Diagnostik des Leistungsmotivs diente lange Zeit eine Serie von sechs leistungsthematischen TAT–Bildern, die Heckhausen (1963) als die einzig sinnvolle Testmethode ansah. Die erforderliche, sehr aufwendige inhaltsanalytische Auswertung machte das Verfahren für die praktische Anwendung jedoch unattraktiv. Fragebogen, die die Testdurchführung hätten erleichtern können, hielten lange Zeit nicht, was sie versprachen. Schließlich veröffentlichte Schmalt (1976) mit dem *Leistungsmotivationsgitter LM* ein Verfahren, das die Vorzüge des thematischen Ansatzes von Heckhausen mit denen von Fragebogen verbindet.

Zu 18 bildlich dargestellten Situationen aus sechs verschiedenen Tätigkeitsbereichen sind jeweils 18 leistungsthematische Aussagen formuliert, von denen jeweils eine als zutreffend anzukreuzen ist. Durch Faktorenanalyse dieser Aussagen wurden drei Dimensionen ermittelt: Skala HE1 mißt die Ausprägung des Konzepts guter eigener Fähigkeit und erfolgszuversichtliche Bewältigung eher schwieriger Aufgaben, Skala FM1 das Konzept mangelnder eigener Fähigkeiten und Initiierungen von Handlungen zur Abwendung von Mißerfolgen und Skala FM2 Furcht vor Mißerfolg. Die Koeffizienten für die innere Konsistenz der drei Skalen bewegen sich zwischen .88 und .92 und dokumentieren damit eine deutlich höhere Zuverlässigkeit als das TAT–Verfahren. Auch die Reteststabilität nach acht Wochen erreicht mit Werten zwischen .70 und .79 zufriedenstellende Werte. Bei Validitätsuntersuchungen ergaben sich Korrelationen bis .56 zu Schulnoten. Damit ist das LM–Gitter, das für die Altersstufe 10–12 Jahre eingesetzt werden kann, eine objektivere, zuverlässigere, validere und vor allem praktikablere Alternative zum Leistungsmotivations–TAT.

Mit dem Leistungsmotivationstest für Jugendliche LMT–J von Hermans (1976), der die Dimensionen Leistungs– und Erfolgsstreben, positive (förderliche) Erfolgsbesorgtheit, negative (leistungshemmende) Erfolgsbesorgtheit in Fragebogenform erfaßt, werden ganz ähnliche Merkmalsbereiche bei Jugendlichen zwischen 12–16 Jahren geprüft. Für die Altersstufe der 15–20jährigen steht mit dem Leistungsmotivationstest LMT (Hermans et al., 1978) ein weiteres Verfahren zur Verfügung. Es erfaßt die Dimensionen Hoffnung auf Erfolg, Ausdauer und Fleiß, förderliche Prüfungsangst und hemmende Prüfungsangst.

Mittels dieser Verfahren können entweder die Tendenz, in Lern– und Leistungssituationen Erfolg zu erwarten und ihn ausdauernd anzustreben oder die Furcht, in derartigen Situationen Mißerfolg zu erfahren, eingeschätzt werden. Für Interventionen bieten derartige Ergebnisse jedoch kaum Ansatzpunkte. Zwar gibt es frühe Experimente, in denen auch Effekte auf diesen globalen Motivationsdimensionen gemessen wurden, eine Übertragung auf die Schulpraxis ist jedoch schwierig. Allenfalls eine grobe Abschätzung der Behandlungsbedürftigkeit und der Erfolgswahrscheinlichkeit von Interventionen erscheint anhand der Meßergebnisse möglich. Werden im Fall von Mißerfolgsbefürchtungen z.B. noch Anstrengungen unternommen, den drohenden Mißerfolg abzuwenden, sieht der Schüler also noch eine gewisse Erfolgschance für aktives Handeln, so ist seine Situation motivationspsychologisch günstiger einzuschätzen, als wenn er an diese Handlungsmöglichkeit nicht glaubt.

Konkretere Ansatzpunkte für Interventionsmaßnahmen lassen sich aus dem Motivationsmodell von Heckhausen (1977) und den attributionspsychologischen Befunden von Weiner (1984) ableiten. Danach hängt die Aufnahme von Lernaktivitäten von positiven Erwartungen im Hinblick auf die Beziehungen zwischen Situation und Ergebnis, Handlung und Ergebnis, Ergebnis und seinen Folgen, der Erwünschtheit der Folgen und einer günstigen Ursachenerklärung für Erfolg oder Mißerfolg ab. Die auf zurückliegenden Mißerfolgen basierende Erwartung eines Schülers, in einer bestimmten Situation immer zu versagen, wird ihn bei Wiedereintreten dieser Situation an eine Wiederholung ähnlicher Mißerfolge glauben und derartige Situationen meiden lassen. Für verschiedene Schüler sind dies aber nicht unbedingt die gleichen Situationen. Um sie vermeiden zu können, muß man sie jedoch kennen. Da es zu ihrer Erhebung noch kein geeignetes Meßinstrument gibt, könnte eine Befragung nach folgendem Muster erfolgen:

Schreibe nieder, in welcher Situation du keine Möglichkeit siehst, eine gestellte Aufgabe zu lösen.

Ich sehe keine Möglichkeit, zum Erfolg zu kommen,

- wenn ...............................................
- wenn ...............................................
- wenn ...............................................
- wenn ...............................................
- wenn ...............................................

Eines der größten motivationalen Hemmnisse für Lernschwierige ist eine als zu hoch empfundene Aufgabenschwierigkeit, da Schüler dann keine Hoffnung sehen, durch eigenes Handeln das erwünschte Ergebnis zu erzielen. Da der optimale Schwierigkeitsgrad für verschiedene Schüler unterschiedlich ist, kann ein Lehrer diesen generell nur sehr grob einschätzen. Er benötigt vielmehr Informationen von jedem einzelnen seiner Schüler. Fragen nach dem subjektiven Schwierigkeitsgrad von Aufgaben in einem bestimmten Fach, nach Aufrufverhalten, Hilfsmaßnahmen und Ergebnisrückmeldungen des Lehrers und nach den Ursachenerklärungen von Erfolg und Mißerfolg durch den Schüler stellt der folgende Fragebogen (nach Krug & Bowi, 1993).

### Fragebogen zum Schwierigkeitsgrad

1. Ich bin heute drangekommen

   - zuviel
   - zu selten
   - gerade richtig

2. Dranzukommen war mir

   - angenehm
   - unangenehm
   - egal

3. Die Fragen waren

   - zu schwer
   - zu leicht
   - gerade richtig

4. Ich hatte bei einigen Fragen Schwierigkeiten.

   - nein
   - ja

5. Mein Lehrer hat mir dann geholfen.

   - gar nicht
   - zu viel
   - gerade richtig

6. Die Antwort, die ich gab, war meistens

   - falsch
   - richtig

7. Wenn ich eine Antwort gegeben habe, hat mich mein Lehrer dafür gelobt.

- zu viel
- gerade richtig
- zu wenig
- gar nicht

8. Wenn ich eine richtige Antwort gegeben hatte, dann

- war die Frage so leicht
- hatte ich gut aufgepaßt
- war ich gut vorbereitet
- hatte ich mich angestrengt

9. Wenn ich eine falsche Antwort gegeben hatte, dann

- war die Aufgabe zu schwer
- hatte ich nicht aufgepaßt
- war ich nervös
- war ich schlecht vorbereitet
- hatte der Lehrer mir nicht geholfen

10. Ich hatte mich gemeldet, bin aber nicht drangekommen.     ja/nein

11. Ich habe mich nicht gemeldet,

- weil ich keine Lust hatte
- weil ich nicht aufgepaßt hatte
- weil die Fragen zu schwer waren
- weil ich Angst hatte, eine falsche Antwort zu geben
- weil ich Angst hatte, mich vor der Klasse zu blamieren

Ein Fragebogen, mit dessen Hilfe sich einige häufig genannte Ergebnisfolgen und deren individuelle Wertschätzungen erheben lassen, findet sich ebenfalls bei Krug und Bowi (1993). Die erfragten Folgen beziehen sich auf Kompetenzzuwachs beim Schüler, Stolz auf die eigenen Leistungen, Lob durch die Eltern, Zufriedenheit des Lehrers, Freude an der Arbeit, Freisein von Prüfungsangst und verschiedene Instrumentalisierungen des Handlungsergebnisses wie Nützlichkeit der erworbenen Kenntnisse, Erreichen des Klassenziels und Vielfalt der beruflichen Chancen nach dem Schulabschluß (siehe nächste Seite).

## Was mir wichtig ist

| | sehr wichtig | wichtig | mäßig wichtig | eher unwichtig | sehr unwichtig |
|---|---|---|---|---|---|
| Gute Leistungen im Fach ........................ sind mir | o | o | o | o | o |
| Den Stoff zu beherrschen ist für mich | o | o | o | o | o |
| Stolz auf gute Leistungen zu sein ist mir | o | o | o | o | o |
| Von meinen Eltern für gute Leistungen gelobt zu werden ist mir | o | o | o | o | o |
| Daß der Lehrer mit mir zufrieden ist, ist mir | o | o | o | o | o |
| Daß mir meine Kenntnisse später nützlich sein werden, ist für mich | o | o | o | o | o |
| Daß ich die Versetzung schaffe, ist für mich | o | o | o | o | o |
| Daß ich nach dem Schulabschluß das machen kann, was ich will, ist für mich | o | o | o | o | o |
| Daß ich wieder mehr Spaß an dem Fach habe, ist für mich | o | o | o | o | o |
| Daß sich das Lernen gelohnt hat, ist mir | o | o | o | o | o |
| Daß ich keine Angst mehr vor dem Fach haben muß, ist mir | o | o | o | o | o |

Mit Hilfe der so gewonnenen Informationen läßt sich gezielt an den Punkten des Handlungsablaufs intervenieren, an denen Bedarf besteht. Daß Situationen zu vermeiden sind, in denen der lernschwierige Schüler glaubt, immer versagen zu müssen, versteht sich von selbst. Die Aufgabenschwierigkeit sollte auf jeden Fall den individuellen Fähigkeiten angepaßt werden. Eine mittlere Aufgabenschwierigkeit, die bei erfolgszuversichtlichen Schülern die größte Herausforderung haben soll, ist bei lernschwachen Schülern mit einer langen Mißerfolgsbiographie kontraindiziert. Sie bevorzugen leichtere Aufgaben, um Mißerfolge zu meiden. Damit diese sich nicht zu schnell wieder einstellen, sollte die Progression des Schwierigkeitsgrades langsam erfolgen. Um die Lernmotivation zu erhöhen, sollte ein Handlungsergebnis positive Folgen nach sich ziehen. Derartige positive Konsequenzen sind als Verstärker in der Lernpsychologie seit langem als wirksam bekannt. In der Schule werden meist soziale Verstärker als Lob und öffentliche Anerkennung durch Lehrer oder andere dem Schüler wichtige Personen appliziert. Aber auch materielle Verstärker finden Anwendung. Sie sind meist auf die Eingangsklassen der Grundschule beschränkt und erfolgen z.B. als Fleißstempel oder Fleißbildchen.

An externen Verstärkern wird seit längerem kritisiert, sie machten die Schüler von sich abhängig, so daß diese nur noch gegen Bezahlung durch Verstärker arbeiten würden. Eine intrinsische, selbstwerterhöhende Motivation würde dadurch verhindert. Dagegen ist einzuwenden, daß eine derartige Bezahlung in der heutigen Arbeitswelt allgemein üblich ist. Ohne sie würden die meisten Menschen ihre Arbeit wohl kaum verrichten. Weshalb sollte man von Schülern also mehr verlangen als von Erwachsenen. Eine intrinsische Motivation aus Spaß an der Tätigkeit oder aus Freude am eigenen Kompetenzzuwachs stellt sich dagegen meist erst nach einer gewissen Könnerschaft und damit eher am Ende eines langen Lernprozesses ein. Lernschwache sind von diesem Punkt jedoch in der Regel weit entfernt und bedürfen einer externen Ermunterung, um mit der Arbeit beginnen und die Erfahrung machen zu können, daß Lernanstrengungen nicht, wie bislang erfahren, immer mit Mißerfolgen enden. Externe Verstärker sind auch erforderlich, um die Ausdauer solcher Lernbemühungen aufrechtzuerhalten. Ob Handlungskonsequenzen wirksam sind, hängt allerdings davon ab, welchen Wert ein konkreter Schüler ihnen beimißt. Diese Informationen können mit Hilfe des oben abgedruckten Fragebogens von Krug und Bowi (1993) oder mit der in Kapitel 2.3 beschriebenen Liste erhoben werden, anhand derer ein Schüler sich äußern kann, wieviel Wochen Taschengeld ihm eine bestimmte Ergebnisfolge wert ist.

Sind Ursachenerklärungen ermittelt, nach denen Erfolge zu geringer Aufgabenschwierigkeit oder Glück, Mißerfolge dagegen mangelnden eigenen Fähigkeiten zugeschrieben werden, ist auch deren Veränderung erforderlich. Da derartige Ursachenzuschreibungen die Folge langzeitiger Mißerfolgserlebnisse sind, hätte eine bloße Änderung der individuellen Ursachenerklärung, die zur erlebten Realität in der Schule im Gegensatz stünde, daher wenig Sinn. Zunächst müssen durch remediale Maßnahmen Erfolgserlebnisse induziert werden. Einer Erklärung durch zu geringe Aufgabenschwierigkeit könnte dadurch das Wasser abgegraben werden, daß der Schüler Gelegenheit erhält, selbst immer anspruchsvollere Aufgaben zu wählen. Einer Erklärung von Erfolgen durch Glück wie von Mißerfolgen durch mangelnde Fähigkeit kann durch wiederholte Hinweise entgegengewirkt werden, daß der Erfolg auf eigener Anstrengung beruht. Diese Erfahrung kann ein lernschwacher Schüler nicht oft genug machen und muß darin von seiner Umwelt bestärkt werden.

Damit kommt dem pädagogisch–psychologischen Geschick von Lehrern bei der Motivierung lernschwieriger Schüler eine Schlüsselrolle zu. Erschwert wird diese Funktion dadurch, daß keine Pauschalrezepte sinnvoll sind. Zu unterschiedlich sind die individuellen Erwartungen des einzelnen Schülers. Da aber die wenigen Lernschwachen einer Klasse in der Regel die meisten Schwierigkeiten machen, kann eine spezielle Motivationsdiagnose und –behandlung sich auf diese wenigen beschränken. Die damit verbundene Mehrarbeit kann dafür aber durchaus lohnend sein.

## 3.4  Lernzeit

Das Modell von Haertel et al. (1983) postuliert ausreichende Lernzeit als eine bedeutsame Bedingung für den Lernerfolg. Nicht ausreichend gewährte Lernzeit reduziert danach die Erfolgschancen eines Schülers und kann Lernschwierigkeiten produzieren. Zur Diagnose dieser Bedingung bedarf es keiner aufwendigen Tests. Eine aufmerksame Beobachtung der Schüler reicht aus, um feststellen zu können, ob Schüler mit ihren Arbeiten fertig werden oder nicht. Zum Problem wird diese Bedingung, wenn die Diskrepanz zwischen rasch lernenden Schülern und langsamen Lernern zu groß wird. Dies ist der Fall, wenn einzelne Schüler Lernschwierigkeiten haben. Sie benötigen wegen Verständnis- und/oder Vorkenntnisproblemen mehr Arbeitszeit als der knappe Durchschnitt ihrer Klassenkameraden, an dem sich nach Befunden von Dahllöf (1971) Lehrer in der Regel zu orientieren pflegen. Reduziert ein Lehrer daraufhin die Lerngeschwindigkeit, um auch dem letzten Schüler die Möglichkeit zu geben, seine Arbeiten zu beenden, unterfordert er die Mehrheit seiner Schüler und läuft Gefahr, das Leistungsniveau seiner Klasse zu senken. Richtet er sich dagegen nach dem Leistungsvermögen dieser Mehrheit, riskiert er bei langsamen Lernern eine weitere Zunahme ihrer Lernschwierigkeiten. Der Ausweg aus diesem Dilemma ist der adaptive Unterricht des zielerreichenden Lernens nach Bloom (1976). Da Lernschwierigkeiten zu einem erheblichen Teil durch Vorkenntnisdefizite verursacht werden, ist es erforderlich, diese Defizite rechtzeitig zu erkennen und auszugleichen. Die hierfür erforderliche zusätzliche Lernzeit ist gut angelegt, da nach Auffassung von Bloom (1984) sich die Lerngeschwindigkeit von Schülern, deren Vorkenntnislücken geschlossen werden konnten, verringern würde. Als weitere Konsequenz zielerreichenden Lernens würde sich die Diskrepanz zwischen guten und schwachen Schülern verringern.

Die aus kurzzeitig befristeten Laboruntersuchungen gewonnenen Erfahrungen schienen diese optimistischen Erwartungen auch zu bestätigen (vgl. Block & Anderson, 1975). Eine Langzeitstudie von Arlin (1984) widerlegte jedoch diese Erwartungen. Statt einer erwarteten Verringerung der Leistungsdiskrepanzen zwischen den 25% besten und schwächsten Schülern ergab sich im Laufe von vier Jahren sogar eine Vergrößerung der Leistungsvarianz. Auch das Ausmaß der von Bloom (1984) vorausgesagten Leistungssteigerung durch einen Unterricht, der bewußt Vorkenntnisdefizite durch zusätzlichen Unterricht, d.h. durch Verlängerung der Lernzeit, zu erreichen versuchte, trat in vielen Nachuntersuchungen nicht zutage. Bloom hatte erwartet, daß die *Effektstärke* eines adaptiven Unterrichts, gemessen als Differenz der Nachtestwerte von Experimental– und Kontrollgruppe, gebrochen durch die Standardabweichung der Kontrollgruppe (vgl. Glass et al., 1981), einen Wert von 1 oder größer erreichen würde. Das entspräche einem Lerngewinn von etwa einem Schuljahr. In einer von Slavin (1987) sorgfältig durchgeführten Metaanalyse ergab sich jedoch nur eine Effektstärke von 1/3 Standardabweichung.

In einer Untersuchung zur Kontrolle des Effekts zielerreichenden Unterrichts im deutschsprachigen Bereich konnten Treiber und Weinert (1985) zwar die von Bloom vorausgesagte Verringerung der Leistungsvarianz ermitteln; diese Egalisierung der Leistungsunterschiede zwischen den Schülern führte jedoch nicht zu einer Hebung des Leistungsniveaus der untersuchten Klassen, sondern wurde mit einer Senkung des Leistungsstandes erkauft. Lediglich unter besonders günstigen Umständen, wenn etwa das Fähigkeitsniveau der Klasse überdurchschnittlich oder die Leistungsstreuung unterdurchschnittlich waren, führte zielerreichender Unterricht sowohl zu einer Reduktion der Leistungsvarianz als auch zu einer Hebung des allgemeinen Leistungsniveaus (Treiber & Schneider, 1980).

Diese den optimistischen Erwartungen Blooms widersprechenden Befunde haben bei vielen Anhängern des zielerreichenden Unterrichts Enttäuschung hervorgerufen. Diese Enttäuschungen gehen jedoch nicht so sehr zu Lasten der kritisierten Methode, sondern sind Folge der übersteigerten Erwartungen, die Bloom durch seine euphorischen Äußerungen genährt hatte. Nach Auffassung von Slavin ist eine Leistungssteigerung im Ausmaß von 1/3 Standardabweichung, die über viele Untersuchungen hinweg ermittelt werden konnte, durchaus zureichend, um an dieser Methode festzuhalten und an ihrer weiteren Verbesserung zu arbeiten.

## 3.5   Unterrichtsqualität

Mangelnde Qualität ihres eigenen Unterrichts wird von Lehrern eher selten als mögliche Ursache von Lernschwierigkeiten angesehen, gibt es doch in jeder Klasse Schüler, die dem Unterricht zu folgen vermögen. Erst wenn eine größere Gruppe von Schülern Lernprobleme offenbart, kommt ein Lehrer vielleicht auf die Idee, daß sein Unterricht etwas damit zu tun haben könnte. Aber selbst der gutwilligste Lehrer tut sich bei der Suche nach Qualitätsmängeln seines Unterrichts schwer. Da Unterrichtsbesuche von Schulräten nur in größeren Zeitabständen erfolgen und meist nur zu Zwecken der Lehrerbeurteilung und nicht der Lehrerberatung erfolgen, ist der einzelne Lehrer auf eine Selbstdiagnose angewiesen. Die in Kapitel 2.5 aufgeführte Liste möglicher Ursachen von Lernschwierigkeiten bei Schülern, die auf mangelnde Unterrichtsqualität zurückgehen können, liefert hierfür allerdings nur grobe Anhaltspunkte. Einige dieser Aspekte lassen sich durch Fragebogenschemata zur Selbstapplikation erfassen, die Wahl et al. (1984) beschreiben.

Zur Diagnose des Unterrichtsstils eignet sich folgender Fragebogen zur Selbsteinschätzung, der das Ausmaß ermitteln hilft, in dem jemand einen eher direkten, lehrergesteuerten Unterricht bevorzugt oder eine offenere Unterweisungsform präferiert.

## Fragebogen zum Unterrichtsstil

1. Der Unterricht verläuft so, wie ich ihn geplant habe.
2. Ich beteilige die Schüler an den Entscheidungen über Unterrichtsziele und Lernmethoden.
3. Schwierige Lerninhalte stelle ich im Unterricht selbst dar.
4. Die Ideen, Einfälle und Wünsche der Schüler beeinflussen meinen Unterricht.
5. Ich verwende im Unterrichtsgespräch gern genau formulierte Fragen.
6. Ich ermuntere die Schüler, selbständig zu arbeiten.
7. Ich sage den Schülern genau, was sie richtig und was sie falsch gemacht haben.
8. Ich bestehe nicht auf dem geplanten Unterrichtsablauf, wenn sich ein gutes Gespräch oder eine interessante Aktivität der Schüler ergibt.
9. Ich überprüfe ständig Kenntnisse und Leistungsfortschritte der Schüler.
10. Das Gefühl, daß die Schüler in meinem Unterricht zufrieden sind, ist mir sehr wichtig.

Wenn die Feststellungen 1, 3, 5, 7, oder 9 zutreffen, kann dies als Indiz für direkten, lehrerzentrierten Unterricht gelten. Er kommt nach den in Kapitel 2.5 zitierten Untersuchungen besonders den Bedürfnissen von Schülern mit Lernschwierigkeiten entgegen. Bei Ankreuzungen der Aussagen 2, 4, 6, 8 oder 10 wird ein offener, schülerzentrierter Unterrricht praktiziert, den eher selbständig arbeitende Schüler bevorzugen. In einem lehrerzentrierten Unterricht drückt sich aber nicht nur ein Übermaß an Kontrolle aus, er kann auch Ausdruck einer besonderen Verantwortlichkeit eines Lehrers für die Leistungen seiner Schüler sein. Genauer läßt sich dieser Aspekt mit Hilfe der folgenden Fragenliste erheben.

## Fragebogen zur Selbstverantwortlichkeit des Lehrers

1. Die Mißerfolge eines Schülers haben wenig mit den Leistungen eines Lehrers zu tun; sie hängen von ganz anderen Faktoren ab.
2. Es ist für die ganze Schule insgesamt wichtiger, die guten Schüler zu fördern, als den schlechten Schülern zu helfen.
3. Für schlechte Noten darf man nicht den Lehrer verantwortlich machen.
4. Viele Lehrer neigen dazu, die Bedeutung der Vererbung für die geistigen Leistungen zu unterschätzen.
5. Gegen uninteressierte Schüler ist auch der beste Lehrer machtlos.
6. Sind bei einer Klassenarbeit einige Einsen oder Zweien dabei, so kann man nicht behaupten, die Aufgaben waren zu schwer, nur weil sehr viele Schüler Fünfen und Sechsen geschrieben haben.
7. Gute Beziehungen zwischen Lehrer und Schüler hängen mehr vom Verhalten des Schülers als von den Einstellungen des Lehrers ab.

8. Wenn einzelne Schüler auch nach der zweiten Erklärung noch nichts verstanden haben, muß man als Lehrer in seinem Unterricht fortfahren.

9. Während des Unterrichts vergewissere ich mich durch Fragen und Aufgaben, ob die Schüler den Stoff wirklich verstanden haben.

10. Die Arbeiten von schwachen Schülern sehe ich mir immer besonders genau an.

11. Ich kann Eltern leistungsschwacher Schüler recht gut sagen, wie sie ihren Kindern helfen können.

12. Bei der Leistungsbeurteilung berücksichtige ich nicht nur Vergleiche zwischen den Schülern, sondern auch die Fortschritte des einzelnen.

13. Bei leistungsschwachen Schülern ist Unterstützung durch den Lehrer im allgemeinen günstiger als Strenge.

14. Nach einem Unterrichtsabschnitt lasse ich unbenotete Testarbeiten schreiben, um zu sehen, wo die Schüler noch Lücken haben.

15. Bei der Stillarbeit verwende ich einen Teil meiner Zeit darauf, schwächeren Schülern zu helfen.

16. Im Gespräch mit Eltern leistungsschwächerer Schüler bemühe ich mich, nicht zu klagen, sondern ihnen zu helfen.

Zustimmungen zu den ersten acht Äußerungen lassen erkennen, inwieweit ein Lehrer sich für die Leistungen seiner Schüler verantwortlich fühlt. Die letzten acht geben Auskunft darüber, inwieweit er bereit ist, dem einzelnen Schüler bei Schwierigkeiten zu helfen. Beide Aspekte stehen nach den Untersuchungen von Müller und Neureuther (1975) in Zusammenhang.

Die Unterrichtsführung eines Lehrers, d.h. die Art und Weise, wie er einen reibungslosen und schwungvollen Unterricht organisiert, parallel ablaufende Vorgänge überschaut, Gruppenarbeit aktiviert und für Abwechslung sorgt, steht nach Untersuchungen von Kounin (1976) in Zusammenhang mit dem Unterrichtserfolg. Eine Liste zur Befragung von Schülern (nach Küpper, 1977) kann bei der Diagnose helfen.

### Fragebogen zur Diagnose der Unterrichtsführung

1. Der Lehrer nimmt oft Schüler dran, die mit einem Kuli oder etwas anderem spielen.

2. Der Lehrer bestraft immer nur die Schüler, die wirklich etwas getan haben.

3. Dieser Lehrer ist auch durch Kleinigkeiten leicht aus der Ruhe zu bringen.

4. Bei diesem Lehrer kann man während der Stunde Hausaufgaben machen, ohne daß man ermahnt wird.

5. Auch wenn der Lehrer etwas an der Tafel erklärt, merkt er, was in der Klasse vor sich geht.

6. Bei diesem Lehrer kann man schlecht abschreiben, weil er das meistens merkt.

7. Wenn der Lehrer etwas Neues durchnimmt, dann dauert das oft so lange, daß es langweilig wird.

8. Bei diesem Lehrer muß man dauernd damit rechnen, aufgerufen zu werden, auch wenn man sich nicht gemeldet hat.

9. Wenn der Lehrer etwas an die Tafel schreibt, kann man Sachen durch die Klasse werfen, ohne daß der Lehrer etwas sagt.

10. Auch wenn der Lehrer mit einem einzelnen Schüler spricht, merkt er, was die anderen machen.

11. Der Lehrer geht im Stoff so schnell vorwärts, daß viele nicht mitkommen und er es noch einmal erklären muß.

12. Auch wenn ich mich etwas ducke, muß ich damit rechnen, daß ich pötzlich drankomme.

13. Man braucht manchmal die ganze Stunde nichts zu sagen, ohne daß dies dem Lehrer auffällt.

14. Dieser Lehrer erklärt auch einfache Sachen so ausführlich, daß wir im Stoff nur langsam weiterkommen.

15. Wenn wir in einer Gruppe arbeiten, weiß der Lehrer, ob alle Gruppenmitglieder etwas zum Arbeitsergebnis beigetragen haben oder nicht.

16. Man kann ein Buch aufstellen, um dahinter mit dem Nachbarn zu sprechen, ohne daß dieser Lehrer etwas merkt.

17. Wenn der Lehrer an der Tafel beschäftigt ist, können wir allen möglichen Quatsch machen.

18. Wenn der Lehrer jemanden ermahnt, erwischt er meist den richtigen.

19. Dieser Lehrer nimmt fast immer dieselben dran.

20. Wenn ein Schüler etwas getan hat, schimpft der Lehrer ziemlich lange mit ihm.

21. Dieser Lehrer hat nur wenig Ahnung davon, was in der Klasse wirklich vor sich geht.

22. Wenn der Lehrer sich mit einem einzelnen Schüler beschäftigt, müssen die anderen trotzdem aufpassen, weil sie plötzlich aufgerufen werden können.

23. Dieser Lehrer weiß ziemlich oft nicht, ob ein Schüler etwas selbst gewußt hat, oder ob es jemand vorgesagt hat.

24. Wenn jemand zum Fenster rausguckt, muß er bei diesem Lehrer damit rechnen, überraschend aufgerufen zu werden.

25. Wenn der Lehrer etwas austeilt, hält er sich damit ziemlich lange auf.

26. Dieser Lehrer achtet darauf, daß auch bei Gruppenarbeit alle Schüler mitarbeiten.

27. Man kann während der Stunde bei diesem Lehrer laut sprechen, ohne daß man ermahnt wird.

28. Der Lehrer achtet darauf, daß so ziemlich alle Schüler einmal drankommen.

29. Manchmal hat man das Gefühl, daß dieser Lehrer auch hinten Augen hat.

30. Wenn etwas vorgelesen wird, kann man ruhig etwas anderes lesen, ohne daß dieser Lehrer das merkt.

31. Hat ein Schüler die Hausaufgaben nicht gemacht, so hält sich dieser Lehrer lange mit ihm auf.

32. Der Lehrer bestraft oft die falschen Schüler, weil er nicht weiß, wer wirklich etwas getan hat.

33. Auch wenn der Lehrer an der Tafel etwas Neues erklärt, merkt er, ob jemand aufpaßt oder nicht.

Für Zügigkeit und Flüssigkeit der Unterrichtsorganisierung spricht die Verneinung der Aussagen 3, 20, 25 und 31, für die Fähigkeit, die Augen überall zu haben und mehrere Tätigkeiten gleichzeitig überwachen zu können, sprechen die Bejahung der Aussagen 1, 2, 5, 6, 10, 12, 18, 24, 29, 33 und die Verneinung der Aussagen 4, 9, 16, 17, 21, 27, 30 und 32. Für Gruppenaktivierung und –kontrolle stehen die Bejahung der Aussagen 8, 15, 22, 26 und 28 sowie die Verneinung der Aussagen 13, 19 und 23. Für die Fähigkeit, rechtzeitig für Abwechslung zu sorgen, spricht die Verneinung der Aussagen 7 und 14.

Der Lehrer sollte, bevor er den Fragebogen an seine Schüler ausgibt, die Fragen erst einmal selbst beantworten, um später seine Selbsteinschätzung mit den Einschätzungen der Schüler vergleichen zu können. Bei Diskrepanzen können Tonbandaufzeichnungen mehrerer Unterrichtsstunden klären helfen, welche Probleme tatsächlich auftreten.

Ein wichtiges Lehrermerkmal, das oft mit dem Unterrichtserfolg in Verbindung gebracht wird, ist die Unterrichtssprache eines Lehrers. Sie wird allenfalls bei Lehrproben und Unterrichtsbesuchen beurteilt, im täglichen Unterricht aber als mögliche Ursache von Lernschwierigkeiten bei Schülern kaum thematisiert. Das folgende Frageschema aus Wahl et al. (1984) kann bei der Selbstbeurteilung der Unterrichtssprache behilflich sein.

### Fragebogen zur Selbstbeurteilung der Unterrichtssprache

1. Wenn ich etwas erklären will, fallen mir oft die treffenden Worte nicht ein.

2. Beim Erzählen komme ich gelegentlich vom Hundertsten ins Tausendste.

3. Wenn ich einem Fremden den Weg beschreiben muß, merke ich oft, daß er mich nicht gut verstehen kann.

4. Es fällt mir schwer, einen Sachverhalt kurz und knapp auszudrücken.

5. Bei der falschen Antwort eines Schülers fällt es mir meistens nicht leicht, ganz genau anzugeben, was eigentlich falsch daran ist.

6. Im Verlauf des Unterrichts komme ich nur selten dorthin, wohin ich eigentlich wollte.

7. Während ich gerade etwas erkläre, fällt mir häufig ein, daß das, was ich vorher sagte, nicht ganz richtig war.

8. Wenn ich im Unterricht etwas erläutere, wirken viele Schüler unaufmerksam.

9. Bei den von mir entworfenen Arbeitsblättern fragen Schüler oft nach, was sie eigentlich tun sollen.

10. Manche Leute behaupten von mir, ich sei etwas umständlich.

Eine zusätzliche Möglichkeit zur Beurteilung der Unterrichtssprache besteht in der Selbst– und Fremdbeurteilung von Tonbandprotokollen des Unterrichts.

Die Diagnose der Unterrichtsqualität ist eine notwendige Bedingung ihrer Verbesserung. Weniger einfach ist die totale Veränderung eines meist bereits über Jahre bestehenden und zur Routine gewordenen Lehrerverhaltens. So kann überwiegend schülerzentrierter, offener Unterricht kaum ohne große Schwierigkeiten in sein Gegenteil, einen direkten, lehrerzentrierten Unterrichtsstil verändert werden und umgekehrt. Ziel einer Verbesserung kann daher nur eine Abkehr von allzu extremen Ausprägungsgraden sein und eine Aufnahme von Stilelementen des jeweils anderen Extrems im Sinne einer Erweiterung des Verhaltensrepertoires. Eine solche Erweiterung ist auch deshalb sinnvoll, weil verschiedene Schüler unterschiedliche Unterrichtsstile bevorzugen. Schüler mit Lernschwierigkeiten sind stärker auf eine direkte Unterrichtsführung durch den Lehrer angewiesen, während befähigtere Schüler besser unter offeneren Bedingungen arbeiten, die ihnen mehr Selbständigkeit belassen.

Noch schwieriger scheint die Veränderung von Erwartungen bezüglich des Zustandekommens von Lernschwierigkeiten zu sein. Je mehr ein Lehrer der Auffassung ist, daß erblich bedingte Fähigkeitsdefizite für Lernprobleme verantwortlich sind, desto weniger wird er Anstrengungen zu deren Beseitigung für sinnvoll halten. Derartige Ursachenerklärungen scheinen nämlich durch die Beobachtung gedeckt zu sein, daß beim Vergleich der Schülerleistungen einer Klasse erhebliche interindividuelle Differenzen bestehen können, die eine relative Konstanz besitzen und durch pädagogische Maßnahmen nur schwer verringert werden können, wie auch die Untersuchungen zum zielerreichenden Lernen gezeigt haben. Eine Erklärung von Lernschwierigkeiten durch Fähigkeitsmängel entlastet den Lehrer zudem und enthebt ihn der Aufgabe, sich für die Überwindung von Lernproblemen besonders zu engagieren. Die in neuerer Zeit wieder stärkere Betonung genetisch bedingter Differenzen (Plomin, 1990) scheint dem so attribuierenden Lehrer recht zu geben. Übersehen wird dabei meist, daß ein nicht unerheblicher Teil der Schulleistungsunterschiede eben nicht genetisch bedingt und deshalb pädagogischer Einflußnahme zugänglich ist. Allerdings bedarf es zu einer Veränderung der bisherigen Ursachenerklärung eines ständigen Bemühens um die Leistungsverbesserung bei lernschwierigen Schülern. Diese wird häufig aber erst wahrnehmbar, wenn die Lernergebnisse lernschwieriger Schüler nicht mehr nur mit den Leistungen der übrigen Gruppenmitglieder verglichen werden, sondern vor allem mit den vorausgegangenen Leistungen. Eine derartige Abkehr von Leistungsvergleichen mit einer klassenbezogenen Bezugsnorm und eine stärkere Hinwendung zu individuellen Bezugsmaßstäben hat sich nach Untersuchungen von Rheinberg (1977) als für schwächere Schüler außerordentlich motivierend ausgewirkt.

Eine Verbesserung der Unterrichtsführung im Sinne einer stärkeren Wahrnehmung von Störungsanlässen und eine gleichzeitige Beachtung parallel ablaufender Vorgänge ist leichter gefordert als realisiert. Sie setzt ein Mindestmaß an Spaltbarkeit der Aufmerksamkeit des Lehrers voraus. Hierzu ist nicht jeder Lehrer in gleichem Ausmaß in der Lage. Erschwert wird eine solche Aufmerksamkeitsdistribution besonders dann, wenn der Unterrichtsstoff zusätzliche Schwierigkeiten bereitet. Deshalb sind unerfahrene Lehrer häufiger in Gefahr, die Übersicht über die in der Klasse ablaufenden Vorgänge zu verlieren. Diese zusätzlichen Probleme wenigstens können durch eine sorgfältige Vorbereitung überwunden werden, die es dem Lehrer ermöglicht, seine Aufmerksamkeit mehr den Vorgängen in der Klasse zuzuwenden.

Eine sorgfältige Vorbereitung ist auch die Basis für eine Verbesserung der Unterrichtssprache eines Lehrers. Nach Langer et al. (1974) sind Kompliziertheit des sprachlichen Ausdrucks, Zusammenhanglosigkeit der mitgeteilten Informationen sowie Weitschweifigkeit und Langweiligkeit der mündlichen wie schriftlichen Darstellung möglichst zu vermeiden. Einfachheit, Ordnung, prägnante Kürze und anregende Gestaltung erhöhen die Verständlichkeit von Texten und verringern damit das Auftreten von Verständnisproblemen.

Insgesamt ist eine Verbesserung der Unterrichtsqualität an die Bereitschaft zu einer Verbesserung und das ständige Bemühen darum gebunden. Hilfreich kann hierbei die gegenseitige persönliche oder durch Tonband vermittelte kollegiale Kontrolle sein, da Selbsterkenntnis und Selbstbehandlung Grenzen gesetzt sind. Eine in Schulen der USA praktizierte Unterrichtsberatung durch hierfür besonders qualifizierte Berater ohne Beurteilungsfunktion, die kostenlos in Anspruch genommen werden kann, fehlt im deutschen Schulsystem, wäre aber wünschenswert.

## 3.6  Unterrichtsklima

Zu den moderierenden Bedingungen von Erfolg und Mißerfolg in der Schule rechnen Haertel et al. (1983) das Unterrichtsklima. Es bestimmt die Art des Umgangs zwischen Lehrer und Schülern und zwischen den Schülern, die Zufriedenheit mit dem Lehrer, das Zusammengehörigkeitsgefühl, das Ausmaß von Konflikten und den Umgang mit ihnen, die Identifikation mit dem Unterricht und seinen Zielen sowie den Grad der Selbstverantwortlichkeit eines Schülers für seinen Lernerfolg, beeinflußt seine Lernmotivation und damit auch seinen Lernerfolg. Ein derartiges komplexes Merkmal ist nicht einfach zu diagnostizieren. In den Vereinigten Staaten gibt es seit mehr als 30 Jahren Bemühungen, Aspekte des sozialen Klimas in der Schule mit Hilfe von Schülerfragebogen zu erfassen (vgl. Walberg, 1979). In Deutschland hat sich Dreesmann (1980) mit der Diagnose des Unterrichtsklimas befaßt. Auf ihn geht der unten abgedruckte Schülerfragebogen zurück.

### Fragebogen zum Unterrichtsklima

1. Die Anforderungen in unserem Unterricht sind hoch.

2. In unserem Unterricht wird wenig gestört.

3. Unter Schülern gibt es häufig Streit und Zank.

4. Es wird immer darauf geachtet, daß alle den Stoff verstehen.

5. Der Lehrer läßt uns gern neue und andere Lösungen versuchen.

6. Schwächeren Schülern gibt der Lehrer leichtere Aufgaben.

90

7. Die Schüler sind mit dem Unterricht zufrieden.

8. Der Lehrer wird leicht ärgerlich.

9. Der Stoff in diesem Fach ist so leicht, daß man sich nur wenig anstrengen muß.

10. Es macht für die Beurteilungen des Lehrers wenig aus, wieviel Mühe sich ein Schüler gibt.

11. Die Schüler arbeiten im Unterricht konzentriert mit.

12. Der Lehrer läßt sich nicht umstimmen, wenn die Schüler anderer Meinung sind als er.

13. Die Schüler in dieser Klasse sind alle gute Kameraden.

14. Der Lehrer gibt uns zu schwere Hausaufgaben auf.

15. Der Unterrichtsstoff wird immer gut erklärt.

16. Wenn der Lehrer Fragen oder Aufgaben stellt, berücksichtigt er immer, wieviel der Schüler kann.

17. Bessere Schüler gelten hier mehr als schlechtere Schüler.

18. Der Lehrer ist zu allen Schülern gleich freundlich.

19. Schüler mit schlechten Leistungen können sich in diesem Fach durch Anstrengungen verbessern.

20. In unserem Unterricht geht es sehr diszipliniert zu.

21. Wir Schüler dürfen mitbestimmen, was in unserem Unterricht gemacht werden soll.

22. In dieser Klasse helfen sich die Schüler gerne gegenseitig.

23. Erst wenn alle Schüler den Stoff begriffen haben, wird etwas Neues durchgenommen.

24. Der Lehrer erlaubt es, wenn ein guter Schüler einem schlechteren bei einer Aufgabe hilft.

25. Man muß besser als der Durchschnitt sein, damit man vom Lehrer gelobt und anerkannt wird.

26. Alle Schüler arbeiten im Unterricht gern mit.

27. Wenn es um Leistungen geht, gibt es hier mehr Konkurrenz als Hilfsbereitschaft.

28. Der Lehrer lobt die Schüler, wenn sie gute Arbeit leisten.

29. Häufig ist die Klasse so unruhig, daß man sich nicht konzentrieren kann.

30. Im Unterricht wird nur das gemacht, was der Lehrer bestimmt.

31. Wir sollen erst selbst versuchen, eine Aufgabe zu lösen, bevor der Lehrer uns hilft.

32. Der Unterricht macht überhaupt keine Freude.

33. Die Schüler sind dem Lehrer ziemlich gleichgültig.

34. Der Unterrichtsstoff ist schwierig.

35. Manchmal weiß man im Unterricht nicht genau, was man zu tun hat.

36. Wenn man etwas falsch gemacht hat, wird man häufig von den anderen Schülern gehänselt oder ausgelacht.

37. Häufig verstehen die Schüler nicht, was gerade durchgenommen wird.

38. Der Lehrer wird ärgerlich, wenn Schüler sich gegenseitig zu helfen versuchen.

39. Die Schüler haben manches daran auszusetzen, wie unser Unterricht gemacht wird.

40. Der Lehrer ist zu den Schülern wie ein guter Kamerad.

Dem Facettenreichtum des Konstruktes Klassenklima entspricht auch die Komplexität des Fragebogens. Besser gegliedert ist ein Fragebogen, den v. Saldern und Littig (1987) vorgelegt haben. Die *Landauer Skalen zum Sozialklima für 4. bis 13. Klassen LASSO 4-13* enthalten 17 Subskalen, die sich drei Dimensionen zuordnen lassen, und erfassen mit je 47 Items die Beziehungen zwischen Lehrer- und Schülern und die Schüler–Schüler–Beziehungen sowie mit 48 Items allgemeine Merkmale des Unterrichts. Eine Fragebogenform erlaubt die Erfassung der von den Schülern wahrgenommenen Lernumwelt, eine andere die von ihnen erwünschte Idealumwelt.

Entsprechend der Komplexität des gemessenen Merkmals ist es schwer, eine kurzfristige Veränderung des Klassenklimas zu erzielen. Nichtsdestoweniger kann ein Studium der einzelnen Antworten und eine Auszählung von deren Häufigkeit einem interessierten Lehrer Aufschluß geben über die Einschätzungen des Klassenklimas durch die Schüler. Da sich dieses auf die Lernmotivation auswirkt, wird ein aufgeschlossener Lehrer sich bemühen, erkannte Probleme mittelfristig zu beheben. Die Befragungsergebnisse können ihm dazu konkrete Anhaltspunkte liefern.

Ein weiterer Fragebogen von Littig und v. Saldern, der *Fragebogen Kooperation und Wettbewerb für 4. bis 8. Klassen FKW 4-8* (1989), erlaubt die Prüfung der Frage, inwieweit die Schüler auf kollektive oder altruistische Kooperation oder auf individualistischen, rivalisierenden oder feindlichen Wettbewerb eingestellt sind. Nach den in Kapitel 2.6 zitierten Befunden von Johnson et al. (1981) kann durch Einführung einer kooperativen Unterrichtsatmosphäre nicht nur das Ausmaß feindlicher Rivalität abgebaut, sondern auch das Leistungsverhalten der Schüler verbessert werden.

## 3.7  Beziehungen zwischen Schülern

Die sozialen Beziehungen zwischen den Schülern halten Haertel et al. (1983) für so bedeutsam, daß sie ihnen einen gesonderten Stellenwert als moderierende Bedingung außerhalb des Unterrichtsklimas zuweisen. Während v. Saldern und Littig (1987) dieses Problem unter dem Oberbegriff des Sozialklimas abhandeln, klammert Dreesmann (1980) diesen Aspekt aus seinem Fragebogen aus und beschränkt sich auf jene Klimaaspekte, die vom Lehrerverhalten entscheidend determiniert werden. Tatsächlich verdienen die sozialen Beziehungen der Schüler untereinander eine gesonderte Behandlung, weil sie sich der Beobachtung des Lehrers und seinem Einfluß weitgehend entziehen.

Seit der Einführung soziometrischer Methoden durch Moreno (1954) gibt es die Möglichkeit, die sozialen Beziehungen zwischen den Schülern einer Lerngruppe durch einfache Befragung aufzudecken. Mit der Frage 'mit wem möchtest du am liebsten bzw. auf keinen Fall zusammensitzen' läßt sich das Beziehungsgeflecht von Sympathie und Antipathie in einer Klasse relativ einfach ermitteln. Schüler, auf die viele Stimmen entfallen, werden als Stars, Schüler mit vielen negativen Stimmen als Abgelehnte bezeichnet. Schüler ohne Stimmen gelten als isoliert. Gruppen von Schülern, die sich nur gegenseitig wählen, definieren eine Clique. Unter dem Aspekt der Lernschwierigkeit sind abgelehnte oder isolierte Schüler besonders gefährdet. Sie befinden sich häufig auch am Ende der Leistungsrangskala, vor allem dann, je weniger sie ihren niedrigen sozialen Rang durch positive soziale Beziehungen außerhalb ihrer Lerngruppe kompensieren können (Schmuck, 1963).

Formalisierte Befragungen zur Erfassung des soziometrischen Status eines Schülers bietet das *Diagnostische Soziogramm DSO* von Müller (1980). Es erweitert das diagnostische Spektrum durch die Fragen 'Was meinst du: Wer möchte am liebsten (auf keinen Fall) mit dir zusammensitzen?' und 'Welche Jungen/Mädchen sind wohl am beliebtesten (am unbeliebtesten) in deiner Klasse?' Der *Soziometrische Test für 3. bis 7. Klassen ST 3-7* (Petillon, 1980) will Vergleiche nicht nur in einer bestimmten Klasse, sondern auch zwischen verschiedenen Klassen ermöglichen.

Der Sinn all dieser Verfahren liegt darin, das schwer zu beobachtende soziale Beziehungsgeflecht in einer Klasse transparent zu machen und dem Lehrer Informationen darüber zu geben, um welche isolierten oder abgelehnten Schüler er sich besonders kümmern muß. Allgemeine Ratschläge, wie sich die sozialen Beziehungen zwischen Schülern verbessern lassen, sind wenig hilfreich, da soziale Beziehungen nicht abstrakt existieren, sondern durch Relationen zwischen bestimmten konkreten Gruppenmitgliedern definiert sind, die in unterschiedlichen Zusammensetzungen der Gruppe jeweils verschieden ausfallen können. Trotzdem haben sich einige Hilfen vielfach bewährt: Zum einen der Rat, zwischen abgelehnten bzw. isolierten Schülern und der übrigen Klasse vielfältige Kommunikationen zu fördern, und zum andern, die sozialen Probleme zum Gegenstand von Diskussionen in der Klasse zu machen und die Schüler weitgehend daran zu beteiligen. Aufgrund der genaueren Kenntnis des sozialen Beziehungsgeflechts kann ein Lehrer jedenfalls leichter Veränderungen initiieren als ohne diese Informationen. Ein Wechsel des sozialen Klimas in der Klasse könnte, wie schon erwähnt, solche Verbesserungen fördern: die Abkehr von einem übertriebenen Wettbewerbsklima und die Unterstützung mehr kooperativen sozialen Verhaltens in der Klasse. Über den Effekt eines speziellen Trainings berichten Vaughn et al. (1991).

10 von ihren Mitschülern abgelehnte Schüler mit Lernschwierigkeiten wurden 20 Wochen lang wöchentlich zweimal für 30 Minuten mit ihren hochakzeptierten Klassenkameraden ohne Lernschwierigkeiten außerhalb der üblichen Schulzeit von Studenten betreut. In Kleingruppen von zwei bis vier Schülern lernten sie Strategien, um sich Freunde zu machen und zwischenmenschliche Probleme zu lösen. Ihren Klassenkameraden wurde mitgeteilt, die ausgewählten Schüler würden mit Universitätsstudenten lernen, soziale Probleme zu lösen. Sie würden später als Trainer in die eigenen Klassen zurückkehren. Die Trainingssitzungen wurden so eingerichtet, daß die übrigen Klassenmitglie-

der beobachten konnten, wie die lernschwierigen Schüler zusammen mit ihren hochakzeptierten Partnern trainierten. Das Programm wurde mittels Artikeln in Schul– und Elternzeitschriften regelmäßig bekannt gemacht. Bilder und Videoclips wurden den Klassen der lernschwierigen Schüler zugänglich gemacht. Am Ende erhielten die Kursteilnehmer ein Diplom mit dem Titel 'Offizieller Trainer für soziale Fertigkeiten'.

Die Zahl der positiven Wahlen nahm nach Abschluß des Trainings signifikant zu. Die Hälfte der Teilnehmer wurde nicht mehr abgelehnt. Dieser Befund hatte auch nach sechs Monaten Bestand.

So erfreulich dieses Ergebnis auch sein mag, so darf nicht übersehen werden, mit welch enormem Aufwand es erzielt wurde. Dieser Aufwand ist vermutlich dann erforderlich, wenn das Problem nur von seiner sozialen Seite aus angegangen wird. Eine Verbesserung auch der Leistungssituation der Schüler könnte, wie die Befunde von Winett und Roach (1973) zeigen, die Verhaltensprobleme lernschwieriger Kinder verringern und sie damit für ihre Mitschüler akzeptabler machen.

## 3.8   Familiäres Umfeld

Nach den Ausführungen in Kapitel 2.9 haben sich folgende Faktoren des familiären Umfeldes als beeinträchtigende Zusatzbedingungen für Lernschwierigkeiten herausgestellt: autoritärer Erziehungsstil, übergroße Strenge und fehlende Unterstützung der Mutter, geringes Engagement der Eltern für die schulischen Belange ihrer Kinder sowie häusliche Erziehungsprobleme.

Die *Hamburger Erziehungsverhaltensliste für Mütter HAMEL*, die (1979) von Baumgärtel veröffentlicht wurde, erlaubt die Erfassung der Dimensionen 'Unterstützung' und 'Strenge', die sich relativ zuverlässig erfassen lassen. Die innere Konsistenz der beiden Skalen liegt zwischen .80 und .92. Da das Verfahren das konkrete Verhalten der letzten vier Wochen erfragt, ist es nicht nur zur Erfassung des derzeitigen Status geeignet, sondern erlaubt auch den wiederholten Einsatz im Rahmen von Trainings– und Therapieprogrammen. Ob allerdings eine Veränderung des Ankreuzverhaltens in einem Fragebogen als Indiz für einen Therapieerfolg ausreichend ist, muß zumindest als fraglich bezeichnet werden. Erst wenn sich das mütterliche Verhalten auch in den Augen der betroffenen Kinder ändert, kann von einem gesicherten Therapieeffekt ausgegangen werden.

Das elterliche Erziehungsverhalten aus der Sicht der Kinder erfaßt das von Krohne und Pulsack (1990) herausgegebene *Erziehungsstilinventar ESI*. Es ist in zwei getrennten Versionen für Vater und Mutter erhältlich. Die ersten 60 Fragen verteilen sich auf die Erziehungsstilskalen 'Unterstützung', 'Einschränkung', 'Lob', 'Tadel' und 'Inkonsistenz'. In einem getrennten Teil wird die elterliche Strafintensität erhoben. Bei fünf vorgegebenen Erziehungsproblemen ist zwischen verschiedenen Strafintensitäten und der Alternative Nichtbestrafung zu wählen. Die innere Konsistenz der letzten Skalen liegt infolge der geringen Itemzahl nur zwischen .65 und .71, die der übrigen fünf Skalen zwischen .77 und .92. Normen für 8– bis 16jährige erlauben einen altersmäßig breit gestreuten Einsatz des Verfahrens.

Für das Merkmal eines Einsatzes der Eltern für die schulischen Belange eines Kindes gibt es ein leicht zu erhebendes Indiz: die Anwesenheit bei Elternabenden und der regelmäßige Besuch der Elternsprechstunden. Dabei handelt es sich jedoch um ein Oberflächenmerkmal, denn die regelmäßige Vorsprache in der Schule sichert noch nicht das noch wichtigere kontinuierliche Engagement bezüglich Hilfe und Kontrolle bei den Hausaufgaben. Nach den kausalanalytischen Untersuchungen von Fehrmann et al. (1987) hatte die Qualität der Hausaufgaben nach der intellektuellen Befähigung den zweitgrößten Einfluß auf den Schulerfolg. Die Qualität der Hausaufgaben wiederum wurde am stärksten durch das elterliche Engagement bestimmt. Dieses wurde mittels fünf Fragen erfaßt, die von den Schülern zu beantworten waren:

1. Meine Elten wissen immer, wo ich bin und was ich tue.
   (richtig/falsch)

2. Mein Vater beeinflußt sehr meine Pläne für die Zeit nach Abschluß der Schule.
   (richtig/falsch)

3. Meine Mutter beeinflußt sehr meine Pläne für die Zeit nach Abschluß der Schule.
   (richtig/falsch)

4. Meine Mutter wacht genau darüber, wie gut ich in der Schule bin.
   (richtig/falsch)

5. Mein Vater wacht genau darüber, wie gut ich in der Schule bin.
   (richtig/falsch)

Die fünfte Subvariable, häusliche Erziehungsprobleme, ist am besten durch direkte Gespräche mit den Eltern zu erfassen. Bei dieser Gelegenheit können auch weitere Probleme in Erfahrung gebracht werden, die sich auf das Lernverhalten störend auswirken können, wie die in Kapitel 2.8 angesprochenen Ehekonflikte, Scheidungsprobleme u.ä. Diese binden die Aufmerksamkeit der mitbetroffenen Kinder oft derart, daß ihre Aufmerksamkeit für Lernprobleme reduziert wird. Eine Einwirkungsmöglichkeit von schulischer Seite aus ist in der Regel sehr beschränkt. Hier können Lehrer lediglich anregen, die Hilfe einer Beratungsstelle in Anspruch zu nehmen. Statt der früher üblichen Erziehungsberatung, bei der die betroffenen Kinder durch therapeutische Maßnahmen an die schwierigen Bedingungen angepaßt werden sollten, damit sie keine Verhaltens– und Lernschwierigkeiten mehr zeigen, hat sich, wie bereits erwähnt, die Einsicht durchgesetzt, daß bei Lernschwierigkeiten und den sie verursachenden oder verstärkenden Erziehungsproblemen meist das ganze Familiensystem mitbetroffen ist und folglich mitdiagnostiziert und mitbehandelt werden muß.

Einen familiendiagnostischen Ansatz hat kürzlich Schneewind (1991) veröffentlicht. Er geht von einer triadischen interaktionalen Beziehung zwischen Vater, Mutter und Kind (Sohn/Tochter) aus, die jeweils aus der Sicht beider Interaktionspartner zu sehen ist. Abbildung 3.2 veranschaulicht das Interaktionsmodell.

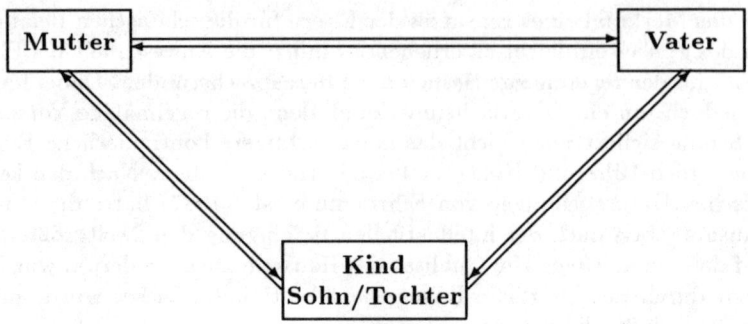

**Abb. 3.2:** Struktur der dyadischen Beziehungskonstellationen der Kernfamilie im Familiendiagnostischen Testsystem von Schneewind (1991)

Entsprechend diesem Strukturschema werden im *Familiendiagnostischen Testsystem FDTS* alle Aspekte aus der Sicht aller Familienmitglieder erfaßt. Einzelfragebögen gibt es für

- die *Erziehungseinstellungen* der Eltern aus der Sicht der Mutter, des Vaters, des Sohnes, der Tochter
- die *Erziehungsziele* der Eltern aus der Sicht der Mutter, des Vaters, des Sohnes, der Tochter,
- die *Erziehungspraktiken* der Eltern aus der Sicht der Mutter, des Vaters, des Sohnes, der Tochter
- das *Familienklima* aus der Sicht der Mutter, des Vaters, des Kindes
- die *Ehepartnerbeziehungen* aus der Sicht der Mutter und des Vaters

Das noch nicht formell veröffentlichte Testsystem soll sich nach Schneewind (1991) nicht nur zur Eingangsdiagnostik bei familiären Konflikten eignen, sondern auch zur Verlaufskontrolle einsetzen lassen. Weitere familiendiagnostische Verfahren werden bei Cierpka (1988) beschrieben.

## 3.9 Medien

Um den konkreten Einfluß von Medien bei einem Schüler zu ermitteln, bedarf es lediglich der Befragung von Schülern und Eltern. Aussagekraft über den relativen Anteil des Medieneinflusses erhalten deren Mitteilungen jedoch erst, wenn Vergleichsdaten der übrigen Klassenmitglieder vorliegen. Ein einfacher Fragebogen wie der folgende, der sich an die Erhebungen von Glogauer (1993) anlehnt, könnte systematisch Auskunft geben.

## Medienfragebogen

Welche Geräte habt ihr zu Hause?

| | |
|---|---|
| Radio | ja/nein |
| Cassettenrecorder | ja/nein |
| Radiorecorder | ja/nein |
| Fernseher | ja/nein |
| Videorecorder | ja/nein |
| Personalcomputer | ja/nein |
| Kindercomputer | ja/nein |
| Walkman | ja/nein |
| Gameboy | ja/nein |

Welche Geräte darfst du benutzen ohne zu fragen?

| | |
|---|---|
| Radio | ja/nein |
| Cassettenrecorder | ja/nein |
| Radiorecorder | ja/nein |
| Fernseher | ja/nein |
| Videorecorder | ja/nein |
| Personalcomputer | ja/nein |
| Kindercomputer | ja/nein |
| Walkman | ja/nein |
| Gameboy | ja/nein |

Wieviel Zeit verbringst du wöchentlich mit den Geräten?

| | |
|---|---|
| Radio | .....Stunden |
| Cassettenrecorder | .....Stunden |
| Radiorecorder | .....Stunden |
| Fernseher | .....Stunden |
| Videorecorder | .....Stunden |
| Personalcomputer | .....Stunden |
| Kindercomputer | .....Stunden |
| Walkman | .....Stunden |
| Gameboy | .....Stunden |

Mit wem zusammen benutzt du die Geräte?

| | |
|---|---|
| allein | ja/nein |
| mit Geschwistern | ja/nein |
| mit Freunden | ja/nein |
| mit Eltern | ja/nein |

Welche Fernsehsendungen siehst du am liebsten?

1. ...................................................................................

2. ...................................................................................

3. ...................................................................................

4. ...................................................................................

5. ...................................................................................

Welche Fernsehsendungen magst du am wenigsten?

1. ...............................................................................
2. ...............................................................................
3. ...............................................................................
4. ...............................................................................
5. ...............................................................................

Welche Computerspiele kennst du?

1. ...............................................................................
2. ...............................................................................
3. ...............................................................................
4. ...............................................................................
5. ...............................................................................

Welche Videospiele kennst du?

1. ...............................................................................
2. ...............................................................................
3. ...............................................................................
4. ...............................................................................
5. ...............................................................................

Welche Videofilme kennst du?

1. ...............................................................................
2. ...............................................................................
3. ...............................................................................
4. ...............................................................................
5. ...............................................................................

Eine Veränderung des Medienverhaltens setzt, wie die bereits zitierte Untersuchung von Fehrmann et al. (1987) gezeigt hat, die Bereitschaft der Eltern zur Mitwirkung voraus, die auf Auswahl und Benutzungsdauer Einfluß nehmen müßten. Vor allem sollten sie mit ihren Kinder auch über Fernsehsendungen und Videofilme diskutieren, um unkritischem Konsum vorzubeugen. Ein bloßes Verbot dürfte dann wenig wirksam sein, wenn die Kinder noch nicht über die erforderliche Leseflüssigkeit verfügen, die es ihnen erst erlaubt, Lesestoff als nahezu gleich leicht zu nutzende Alternative zum Medienangebot zu erleben.

## 3.10 Eine sequentielle Strategie

Das Modell von Haertel et al. (1983) versucht, die am Zustandekommen von Lernschwierigkeiten beteiligten Bedingungen zu bündeln. Es wirkt damit der allzu naiven Auffassung entgegen, Lernprobleme ließen sich auf eine einzige Ursache zurückführen. Aber auch bei Zugrundelegung eines integrativen Modells muß in der Praxis mit der Diagnose an einer Stelle begonnen werden. Durch die Reihenfolge der Darstellung wird der Schluß nahegelegt, eine diagnostische Sequenz müsse ebenfalls mit der Prüfung der verbalen Intelligenzleistungen beginnen. Nach den Befunden zur Bedeutung der Vorkenntnisse, die sich als der mächtigste Prädiktor des Schulerfolgs herausgestellt haben, ist es jedoch viel wahrscheinlicher, daß bei einem konkreten Fall von Lernschwierigkeiten Vorkenntnisdefizite bestehen. Eine sequentielle Strategie sollte daher mit einer Diagnose auf der Vorkenntnisebene beginnen. Abbildung 3.3 veranschaulicht diesen ersten Schritt der vorgeschlagenen diagnostischen und remedialen Strategie.

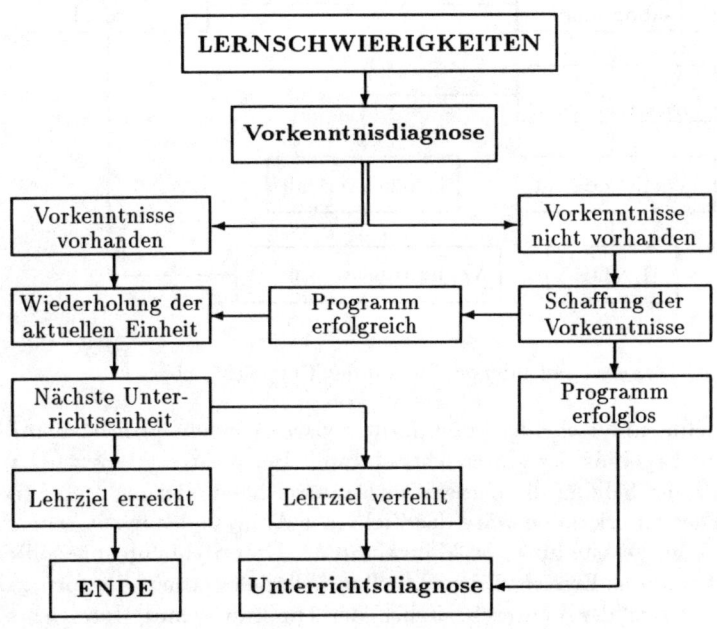

**Abb. 3.3:** Diagnose und Intervention auf der Vorkenntnisebene

Vorkenntnisdiagnosen sind die Domäne des Fachlehrers, der am besten die Vorkenntnishierarchien kennt oder zumindest kennen sollte. Im günstigsten Fall sind die Vorkenntnisse ausreichend, der aktuelle Stoff wird aber nicht beherrscht. Eine Wiederholung der aktuellen Unterrichtseinheit mit den in Kapitel 3.2 genannten pädagogischen Hilfen sollte ausreichen, um die Basis für die nächste Unterrichtseinheit zu schaffen. Wird das folgende Lehrziel erreicht, kann die remediale Schleife erfolgreich abgeschlossen werden; bei den beobachteten Lernschwierigkeiten handelte es sich offenbar um ein vorübergehendes Ereignis. Verfehlt der betreffende Schüler das Lehrziel der nächsten Einheit wieder, sollte sich der Lehrer fragen, was er in seinem Unterricht falsch macht. Eine Unterrichtsdiagnose wäre dringend geboten. Wurden bei der Diagnose der Vorerfahrungen jedoch Defizite aufgedeckt, müssen diese aufgearbeitet werden und der Erfolg geprüft werden. Bei positivem Ausgang könnte die aktuelle Unterrichtseinheit wiederholt und das nächste Lehrziel in Angriff genommen werden. War das remediale Programm dagegen erfolglos, sollte wiederum zunächst an eine Unterrichtsdiagnose gedacht werden. Diese Sequenz zeigt Abbildung 3.4.

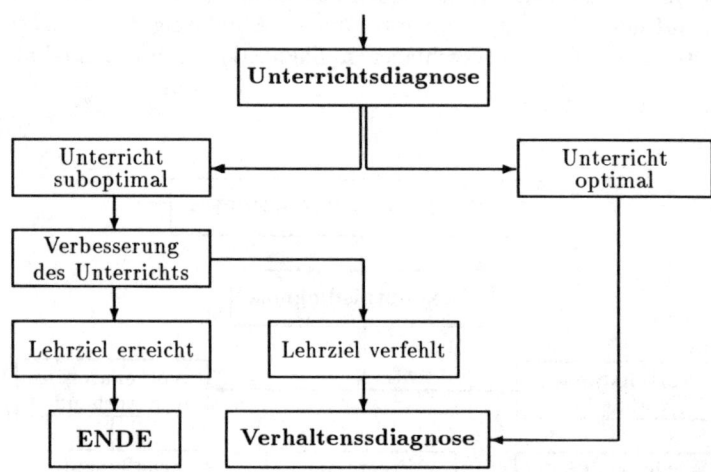

**Abb. 3.4:** Diagnose und Intervention auf der Unterrichtssebene

Das Schema unterscheidet vereinfacht zwischen einem positiven und einem negativen Ergebnis der Unterrichtsanalyse. Bei positivem Ausgang wäre zu fragen, ob der Schüler die Lernzeit nicht ausreichend oder nicht effektiv genug nutzt. Dies zu erkunden wäre das Ziel einer Analyse des motivierten Verhaltens. Bei der Feststellung von Mängeln in der Unterrichtsführung sollten diese beseitigt und das Erreichen des aktuellen Lehrzieles erneut überprüft werden. Erst wenn sich der Lehrer bezüglich der Qualität seines Unterrichts nichts vorzuwerfen hätte, wäre der nächste Schritt die bereits erwähnte Verhaltensdiagnose. Ihre mögliche Sequenz veranschaulicht Abbildung 3.5.

Ob ein Schüler die ihm zugestandene Lernzeit ausnutzt, läßt sich durch Beobachtung leicht feststellen. Durch eine Registrierung von aufgabenbezogenem und aufgabenirrelevantem Verhalten mit Hilfe von Strichlisten, in die z.B. alle 10 sec ein Eintrag vorgenommen wird, läßt sich das Ausmaß aufgabenbezogenen Verhaltens auch systematisch erfassen. Hierzu bedarf es allerdings eines geschulten Beobachters. Ursache für einen Mangel an Arbeitsverhalten ist vielfach fehlende Lernmotivation. Wie sie zu steigern ist, wurde bereits in Kapitel 3.3 ausgeführt. Fällt die Kosten–Nutzen–Bilanz eines Schülers ungünstig aus, kann versucht werden, durch gezielte Vergabe von Verstärkern wie Lob, Zuwendung oder soziale Anerkennung den Nutzen von aufgabenbezogenem Verhalten zu erhöhen. Die systematische kontingente Verstärkung erwünschten Verhaltens macht sich die Verhaltensmodifikation zunutze. Sie führt, wie bereits erwähnt, zu einer Erhöhung der Auftretenswahrscheinlichkeit erwünschten Verhaltens und zu einer Verringerung unerwünschten Verhaltens.

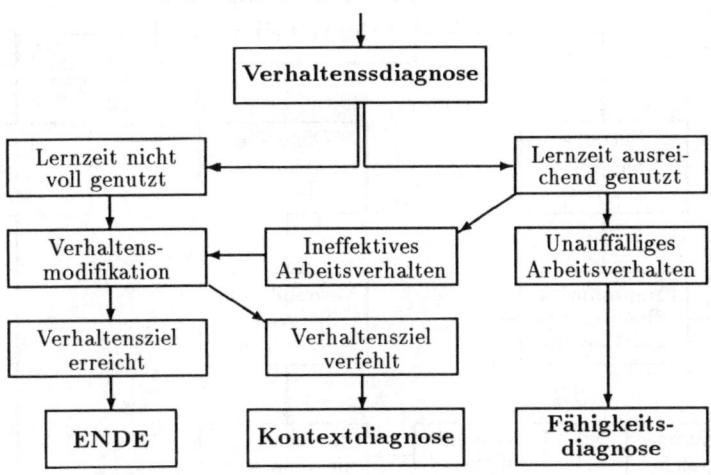

**Abb. 3.5:** Diagnose und Intervention auf der Verhaltensebene

Wird die zur Verfügung gestellte Lernzeit scheinbar hinreichend genutzt, ohne daß sich der erhoffte Lernerfolg einstellt, kann das auch an ineffektivem Arbeits- und Lernverhalten liegen. Um das zu diagnostizieren, muß das Arbeitsverhalten eines Schülers genauer beobachtet werden. Während häufige Unterbrechungen und umständliches Verhalten noch beobachtbar sind, bleiben gedankliche Umwege dem Beobachter verborgen. Sie offenbaren sich aber, wenn der Schüler aufgefordert wird, bei seinen Arbeiten laut zu denken. Dabei entdeckte strategische und taktische Unzulänglichkeiten sind durch effektivere Strategien zu ersetzen, die jedoch eingeübt werden müssen, um in das Verhaltensrepertoire des Schülers überzugehen. Verhaltensmodifikatorische Techniken können diesen Übungsprozeß erleichtern.

Versagen Versuche, das Arbeitsverhalten eines Schülers trotz gezielter Verstärkungen zu verbessern, kann dies auch am Fehlen erwünschter positiver Konsequenzen des Zielverhaltens oder an nicht zureichendem Anreizwert der applizierten Verstärker liegen. Die besten Verstärker nutzen nichts, wenn Probleme des schulischen oder familären Umfeldes oder Gedanken an interessante

Fernsehsendungen, Video– oder Computerspiele die Gedanken eines Schülers gefangen nehmen. Hier ist eine Diagnose der Kontextfaktoren angezeigt.

Hat die Beobachtung des Schülers gezeigt, daß an Quantität und Qualität des Arbeitsverhaltens an sich nichts auszusetzen ist und daß der Schüler lediglich immer länger als seine Mitschüler braucht, um seine Arbeiten fertigzustellen, besteht der Verdacht, daß der Schüler trotz allen Bemühens den Anforderungen nicht gewachsen ist. Eine Fähigkeitsdiagnose soll diesen Verdacht abklären helfen. Ihren möglichen Ablauf demonstriert Abbildung 3.6.

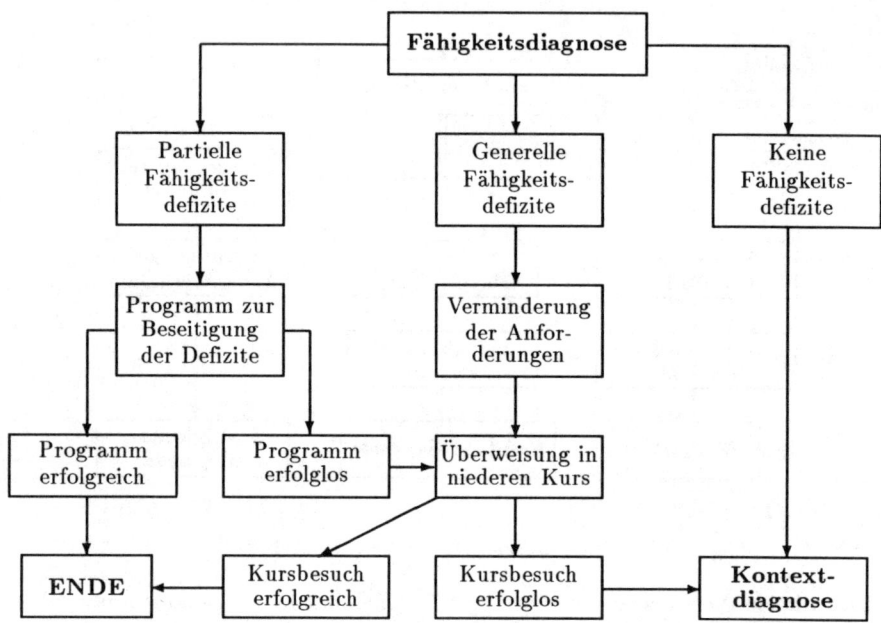

**Abb. 3.6:** Diagnose und Intervention auf der Fähigkeitsebene

Drei mögliche Ausgänge einer Fähigkeitsdiagnose sind hier skizziert. Danach ist es denkbar, daß keine gravierenden Fähigkeitsmängel diagnostiziert werden, die für das verlangsamte Arbeitstempo verantwortlich zu machen sind. Da Irritationen aus dem Bereich des sozialen oder familiären Umfeldes hierbei möglicherweise eine Rolle spielen können, sollte dieser Kontext genauer untersucht werden.

Werden dagegen partielle Defizite entdeckt, die etwa grundlegende Fähigkeiten für das Lesen, Rechtschreiben oder Rechnen betreffen, sind diese genauer zu analysieren und entsprechende remediale Programme einzusetzen. Sind Fähigkeitsdefizite kurz– oder mittelfristig nicht zu beheben, könnte eine Verringerung der Anforderungen durch Überweisung in einen niedrigeren Leistungskurs Erleichterung verschaffen.

Eine Verminderung des Anforderungsniveaus ist in der Regel auch bei generellen Fähigkeitsmängeln angezeigt, da die Zeit für umfassende remediale Programme dann nicht ausreicht. Dies kann durch Überweisung in einen Kurs mit geringeren Anforderungen, durch eine Klassenwiederholung oder durch Überweisung in eine Schulart mit geringeren Anforderungen geschehen.

Eine Klassenwiederholung ist, wie in Kapitel 1 demonstriert wurde, auch heute noch ein häufig angewendetes Mittel zur Verringerung des Anforderungsniveaus. Sie ist jedoch nur dann eine taugliche pädagogische Maßnahme, wenn sie nicht zu spät erfolgt, d.h., wenn die Vorkenntnismängel sich nur auf das Schuljahr erstrecken, das wiederholt werden soll. Das ist am ehesten der Fall, wenn etwa durch Umzug oder Krankheit größere Kenntnislücken in einem begrenzten Zeitraum entstanden sind. In diesem Fall stößt diese Maßnahme noch am ehesten auf Verständnis.

Liegen der leistungsmäßigen Überforderung des Schülers allerdings länger zurückreichende Ausfälle zugrunde, so ist deren Aufarbeitung durch eine Klassenwiederholung nur dann zu erzielen, wenn die anforderungsmäßige Erleichterung hierfür systematisch genutzt wird. Andernfalls ist eine Klassenwiederholung nur von begrenztem Wert.

Ist eine Überforderung durch Klassenwiederholung allein nicht zu reduzieren, ist gelegentlich ein Wechsel in eine Schulart mit minderen Anforderungen nicht zu umgehen. Ein Wechsel vom Gymnasium zur Realschule oder von dieser auf die Hauptschule ist zwar die schmerzliche Konsequenz eines Versagens; die von ihren Auswirkungen her gravierendste Umschulung jedoch ist, wie bereits in Kapitel 1 angesprochen, die von der Regelschule in eine Sonderschule. Wegen der damit verbundenen Konsequenzen sollte sie deshalb die große Ausnahme bleiben, die nur dann ins Auge zu fassen ist, wenn der Schüler trotz allen Bemühens auch von seiten der Lehrer und der Schule in der Regelschule nicht hinreichend gefördert werden kann und sich deshalb in dieser Überforderungssituation nicht wohlfühlt. Um aber eine vorschnelle und damit überflüssige Sonderschuleinweisung zu vermeiden, empfiehlt sich eine diagnostische Strategie von Kornmann (1979), die eine Selektion nur dann zuläßt, wenn ein generelles Schulversagen vorliegt, das kurzfristig nicht zu beheben ist. Abbildung 3.7 zeigt das diagnostische Schema.

Die Strategie beginnt zunächst mit einer Überprüfung der Frage, ob überhaupt generelle Schulleistungsrückstände erheblichen Ausmaßes bestehen. Ist dies nicht der Fall, wäre zu untersuchen, weshalb der betreffende Schüler überhaupt zur Überprüfung der Sonderschulbedürftigkeit angemeldet wurde. Mögliche Ursachen könnten in einem zu hohen durchschnittlichen Leistungsniveau der Klasse oder in Fehlbeurteilungen des Klassenlehrers begründet liegen. Im letzten Fall könnte das Lehrer–Schülerverhältnis gestört sein. Wenn dies der Fall ist, werden zunächst Hypothesen über das Zustandekommen von Lernschwierigkeiten geprüft, die Lernprobleme als Folge behebbarer Ursachen annehmen. Behebbar können Sinnesstörungen wie Seh- oder Hörprobleme, Schulversäumnisse, Folgen plötzlicher Veränderungen der Lebens- und Lernbedingungen oder Diskrepanzen zwischen schulischer und häuslicher Erziehung sein. Wenn diese Vermutungen nicht zutreffen oder Veränderungsbemühungen erfolglos bleiben, wird untersucht, auf welche nicht behebbaren Ursachen die Lernschwierigkeiten zurückgehen. Bei Hirnschäden oder extremen sozioökonomischen und soziokulturellen Benachteiligungen hält Kornmann die Diagnose *Lernbehinderung* für angebracht. Liegt dagegen eine andere Behinderung wie etwa eine starke Seh– oder Hörschwäche vor, ist eine Überweisung in eine spezielle Sonderschulform erforderlich. Bei Persönlichkeitsstörungen, die zu allgemeinen Lernschwierigkeiten geführt haben, besteht ebenfalls keine Sonderschulbedürftigkeit. Hier ist statt dessen eine Therapie angebracht.

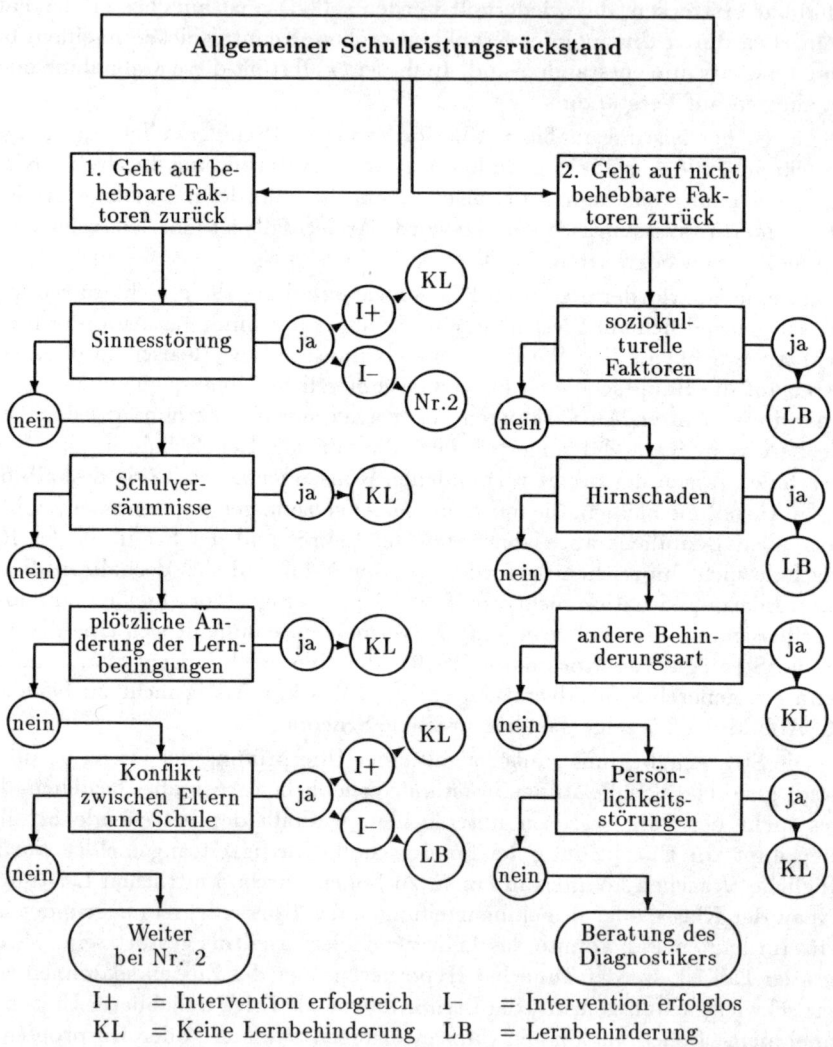

I+ = Intervention erfolgreich  I– = Intervention erfolglos
KL = Keine Lernbehinderung  LB = Lernbehinderung

**Abb. 3.7:** Diagnostische Strategie zur Abwendung einer vorschnellen Sonderschuleinweisung bei generellen Schulleistungsschwierigkeiten (nach Kornmann, 1979)

## Wiederholungsfragen

1. Wie läßt sich Instruktionsverständnis erfassen und beeinflussen?
2. Wie können Vorkenntnisdefizite ermittelt und beseitigt werden?
3. Wie läßt sich die Lernmotivation von Schülern erfassen und fördern?
4. Wie ist zu geringe Lernzeit zu diagnostizieren und zu korrigieren?
5. Wie läßt sich die Unterrichtsqualität einschätzen und verbessern?
6. Wie kann das Klassenklima untersucht und beeinflußt werden?
7. Wie lassen sich die sozialen Beziehungen der Schüler ermitteln und verbessern?
8. Wie sind familiäre Störpotentiale auszumachen und zu beeinflussen?
9. Wie ist der Einfluß von Medien zu ermitteln und wie zu steuern?
10. Welche Ursachen sind bei Lernschwierigkeiten vorrangig zu diagnostizieren?

## Antworten

1. Instruktionsverständnis kann mit Hilfe sprachlicher Intelligenztests und Wortschatztests geprüft werden. Sprachverständnis- und Verstehenstests erlauben eine Differenzierung nach Subfähigkeiten. Lehrstoffspezifische informelle Wortschatztests ermöglichen die Ermittlung unterrichtsrelevanter Wissensdefizite.

   Zur Behandlung empfiehlt sich ein Ansatz bei konkreten Wortschatzdefiziten. Schwer zu merkende abstrakte Begriffe lassen sich mit Hilfe der 'Schlüsselwortmethode', einer mnemotechnischen Einprägungsstrategie, sichern, bei der leicht zu merkende Ankerwörter mit dem abstrakten Begriff assoziiert werden. Die Methode des 'reziproken Lehrens' setzt auf der Textebene an. Bei ihr übernehmen die Schüler einer Lerngruppe abwechselnd die Rolle des Diskussionsleiters bei der Aufgabe, den Sinn schwieriger Texte zu erarbeiten.

2. Vorkenntnisdefizite lassen sich mit Hilfe lehrzielorientierter Tests ermitteln. Für zahlreiche moderne Unterrichtswerke sind informelle Lehrzielkontrollen erhältlich. Liegen Vorkenntnislücken weiter zurück, kann durch wiederholte Stellung der Frage, welche Vorkenntnisse zur Lösung eines bestimmten Problems erforderlich sind, eine Hierarchie der Wissensdefizite erstellt werden.

   Eine Behandlung hätte auf der Vorkenntnisebene ohne Ausfälle anzusetzen und sich dann der jeweils höheren Kenntnisebene zuzuwenden. Aufgabe des Lehrers wäre es, früher erlernte relevante Begriffe zu reaktivieren, deren Einsatz anzuregen, die Aufmerksamkeit auf wichtige Aufgabenmerkmale zu lenken, Ergebnisrückmeldungen zu geben und die Motivation zu stärken.

3. Ausprägungsgrad und -richtung des Leistungsmotivs lassen sich mit Hilfe von Leistungsmotivationstests überprüfen. Spezifischere Informationen liefern Befragungen zum subjektiv erlebten Schwierigkeitsgrad von Unterrichtsstoffen und zu antizipierten Ergebnisfolgen.

   Versuche zur Verbesserung der Lernmotivation müßten den Schwierigkeitsgrad von Aufgaben dem Leistungsvermögen des einzelnen Schülers anpassen, für eine Palette positiver Ergebnisfolgen sorgen, deren ididuellen Verstärkerwert berücksichtigen und gegebenenfalls eine Umstrukturierung der Ursachenerklärungen des Schülers in der Richtung veranlassen, daß er seine Mißerfolge mehr als Folge mangelnder eigener Anstrengung und nicht fehlender Begabung ansieht. Erfolge sollte er eigener Anstrengung und nicht geringer Aufgabenschwierigkeit oder Zufallsfaktoren zuschreiben lernen.

4. Durch Selbstbeobachtung kann ein Lehrer ermitteln, wie groß die Zahl der Schüler ist, die mit ihren Aufgaben nicht rechtzeitig fertig werden. Handelt es sich um eine größere Gruppe, ist das Lerntempo offensichtlich zu hoch und muß reduziert werden. Können nur einzelne Schüler dem Unterrichtstempo nicht folgen, ist durch zusätzlichen adaptiven Unterricht sicherzustellen, daß entstandene Vorkenntnislücken rechtzeitig wieder geschlossen werden.

5. Durch Fragebogen können Unterrichtsstil, Selbstverantwortlichkeit des Lehrers, seine Unterrichtssprache sowie seine Unterrichtsführung eingeschätzt werden. Tonbandaufzeichnungen ermöglichen eine Unterrichtsanalyse sowohl durch den Lehrer selbst als auch durch beratende Kollegen.

Eine Bedingung zur Verbesserung der Unterrichtsqualität ist eine gute Unterrichtsvorbereitung, eine weitere die Einsicht, daß Lernschwierigkeiten in nicht unerheblichem Maße auch lehrerbedingt sein können. Beratungen durch Kollegen und Fachkräfte können hilfreich sein. Ein direkter, strukturierter Unterricht kommt den Bedürfnissen lernschwieriger Schüler ebenso entgegen wie eine stärkere Berücksichtigung individueller Bezugsnormen bei der Leistungsbeurteilung.

6. Fragebogen ermöglichen die Einschätzung des Sozialklimas und die Erfassung der Einstellung von Schülern zu Kooperation und Wettbewerb.

Eine vielfach bewährte Methode zur Verbesserung des Klassenklimas ist der verstärkte Einsatz kooperativer Interaktions– und Arbeitsmethoden.

7. Das Mittel der Wahl ist das Soziogramm. Es ermöglicht, sozial isolierte oder gar abgelehnte Schüler ebenso zu ermitteln wie die Bildung von Gruppen und Cliquen.

Die sozialen Beziehungen der Schüler untereinander können durch Gruppendiskussionen zu diesem Thema ebenso beeinflußt werden wie durch die Förderung der Kommunikation zwischen abgelehnten oder isolierten Schülern einerseits und ranghohen Schülern andererseits. Ganz allgemein kann eine Abkehr von einem betonten Wettbewerbsklima und die Betonung kooperativer Lernformen die sozialen Beziehungen positiv beeinflussen.

8. Der elterliche Erziehungsstil und das elterliche Engagement für Belange der Schule können mit Hilfe von Fragebogen erfaßt werden, spezielle familiäre Probleme und Konflikte sind im Gespräch zu ermitteln.

Die Behandlung der Wahl bei familiären Problemen ist die Therapie der ganzen Familie, da die Familie ein dynamisches System darstellt, in dem das Verhalten eines Mitgliedes das der anderen Familienmitglieder beeinflußt.

9. Befragungen der ganzen Klasse zu Medienfragen können Informationen zum Medienkonsum erbringen. Veränderungen des Verhaltens setzen Konsultationen der Eltern voraus, da deren Verhalten häufig Vorbild für das Verhalten ihrer Kinder ist.

10. Vorkenntnisdefizite erklären den größten Teil von Lernschwierigkeiten. Ihre Diagnostik hat daher in einer sequentiellen Strategie Vorrang.

# Kapitel 4

# Spezielle Lernprobleme

Die bisherigen Ausführungen behandelten Lernschwierigkeiten unterschiedlicher Art als eine homogene Klasse. Selbst wenn dabei eine Reihe übereinstimmender Befunde zutage trat, kann nicht davon ausgegangen werden, daß die verschiedensten Formen von Lernschwierigkeiten auf die gleichen Ursachen zurückgehen. In diesem Kapitel soll daher der Versuch unternommen werden, Probleme beim Lesen, Rechtschreiben und Rechnen gesondert abzuhandeln.

## 4.1 Lese–Rechtschreibschwierigkeiten

### 4.1.1 Probleme der Definition

Geht man davon aus, daß Fähigkeiten und Fertigkeiten in der Bevölkerung normalverteilt sind, so muß es neben überdurchschnittlichen Leistungen auf der einen Seite auch unterdurchschnittliche auf der anderen Seite der Normalverteilung geben. Definiert man den unterdurchschnittlichen Bereich als jenen Abschnitt unter der Normalverteilungskurve, der eine Standardabweichung und mehr unterhalb des Mittelwertes angesiedelt ist, so sind bei 16% der Bevölkerung Lese– und Rechtschreibprobleme zu erwarten. Sie sind damit in dieser Häufigkeit ebenso erwartungsgemäß wie Schwierigkeiten beim Singen, Zeichnen oder Turnen.

Besondere Bedeutung erhalten Lese–Rechtschreibschwierigkeiten (LRS) allerdings durch die Tatsache, daß Lesen und Schreiben neben der gesprochenen Sprache die Hauptinformationskanäle des Schulunterrichts sowie des täglichen Lebens sind. Probleme in diesem Bereich haben damit einen weit negativeren Einfluß auf das Fortkommen eines Kindes in Schule und Gesellschaft als Schwierigkeiten beim Singen, Zeichnen oder Turnen. Dies mag ein Grund dafür sein, daß Lese–Rechtschreibprobleme in Schule und Gesellschaft einen so hohen Stellenwert haben.

Die Beobachtung, daß LRS nicht nur bei intellektuell Retardierten, sondern auch bei Kindern mit durchschnittlichen oder sogar überdurchschnittlichen Intelligenzleistungen auftreten können, führte zu der Annahme einer besonderen Klasse von Schwierigkeiten. Für sie wurde der Begriff *Legasthenie* geprägt.

Nach Maria Linder (1962, S. 13) versteht man unter Legasthenie

„... eine spezielle, aus dem Rahmen der übrigen Leistungen fallende Schwäche im Erlernen des Lesens (und indirekt auch des selbständigen fehlerfreien Schreibens) bei sonst intakter – oder im Verhältnis zur Lesefertigkeit – relativ guter Intelligenz".

Diese Definition wurde für mehr als ein Jahrzehnt die Grundlage für Diagnose und Behandlung der LRS im deutschen Sprachraum. Unausgesprochen stand dahinter die Annahme, daß eine isolierte LRS bei mindestens durchschnittlicher Intelligenz leichter zu behandeln sei als eine LRS in Verbindung mit intellektueller Retardierung. Besondere Behandlungsmaßnahmen wurden daher nur für die Gruppe der Legastheniker gefordert und von Elternverbänden auch teilweise durchgesetzt. Stellte die einseitige Bevorzugung einer Sondergruppe schon einen Verstoß gegen den Grundsatz der Gleichbehandlung dar, so zeigte sich in einer Großuntersuchung, daß sog. Legastheniker sogar eine schlechtere Schulerfolgsprognose haben als Kinder, deren Lese–Rechtschreibleistungen ihrer unterdurchschnittlichen Intelligenz entsprechen. Nach Kontrolle der Intelligenzunterschiede zwischen den beiden Gruppen erwiesen sich Kinder mit generellen Lernschwierigkeiten nach vier Jahren hinsichtlich Lesegenauigkeit, Leseverständnis und Rechtschreibleistung den Legasthenikern als überlegen (Yule, 1973).

Danach ist eine Sonderbehandlung von Legasthenikern eine fragwürdige Prozedur. Als noch problematischer wird die diagnostische Erfassung dieser Sondergruppe beurteilt. Die Forderung nach einer Diskrepanz zwischen Intelligenz– und Lese–Rechtschreibleistung macht die Legastheniediagnose zu einem meßtechnischen Problem. Auf diese Problematik hat Schlee (1976) nachdrücklich hingewiesen. Da verschiedene Intelligenztests unterschiedlich eng mit Lese– und/oder Rechtschreibleistungen korrelieren, können je nach verwendetem Intelligenztest und gewählter Kriteriumsleistung nämlich ganz unterschiedliche Schüler zu Legasthenikern erklärt werden. Der Begriff Legasthenie umfaßt somit keine eindeutig definierte Klasse, sondern stellt ein psychometrisches Kunstprodukt ohne klare Konturen dar, dessen praktische Brauchbarkeit durch die oben referierten Befunde von Yule (1973) obendrein erheblich in Frage gestellt wird. Im deutschen Sprachraum wird aus diesem Grund weitgehend auf eine Koppelung der LRS an Intelligenzmaße verzichtet. In Anlehnung an die Diskussion in Kapitel 1.3 definieren wir deshalb:

> Bei LRS handelt es sich um partielle Lernprobleme, die sich in unterdurchschnittlichen Leistungen im Lesen und/oder Rechtschreiben äußern.

Um dem Vorwurf zu entgehen, bei der Analyse von LRS den gleichen Fehler zu begehen wie bei der undifferenzierten Abhandlung von generellen Lernschwierigkeiten, soll bei der folgenden Diskussion entgegen der im deutschen Sprachraum gängigen Übung zwischen den Kriterien Lesen und Rechtschreiben differenziert werden.

## 4.1.2  Mögliche Ursachen von Leseproblemen

Die Suche nach möglichen Ursachen von Leseschwierigkeiten erbrachte trotz einer Fülle von Hypothesen und empirischen Untersuchungen nur ein relativ mageres Ergebnis. Angermaier (1970) hat sie in einer umfangreichen Literaturanalyse zusammengetragen. Hier die Hauptergebnisse in Kürze.

- LRS–Kinder machen nicht besondere, sondern einfach mehr Fehler.
- Hirnorganische Defekte sind nur bei wenigen LRS–Kindern auszumachen.
- Zwischen LRS und Linkshändigkeit besteht kein gesicherter Zusammenhang.
- Jungen finden sich häufiger unter LRS–Kindern als Mädchen.
- Visuelle Wahrnehmungsstörungen wirken sich nur bei Lesebeginn aus.
- LRS–Kinder haben häufig einen sprachlichen Entwicklungsrückstand.
- Leselehrmethoden haben nur in den Anfangsklassen Einfluß.

Die geringe Fruchtbarkeit der empirischen LRS–Forschung veranlaßte Schlee (1976), statt einer Suche nach weiteren LRS–Korrelaten eine genauere Beschäftigung mit den beeinträchtigten Lese– und Rechtschreibprozessen selbst zu fordern. Seit Ende der 70er Jahre erbrachte dieser Ansatz eine Reihe differenzierter Befunde. Hauptansatzpunkt waren Untersuchungen zum Wortlesen, das als die wichtigste Teilleistung der elementaren Lesefertigkeit gilt. Hierin wurden die größten Differenzen zwischen guten und schlechten Lesern erwartet und in zahlreichen Arbeiten auch gefunden. Derartige Unterschiede sind an sich trivial und hätten keiner weiteren empirischen Bestätigung bedurft. Interessanter sind die Auswirkungen moderierender Bedingungen, die in die Leseexperimente eingeführt wurden.

So ermittelten Perfetti et al. (1979), daß schlechte Leser der 5. Klasse (Leseprozentrang < 25) Einzelwörter signifikant langsamer lesen konnten als ihre gut lesenden Kontrollpartner (Prozentrang > 77). Die Reaktionszeiten schlechter Leser erhöhten sich stärker als die guter Leser, wenn die Wortlängen zu– und die Auftretenswahrscheinlichkeit der Wörter abnahmen. Die Reaktionszeiten guter Leser stiegen dagegen nur geringfügig an.

Um die Wortfrequenz weiter zu reduzieren, werden häufig sog. Pseudowörter benutzt. Diese Kunstwörter sind nach orthographischen Regeln aufgebaut, kommen aber in der jeweiligen Sprache nicht vor. Sie können zwar ausgesprochen werden, sind aber sinnfrei und damit nicht im Bedeutungslexikon des Lesers enthalten. Sie sind deshalb nicht wiedererkennend zu lesen, sondern müssen unter Anwendung von Graphem–Phonem–Regeln rekodierend erlesen werden.

Snowling (1981) untersuchte mit Hilfe einer Liste von Pseudowörtern 8–10jährige durchschnittliche Leser und verglich ihre Leistung mit der gleich intelligenter schwacher Leser vergleichbaren Lesealters, die aber deutlich älter waren. Trotz Kontrolle von Intelligenz und Lesealter machten schwache Leser bei der Pseudowortrekodierung hochsignifikant mehr Fehler als ihre durchschnittlich lesenden Vergleichspartner. Die Leseleistungen schwacher Leser wurden durch Konsonantenhäufungen stärker beeinträchtigt als die der Kontrollgruppe. Adams et al. (1980) fanden bei Schülern der 2.–4. Klasse eine Korrelation von .82 zwischen der Lesegeschwindigkeit von Pseudowörtern und der Lesetestleistung.

Die in dieser hohen Korrelation sich ausdrückende Bedeutung der phonologischen Rekodierung für das Lesen unterstreicht auch eine Pfadanalyse von Lomax (1982), nach der die phonologische Rekodierung einen starken kausalen Einfluß auf die Worterkennungsleistung hat. Diese wiederum übt einen starken kausalen Effekt auf das Leseverständnis aus. Einen ähnlichen kausalen Einfluß stellten Jorm et al. (1984) in einer Längsschnittanalyse fest. Die im Kindergarten ermittelte Pseudowortlesefertigkeit erlaubte, die Wort- und Pseudowortleseleistung im 1. und 2. Schuljahr vorherzusagen, nicht aber das Wortverständnis.

Damit scheint die in der Pseudowortlesefertigkeit zum Ausdruck kommende Fähigkeit, Graphem–Phonem–Regeln zum Lesen unbekannten Wortmaterials zu nutzen, eine wichtige Teilfunktion der Lesefertigkeit zu sein, die eine notwendige, wenn auch nicht hinreichende Bedingung des Leseverständnisses darstellt. So überzeugend diese Befunde auch erscheinen mögen, so wenig sicher ist, ob die im anglo–amerikanischen Sprachraum gewonnenen Erkenntnisse auf den deutschsprachigen Raum übertragbar sind. Rott und Zielinski (1985) haben deshalb eine entsprechende Untersuchung an deutschen Kindern durchgeführt.

120 Grundschüler, je 20 gute (Prozentrang > 90) und schwache Leser (Prozentrang < 15 > 5) der Klassen 2–4, hatten auf einem Computerbildschirm dargebotene vierbuchstabige Pseudowörter sowie Einzelbuchstaben, Di- und Trigrammsilben so schnell wie möglich zu lesen. Reaktionszeit und Richtigkeit wurden festgehalten. Abbildung 4.1 demonstriert die Ergebnisse.

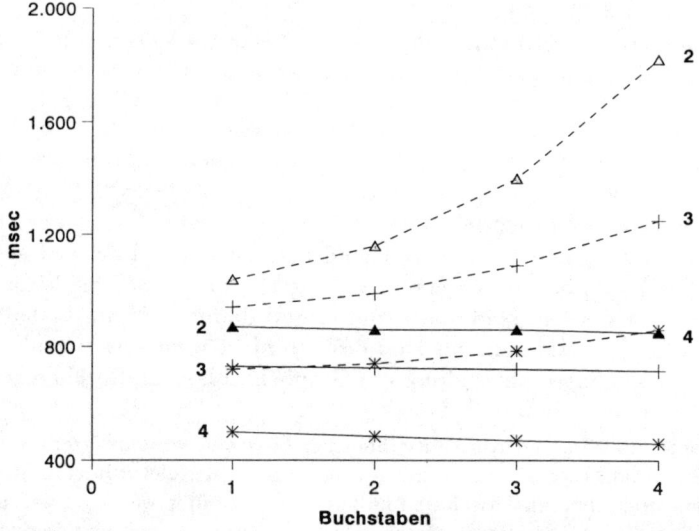

**Abb. 4.1:** Reaktionszeiten (msec) guter (—) und schwacher (- - -) Leser der 2., 3. und 4. Klasse auf Vorgabe von Mono–, Di–, Tri– und Tetragrammen (nach Rott & Zielinski, 1985)

110

Wie dem Verlauf der Kurven zu entnehmen ist, lesen schwache Leser Mono–, Di–, Tri– und Tetragramme langsamer als gute Leser. Die Reaktionszeiten schwacher Leser nehmen mit steigender Buchstabenzahl zu und zwar am stärksten bei schwachen Lesern der 2. Klasse. In der 3. Klasse ist dieser Anstieg leicht, in der 4. Klasse deutlich reduziert. Die Reaktionszeiten guter Leser variieren dagegen nur geringfügig mit der Buchstabenzahl. Ihre Reaktionszeiten auf Pseudowörter erhöhen sich, wie eine weitere Studie ergab, erst ab einer Zahl von fünf Buchstaben und hier auch nur geringfügig (Zielinski & Rott, 1990).

Da nicht klar war, ob der Entwicklungsfortschritt schwacher Leser von der 2. zur 4. Klasse auf einer kontinuierlichen Steigerung der Reaktionszeiten beruht oder auf einer Mischung unterschiedlicher Reaktionszeiten auf differente Reize, wurden die individuellen Kurven guter wie schwacher Leser inspiziert (Rott & Zielinski, 1986). Dabei zeigten sich in Abhängigkeit vom Niveau der Lesefertigkeit verschiedene Kurventypen, wie Abbildung 4.2 veranschaulicht.

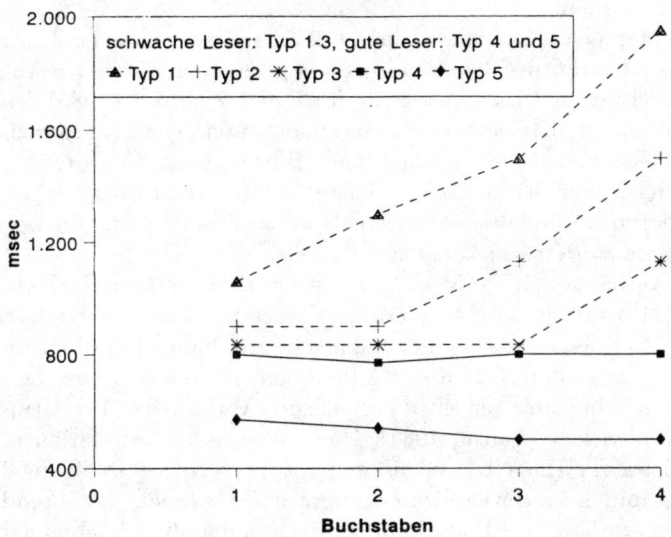

**Abb. 4.2:** Reaktionszeiten (msec) der Lesertypen 1–5 nach Vorgabe von Mono–, Di–, Tri– und Tetragrammen (nach Rott & Zielinski, 1986)

Typ 1 entspricht ziemlich genau der Reaktionszeitkurve schwacher Leser der 2. Klasse. Diese Schüler benötigen für jeden weiteren Buchstaben zusätzliche Bearbeitungszeiten; sie rekodieren die Buchstabensequenzen offenbar sukzessiv. Typ 2 zeigt einen Anstieg der Reaktionszeiten erst bei dreibuchstabigen Silben. Mono– und Digramme dagegen werden gleich schnell rekodiert. Bei Typ 3 erfolgt ein Anstieg erst bei Vorgabe vierbuchstabiger Pseudowörter. Die Typen 4 und 5 lassen keine Zunahme der Reaktionszeiten erkennen. Sie unterscheiden sich nur im absoluten Niveau ihrer Latenzzeiten. Typ 4 vereinigt neben guten Lesern der 3. Klasse auch schwache Leser der 3. und 4. Schulstufe, während in Typ 5 gute Leser der 4. Klasse eindeutig dominieren.

111

Diese Befunde bestätigen auch für das deutschsprachige Gebiet die in anglo–amerikanischen Untersuchungen ermittelten Ergebnisse, denen zufolge die beim Pseudowortlesen zum Ausdruck kommende Fähigkeit zur Anwendung von Graphem–Phonem–Korrespondenz–Regeln (GPK–Regeln) eine wichtige Funktion der elementaren Lesefertigkeit verkörpert. In ihr sind schlechte Leser guten Lesern deutlich unterlegen. Dieses Defizit hat erhebliche Konsequenzen für die weitere Entwicklung der Lesefertigkeit. Nach Jorm und Share (1983) ist diese Fähigkeit die Basis für eine Selbstinstruktion der Leseanfänger, die mit Hilfe von GPK-Regeln unabhängig vom Fortgang des schulischen Instruktionsprozesses unvertraute Wörter selbständig erlesen können.

Nicht geklärt ist in diesem Zusammenhang, woher dieses Defizit schlechter Leser in der Anwendung von GPK-Regeln stammt. Nach Analyse der Anforderungsstruktur dieser Aufgabe könnte die Ursache in der visuellen Diskriminierung der Grapheme, in der akustischen Segmentierung der Phoneme und/oder der Verknüpfung der Grapheme mit den korrespondierenden Phonemen gesucht werden.

Nach Untersuchungen von Oehrle (1975) haben schwache Leser jedoch höchstens zu Beginn des Leselernprozesses gegenüber guten Lesern ein Defizit in der visuellen Diskrimination. Rott und Zielinski (1985) fanden bei Schülern der 2. – 4. Klasse nur eine marginale Unterlegenheit schwacher Leser in der Unterscheidungsgeschwindigkeit für Buchstaben. Mann (1986) kommt denn auch nach Durchsicht der einschlägigen Literatur zu dem Ergebnis, daß Probleme der visuellen Diskrimination als wesentliche Ursache für Leseschwierigkeiten kaum in Betracht kommen.

Anders verhält es sich mit der akustischen Diskrimination. Treiman und Baron (1981) ermittelten bei Kindern im Kindergartenalter sowie bei Schülern der 1. und 2. Klasse zwischen der Fähigkeit zur Phonemunterscheidung und der Fähigkeit zum Lesen sinnfreier Silben eine Korrelation von .86. Da die Fähigkeit zur Phonemunterscheidung sich im Verlauf des Leselernprozesses sehr rasch entwickelt (Valtin, 1984), kann diese hohe Korrelation allerdings nicht als Beleg für einen Kausalzusammenhang zwischen Defiziten der Phonemanalyse und Leseschwierigkeiten interpretiert werden. Während Probst (1983) einen statistischen Beleg dafür erbrachte, daß die Phonemanalyse eine wichtige Voraussetzung für den Erwerb der GPK-Regeln darstellt, gelang es Bradley und Bryant (1983), einen experimentellen Nachweis zu führen.

104 vierjährige und 264 fünfjährige Kinder ohne Leseerfahrung hatten Wörter (wie pin, pit, hill; hop, top, doll) danach zu klassifizieren, ob sie zusammenpassen oder nicht. Die Unterscheidungsfähigkeit für die Initiallaute korrelierte zwischen .48 und .57 mit den drei Jahre später erhobenen Lese– und Rechtschreibleistungen. Ein drei– bis viermonatiges Training verbesserte nicht nur die Lautunterscheidungfähigkeit, sondern auch die spätere Leseleistung gegenüber einer nicht trainierten Kontrollgruppe, jedoch nicht die zur Kontrolle mit erhobenen Mathematikleistungen.

Lundberg et al. (1988) trainierten Vorschulkinder, die noch keine Kenntnisse des alphabetischen Prinzips der Sprache hatten, ausgiebig in der Silben– und Phonemdiskrimination. Der Trainingseffekt ließ sich noch drei Monate später nachweisen. Die trainierte Gruppe war der Kontrollgruppe noch nach vier Jahren im Lesen überlegen, ein Ergebnis, das auch von einer deutschen Studie gestützt wird (Blässer, 1994).

Damit kann davon ausgegangen werden, daß die sich in der Fähigkeit zur Phonemsegmentierung ausdrückende phonologische Bewußtheit ein bedeutsames Vorkenntniselement für den Erwerb von GPK-Regeln darstellt.

Stanovich (1986) formulierte auf der Basis dieser Befunde ein Modell, das die Entstehung von Leseschwierigkeiten erklären soll. Danach hätten Kinder mit Problemen bei der Phonemsegmentierung Schwierigkeiten, im Leseunterricht die GPK-Regeln zu erlernen, da sie die den Graphemen zuzuordnenden Phoneme nicht isolieren könnten. Sie gerieten deshalb beim Erlernen des alphabetischen Kodes in Rückstand. Kinder ohne Segmentierungsprobleme erlernen die GPK-Regeln rasch und sind damit in der Lage, auch unvertraute Wörter, die noch nicht im Unterricht behandelt wurden, selbständig zu lesen. Erfolgreiche Leser würden jede Gelegenheit nutzen, neue Leseerfahrungen zu machen, während Kinder mit Leseproblemen dagegen das unbequeme Lerngebiet zu meiden suchten. Selbst eine ihrem reduzierten Lerntempo angemessene schulische Förderung würde an diesem Bild wenig ändern, da erfolgreiche Leser aufgrund ihres höheren Lerntempos ein Vielfaches an Lesestoff verarbeiten würden. Auf diese Weise öffne sich mit der Zeit eine Schere zwischen den Entwicklungskurven beider Lesergruppen, die die z.T. erheblichen Unterschiede zwischen guten und schwachen Lesern erklären würde.

So ökonomisch dieses Modell das Entstehen individueller Differenzen in der Lesefertigkeit aus einem relativ geringen kognitiven Defizit auch erklären mag, so berücksichtigt es nicht alle relevanten Aspekte. Selbst wenn man Leseschwierigkeiten allein auf phonologische Defizite zurückführen wollte, müssen offenbar weitere phonologische Teilfunktionen einbezogen werden, die Beiträge zur Erklärung der Leseleistungsvarianz beisteuern. Wagner (1988) differenziert nach einer umfangreichen Literaturrecherche deshalb zwischen

- der Fähigkeit zur Silben– und Phonemanalyse (Analyse), wie sie oben genauer besprochen wurde,
- der Fähigkeit, aus Phonemen Worte zu bilden (Synthese), die beim Silben– und Pseudowortlesen geprüft wird,
- der Fähigkeit, das interne Lexikon über Phonemsequenzen anzusprechen (lexikalische Rekodierung) und die phonologischen Kodes von Objekten, Buchstaben und Buchstabenfolgen aus dem Lexikon abzurufen sowie
- der Fähigkeit, Informationen im Arbeitsgedächtnis zum Zwecke der Speicherung mit phonologischen Kodes zu versehen (Rekodierung im Arbeitsgedächtnis).

Auf der Basis einer Metaanalyse vorliegender Längsschnitt– und Trainingsstudien berechnete Wagner die Interkorrelationen der vier Variablen und mit Hilfe einer Pfadanalyse ihren partiellen Beitrag zur Aufklärung der Leseleistungsvarianz. Abbildung 4.3 zeigt das Pfaddiagramm nach Auspartialisierung des IQ.

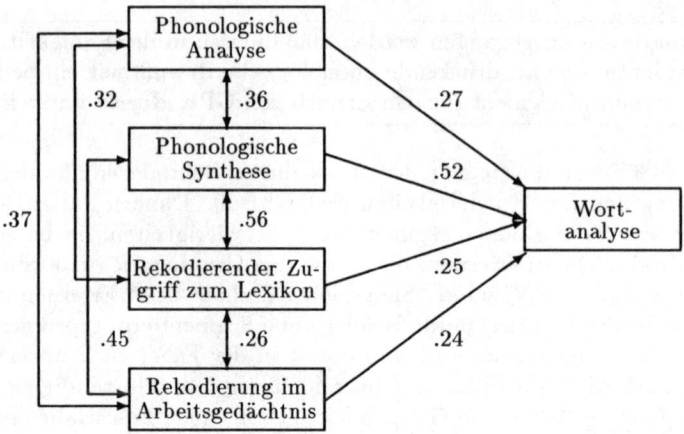

**Abb. 4.3:** Kausalmodell zur Erklärung von Wortanalyseleistungen durch vier phonologische Variablen (nach Wagner, 1988)

Danach bestehen zwischen den vier Variablen z.T. nicht unbeträchtliche Beziehungen. Nach Auspartialisierung der Kovarianzen bleiben die Koeffizienten jedoch hochsignifikant. Alle vier phonologischen Variablen leisten einen bedeutsamen Beitrag zur Aufklärung der Leseleistungsvarianz. Der Anteil der phonologischen Synthese ist dabei am größten. Die drei übrigen phonologischen Variablen steuern einen geringeren, aber ungefähr gleich hohen Beitrag zur Varianzaufklärung bei. Rund 74% der Wortanalysevarianz ließ sich durch die vier phonologischen Variablen aufklären.

Schneider und Näslund (1992) versuchten mit ähnlichen Variablen, das Leseverständnis von Kindern am Ende der 2. Klasse vorherzusagen. Die phonologischen Variablen waren bereits im Kindergartenalter erhoben worden. Abbildung 4.4 zeigt das Strukturmodell.

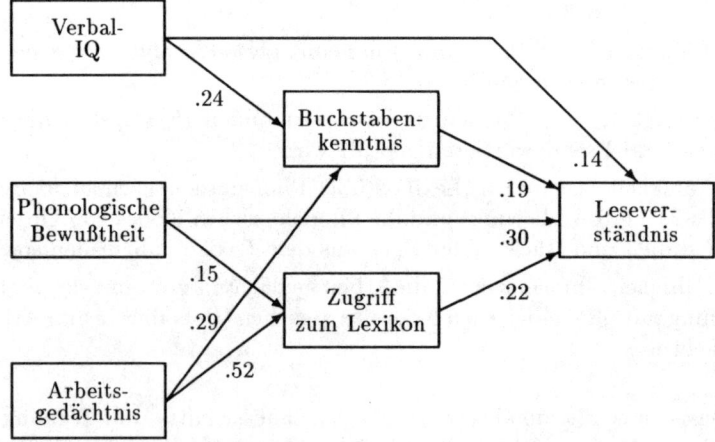

**Abb. 4.4:** Kausalmodell zur Aufklärung der Varianz des Leseverständnisses durch Verbal-IQ und vier phonologische Variablen (nach Schneider & Näslund, 1992)

Von den direkten Effekten erwiesen sich nur die phonologische Bewußtheit und der rekodierende Zugriff zum internen Lexikon als signifikant. Der Einfluß von Buchstabenkenntnis und Verbal-IQ waren dagegen eher gering. Die Rekodierung im Arbeitsgedächtnis hatte dagegen einen starken direkten Einfluß auf den lexikalischen Zugriff und einen geringeren auf die Buchstabenkenntnisse. Insgesamt konnten 47% der Varianz des Leseverständnisses durch die Modellvariablen aufgeklärt werden. Diese Aufklärungsquote ist geringer als die Quote in der Arbeit von Wagner; die phonologischen Variablen sind jedoch im Gegensatz zum Wortlesen nur als notwendige indirekte, aber keinesfalls hinreichende Bedingungen des Leseverständnisses anzusehen.

> Insgesamt zeigen die referierten Befunde überzeugend, daß Defizite der phonologischen Kodierung den Leselernprozeß beeinträchtigen.

### 4.1.3 Mögliche Ursachen von Rechtschreibproblemen

Auf den ersten Blick scheint sich dieser Abschnitt zu erübrigen, denn nach lange Zeit vorherrschender Auffassung ist das Rechtschreiben nur die andere Seite der gleichen Medaille. Während beim Lesen die Wortbedeutung aus Graphem–Phonem–Sequenzen erschlossen werde, laufe der Rechtschreibvorgang einfach nur in umgekehrter Reihenfolge ab. Gegen diese Argumentation haben bereits Zielinski und Schneider (1986) Bedenken angemeldet. So sei die Anzahl von Phonemalternativen für ein bestimmtes Graphem erheblich geringer als umgekehrt die Zahl der Graphemalternativen für ein Phonem. Die Übersetzung von Phonemen in Grapheme beim Rechtschreiben ist deshalb weniger eindeutig und damit schwieriger als der umgekehrte Weg beim Lesen. Ein weiteres Argument zur Trennung von Lese– und Rechtschreibprozessen läßt sich der Gedächtnisforschung entnehmen. Danach ist seit langem bekannt, daß das Wiedererkennen wesentlich leichter fällt als das Reproduzieren. Während im ersten Fall häufig wenige Merkmale zum Wiedererkennen genügen, müssen beim Reproduzieren alle Einzelheiten exakt wiedergegeben werden. Letzteres ist beim Rechtschreiben gefordert, weshalb es als wesentlich schwieriger einzustufen ist als das Lesen.

Versuche, spezielle Fähigkeitsdefizite als Ursachen von Rechtschreibschwierigkeiten zu ermitteln, erbrachten zwar gesicherte Zusammenhänge zwischen Intelligenztest– und Rechtschreibleistungen (Pfeiffer & Zielinski, 1975), und Schneider (1980) konnte Teilfähigkeiten wie Sprachverständnis, Wortschatz und Wortflüssigkeit ermitteln, die offenbar für die Rechtschreibung von Bedeutung sind. Insgesamt erwiesen sich Fähigkeitstests jedoch als besser zur Vorhersage der Leistungen guter und/oder älterer Rechtschreiber geeignet als zur Erklärung schlechter Rechtschreibleistungen (Schneider & Zielinski, 1983).

Erfolgreicher scheint dagegen der Versuch, durch Analyse von Rechtschreibfehlern den Problemen schwacher Rechtschreiber auf die Spur zu kommen. Die meisten fehleranalytischen Systeme machen jedoch entweder problematische Annahmen über das Zustandekommen von Fehlern (Biglmaier, 1963; Müller, 1983) oder sind aus sprachpsychologischer Sicht fragwürdig (Jung, 1981). Spezifische Rechtschreibfehler erwiesen sich zudem als wenig stabil (Müller, 1983). Die Fehlerarten treten auch nicht unabhängig voneinander auf, so daß stabile individuelle Fehlerprofile eher unwahrscheinlich sind. Die Mehrzahl der Untersuchungen zeigte deshalb, daß sich gute Rechtschreiber von schlechten nicht durch die Art, sondern schlicht durch die Zahl der Fehler unterscheiden (Rauer et al., 1978). Beim Vergleich schlechter Rechtschreiber mit jüngeren normalen Rechtschreibern gleicher Leistungsstufe ergaben sich denn auch keine Differenzen, die die Annahme qualitativ unterschiedlicher Prozesse bei schlechten Rechtschreibern rechtfertigen würden. Schwache Rechtschreiber glichen in ihren Leistungen drei Jahre jüngeren Kindern (Bruck, 1988) und haben damit einen Entwicklungsrückstand. Neuere fehleranalytische Ansätze benutzen daher Fehler bei der Rechtschreibung nicht mehr als Indikatoren stabiler individueller Fähigkeitsdefizite, sondern als Hinweise auf den erreichten Entwicklungsstand bei der Aneignung der Schriftsprache (Brügelmann, 1986). Eine derartige Entwicklungsdiagnose erfordert allerdings ein Entwicklungsmodell, auf dessen Hintergrund sich die jeweils erreichte Entwicklungsstufe schriftsprachlicher Aneignung abbilden läßt. Ein solches Modell der Rechtschreibentwicklung hat Scheerer–Neumann (1987) entwickelt. Es wird unten kurz vorgestellt:

(1) Auf der Stufe des logographischen Schreibens werden bedeutsame Wörter aus der Umgebung des Kindes unabhängig von bestimmten Regeln quasi bildhaft gespeichert. Da dem Kind die Einsicht in die Regelhaftigkeit fehlt, treten hier bisweilen Verstöße gegen die Buchstabenreihenfolge oder die Schreibrichtung auf.

(2) Die Stufe der reduzierten alphabetischen Strategie ist an Versuchen zu erkennen, wahrgenommenen Phonemen die entsprechenden Grapheme zuzuordnen. Da dies nicht auf Anhieb gelingt, enstehen manchmal eigenartige Wortskelette (z.B. 'HS' für 'Hans'). Der Entwicklungsstand dieser Bemühungen ist an dem Grade der Vollständigkeit der Phonem–Graphem–Übersetzung abzulesen.

(3) Die Stufe der entfalteten alphabetischen Strategie ist erreicht, wenn lauttreu geschriebene Wörter mit Hilfe der Phonem–Graphem–Regeln vollständig rekonstruiert werden können. Bei nicht lautgetreuer Schreibweise eines Wortes kommt es allerdings mehr oder minder zwangsläufig zu Fehlern (z.B. 'falen' statt 'fallen').

(4) Auf der nächsten Stufe wird die alphabetische Strategie durch Einbeziehung orthographischer Regelmäßigkeiten korrigiert (z.B. 'essen' statt 'esen'). Wortstammspezifische Eigenheiten werden zunehmend berücksichtigt ('Bäume' statt 'Beume').

(5) Diese Entwicklungsstufe unterscheidet sich von der vorhergehenden lediglich graduell. Orthographische Besonderheiten werden in ihr zunehmend in die alphabetische Strategie integriert.

(6) Auf der voll entwickelten orthographischen Stufe werden die zu schreibenden Worte nicht mehr auf der Basis der Kenntnisse über Regelmäßigkeiten rekonstruiert, sondern aus dem orthographischen Lexikon abgerufen. Damit ist ein Stadium der Automation erreicht, das ein Schreiben ohne großes Nach-

denken erlaubt. Die zu schreibenden Wörter sind als 'Lernwörter' dem Sichtwortschatz einverleibt. Falschschreibungen werden bereits an ihrem Aussehen erkannt und u.U. nach Gegenüberstellung alternativer Schreibweisen korrigiert. Lernwörter sind allerdings nicht nur dieser letzten Stufe vorbehalten, sondern werden auf allen Entwicklungsstufen erworben. Am Endstadium dieser Entwicklung ist ein Kind angekommen, das die überwiegende Mehrzahl der Wörter aus dem internen Lexikon abrufen kann.

Die postulierte Stufenfolge des Modells wird durch Beobachtungen an einzelnen Kindern, wie sie Dehn (1988) mit großer Akribie durchführte, und durch Längsschnittuntersuchungen an größeren Gruppen (May, 1990) gestützt.

May ließ ca. 400 Hamburger Kinder von der 1. Klasse an über vier Jahre hinweg wiederholt einzelne Wörter und Sätze schreiben, deren Bedeutung ihnen durch Abbildungen klargemacht wurde. Aufgrund erster Ergebnisse wurden die Kinder in fünf Gruppen eingeteilt, von denen Gruppe I ca. 25% gute Rechtschreiber, Gruppe II/III etwa 50% durchschnittliche Rechtschreiber, Gruppe IV ca. 20% schwache und Gruppe V etwa 5% extrem schwache Rechtschreiber umfaßte. Tabelle 4.1 zeigt die Entwicklung der Schreibweise eines Wortes.

**Tabelle 4.1:** Typische Schreibungen des Testwortes 'Blätter' bei verschiedenen Lerngruppen im Verlauf von vier Schuljahren (nach May, 1990)

| | Gruppe | | | | |
|---|---|---|---|---|---|
| | I | II | III | IV | V |
| Kl. 1 Mitte | blet-a- blet-er | blet-a- | pl-t-a- | –l–t– | —— |
| Kl. 1 Ende | blet-er blät-er | blet-er | blet-a- blet-er | blet-a- | —t— pl–t— |
| Kl. 2 Mitte | blät-er | blet-er blät-er | blet-er | blet-er | plet-a- blet-a- |
| Kl. 2 Ende | blätter | blät-er blätter | blet-er blät-er | blet-er | blet-a- |
| Kl. 3 Mitte | | blätter | blätter | blet-er blät-er | blet-er |
| Kl. 3 Ende | | | | blät-er | blet-er |
| Kl. 4 Mitte | | | | blät-er blätter | blet-er blät-er |
| Kl. 4 Ende | | | | | blät-er blätter |

Die Schreibweisen der Lerngruppe V sind ein augenfälliger Beleg für die einzelnen Entwicklungsstufen des Modells von Scheerer–Neumann (1987). Sie zeigen die Entwicklung von der anfänglichen Schreibunfähigkeit über Skelettschreibweisen, phonetische Schreibungen und orthographische Approximationen bis hin zur vollkommenen orthographischen Repräsentation. Während extrem schwache Rechtschreiber die Endstufe der orthographischen Schreibweise des Testwortes erst am Ende der 4. Klasse erreichen, sind gute Rechtschreiber bereits Ende der 2. Klasse, also zwei Jahre früher an diesem Ziel angelangt. Schlechte Rechtschreiber haben somit einen sehr deutlichen Entwicklungsrückstand.

Die Art des Entwicklungsrückstandes läßt sich ebenfalls an den Fehlern ablesen. Skelettschreibungen deuten darauf hin, daß der Schreiber die phonematische Analyse des Lautstromes oder/und die Phonem-Graphem-Korrespondenzregeln noch nicht beherrscht. Werden dagegen lauttreue Wörter richtig geschrieben und treten Fehler nur bei Wörtern mit orthographischen Besonderheiten auf, macht offensichtlich der Abruf aus dem orthographischen Lexikon Schwierigkeiten.

Nach einer Literaturanalyse von Brown (1990) gelten Schwierigkeiten bei der phonologischen Rekodierung einerseits und Probleme bei der Speicherung und Wiedererinnerung orthographischer Informationen andererseits derzeit als die Hauptursachen von Rechtschreibschwierigkeiten. Gestützt wird diese Aussage durch Untersuchungsergebnisse an Erwachsenen mit Rechtschreibproblemen nach Hirnschädigungen. So berichtet Margolin (1984) über Personen, die vertraute Wörter richtig schreiben konnten, bei unvertrauten Wörtern, bei denen eine phonologische Rekodierung erforderlich war, jedoch versagten. Umgekehrt konnten andere Personen zwar Phonemen die entsprechenden Grapheme zuordnen, waren aber unfähig, vertraute Wörter mit abweichenden Schreibweisen zu speichern und aus dem Gedächtnis abzurufen. Sie waren ganz auf die phonologische Rekodierung angewiesen.

Belegen die berichteten Befunde die Existenz mindestens zweier differenter Ursachen für Rechtschreibprobleme, so bedeutet dies jedoch nicht, daß diese Bedingungen unabhängig voneinander funktionieren. Einzelbeobachtungen zeigen vielmehr, daß beide Strategien im Laufe der Entwicklung kombiniert werden. Während auf der alphabetischen Stufe das lautierende Schreiben noch dominiert, werden auf der anschließenden orthographischen Stufe besondere Merkmale hinzugefügt (Scheerer-Neumann et al., 1986). Dehn (1988) zeigt am Beispiel des Wortes 'Mund', wie sich bei einem Schüler zunächst nach phonemischer Schreibweise (Munt) über die Aufnahme orthographischer Regelelemente (Munnt) die orthographisch korrekte Schreibung entwickelt. Andererseits verharren Kinder mit Rechtschreibschwierigkeiten noch über die Grundschulzeit hinaus auf der alphabetischen Stufe und produzieren infolge der Zunahme der Zahl von Ausnahmeschreibweisen viele Fehler.

Die Bedeutung phonologischer Rekodierungsprozesse für das Lesen wie für das Rechtschreiben wirft die Frage auf, ob zwischen diesen beiden Bereichen nicht doch Beziehungen bestehen. Neuere Untersuchungsergebnisse bestätigen diese Vermutung, zeigen aber auch die Grenzen des Zusammenhanges auf.

#### 4.1.4  Beziehungen zwischen Lesen und Rechtschreiben

Beziehungen zwischen Variablen werden anhand der Größe von Zusammen-
hangsmaßen deutlich. So drücken Korrelationen zwischen Lese– und Rechtschreibleistungen von .48 bis .76, die Stage und Wagner (1992) bei Schülern der
1. bis 3. Klasse fanden, mittlere bis enge Beziehungen zwischen den fraglichen
Prozessen aus. Sie sind andererseits aber nicht so eng, daß nicht auch Unterschiede in den zugrundeliegenden Prozessen bestehen können, wie in Abschnitt
4.1.3 vermutet wurde.

Um der Frage nachzugehen, ob die für Lesen und Rechtschreiben erforderlichen kognitiven Fähigkeiten differieren, suchten Bruck und Waters (1990) nach
Kindern, bei denen zwischen Lese- und Rechtschreibleistungen deutliche Diskrepanz bestanden. Sie fanden jedoch in den meisten Fällen, wie aufgrund
der oben mitgeteilten Korrelationen nicht anders zu erwarten, eine deutliche Konkordanz zwischen den beiden Leistungsbereichen. Bei einer geringen
Zahl von Kindern konnten sie unauffälliges Leseverständnis gepaart mit unterdurchschnittlichen Rechtschreibleistungen ermitteln. Diese Kinder wurden
mit verschiedenen Lese- und Rechtschreibtests untersucht unter der Annahme,
es könnte sich bei ihnen vielleicht um eine Sondergruppe handeln, aus deren
abweichendem Leistungsprofil die unterschiedlichen kognitiven Anforderungen
von Lese– und Rechtschreibleistungen abzuleiten wären. Ihre Ergebnisse wurden mit den Leistungen von Schülern verglichen, die im Lesen *und* Rechtschreiben über– bzw. unterdurchschnittlich gut waren.

Wie die Resultate zeigten, waren Schüler mit gutem Leseverständnis und
schwachen Rechtschreibleistungen in nahezu allen Lese– und Rechtschreibleistungen *zwischen* den beiden Extremgruppen angesiedelt. Im Hörverständnis
waren sie jedoch den Schülern mit schwachen Lese– und Rechtschreibleistungen
deutlich überlegen und erreichten hier das Niveau der Gruppe mit überdurchschnittlichen Lese– und Rechtschreibleistungen.

Es handelt sich bei ihnen offenbar um Schüler, die ihre Rekodierungspro-
bleme zumindest teilweise überwunden hatten und deshalb die zu lesenden
Texte verstehen konnten. Dabei half ihnen vermutlich ihr überdurchschnitt-
liches Sprachverständnis, noch vorhandene Probleme bei der phonologischen
Rekodierung zu kompensieren. Sie scheinen auch auf dem Wege zu sein, ihre
Leistungen im Rechtschreiben langsam zu verbessern. Damit ergibt sich auch
bei dieser Gruppe mit einer auf den ersten Blick erwartungswidrigen Diskrepanz zwischen Leseverständnis und Rechtschreibleistung bei genauerem Hinsehen eine erwartungsgetreue Konkordanz zwischen dem Ausprägungsgrad der
technischen Lesefertigkeit und der Rechtschreibleistung.

Mommers und Boland (1989) fanden in den Niederlanden entsprechend dieser Erwartung zwischen rekodierendem Lesen und Rechtschreibleistung in der
1. Klasse eine Korrelation von .52, die auf eine gemeinsame Varianz zwischen
den beiden Leistungsbereichen hinweist. Diese ging aber in der 6. Klasse auf
.32 zurück, was auf auf eine zunehmende Separierung der zugrundeliegenden
kognitiven Prozesse hindeutet.

Eine etwas genauere Interpretation dieser Veränderung erlauben Befunde, die Hoelscher (1992) an einer deutschsprachigen Stichprobe von 120 Schülern der 2. Grundschulklasse erhob. Die Kinder hatten eine Liste vierbuchstabiger unvertrauter Wörter (z.B. Huld, Tand) zu lesen. Fehlerzahl und Lesezeit wurden als Indikatoren für rekodierendes Lesen betrachtet, da die Wörter den Schülern weitgehend unbekannt waren und deshalb nur unter Zuhilfenahme von GPK-Regeln zu lesen waren. Dazu mußten sie beim Lesen einer Liste phonemisch gleichklingender Wortpaare (z.B. Walt oder Wald) entscheiden, welches Wort orthographisch korrekt ist. Die Zahl der entdeckten Richtigschreibungen wurde als Ausdruck orthographischer Sensitivität gewertet.

Zwischen der zu Beginn der 2. Klasse ermittelten Fehlerzahl beim phonologischen Rekodieren und der Sensitivität für orthographische Strukturen ergab sich mit –.54 eine nahezu gleich hohe Korrelation, wie sie Mommers und Boland (1989) ermittelten. Schreibfehler, die auf Verstößen gegen Graphem–Phonem–Korrespondenz–Regeln beruhen, konnten am Ende des 2. Schuljahres durch die zu Schuljahresanfang erhobene Rekodierungsgenauigkeit beim Lesen unvertrauter Wörter sogar mit –.58 vorhergesagt werden. Bei Rechtschreibfehlern aufgrund von Verstößen gegen Regeln der Ableitung, Dehnung oder Konsonantenverdoppelung gelang eine Vorhersage durch die Rekodierungsgenauigkeit dagegen nur mit –.46.

Der Zusammenhang zwischen Lesen und Rechtschreiben scheint daher in erster Linie auf gemeinsamen phonologischen Kodierungsprozessen zu beruhen. Mit der Vergrößerung des Wortschatzes nimmt der Anteil orthographischer Besonderheiten, die lexikalisch gespeichert werden müssen, jedoch zu. Die Fähigkeit zu phonologischem Rekodieren reicht deshalb als Lösungsstrategie allein nicht mehr aus und muß durch lexikalische Informationen ergänzt werden. Die Gemeinsamkeiten zwischen rekodierendem Lesen und Rechtschreiben nehmen dadurch zwangsläufig ab. Zusammenfassend ist festzuhalten:

Nach derzeitigem Forschungsstand kann von einer begrenzten Überlappung von Lese– und Rechtschreibprozessen ausgegangen werden, die mit dem Ausmaß involvierter Graphem–Phonem–Korrespondenz–Regeln variiert und mit steigender Anforderung der Rechtschreibung an die lexikalische Speicherung abnimmt.

Defizite in der Beherrschung der GPK-Regeln wiederum gehen, wie eine Untersuchung von Wimmer et al. (1991) an einer deutschsprachigen Schülerstichprobe aufzeigen konnte, auf Mängel der Phonemanalyse zurück. Mit den Leistungen einer Ende der 1. Klasse durchgeführten Aufgabe, die Phoneme einer sinnfreien Silbe in umgekehrter Reihenfolge zu lautieren, konnten sie Lese- und Rechtschreibleistungen am Ende der 3. Klasse vorhersagen (s. Tabelle 4.2). Wie die Ergebnisse zeigen, korreliert die Fähigkeit zur Phonemanalyse in der 1. Klasse hoch mit der Fehlerzahl beim rekodierenden Lesen von Pseudoworten und nur mittelhoch mit Rechtschreibleistungen. Werden jedoch nur die phonologischen Fehler herangezogen, so steigt der Zusammenhang auf nahezu den gleichen Wert an wie beim Pseudowortlesen. Die Korrelation zur Zahl der orthographischen Fehler tendiert gegen null.

**Tab. 4.2:** Korrelationen zwischen den Leistungen von Schülern in der Phonemanalyse am Ende der 1. Klasse und Ergebnissen beim Lesen und Rechtschreiben am Ende der 1. bzw. 3. Klasse (nach Wimmer et al., 1991)

|  | Treffer bei der Phonemanalyse | |
|---|---|---|
|  | 1. Kl. | 3. Kl. |
| Fehler beim Pseudowortlesen | −.70 | −.42 |
| Punktwert im Rechtschreibtest | .47 | .43 |
| orthographische Fehler | .08 | −.57 |
| phonologische Fehler | −.69 | −.56 |

Dieser Befund kann als Beleg für die Vermutung gelten, daß die gemeinsame Wurzel für Lesen und Rechtschreiben in der Fähigkeit zur Phonemanalyse zu suchen ist, die als Voraussetzung zum Erwerb der Graphem–Phonem–Korrespondenz–Regeln gilt. Am Ende der 3. Klasse gehen die Korrelationen wie in der Untersuchung von Mommers und Boland (1989) zurück. Dieser Rückgang kann auf die Zunahme des Anteils nicht lautgetreuer Wörter in Lese– und Schreibtexten zurückgeführt werden. Unerwartet hoch ist hier allerdings die Korrelation zwischen Schwierigkeiten bei der Phonemanalyse und orthographischen Fehlern. Vermutlich behindern die durch Segmentierungsprobleme verursachten Rekodierungsschwierigkeiten das zum Erreichen flüssigen Lesens erforderliche Maß an außerschulischen Leseübungen. Da nach Befunden von Hughes und Searle (1991) Wahrnehmung und Übertragung orthographischer Strukturen erst erfolgen, nachdem die Stufe des flüssigen Lesens erreicht ist, beeinträchtigt die reduzierte Fähigkeit zur Phonemanalyse letztlich auch den Erwerb orthographischer Schemata.

## 4.1.5  Ursachen für Entwicklungsrückstände

Die Interpretation von Lese-Rechtschreibschwierigkeiten als Entwicklungsrückstand anstatt als Folge eines stabilen Fähigkeitsdefizits eröffnet theoretisch die Möglichkeit einer Weiterentwicklung durch Erfahrung oder Unterricht. Darüber hinaus interessiert manchen Forscher die Frage, woher ein solcher Entwicklungsrückstand rührt.

Olson et al. (1990) sind dieser Frage mit einer Untersuchung an Zwillingen nachgegangen. Eineiige und zweieiige Zwillinge wurden dabei hinsichtlich phonologischer Rekodierung und Phonemsegmentierung miteinander verglichen, ihre orthographische Sensitivität wurde mit der Aufgabe überprüft zu entscheiden, welches von zwei phonetisch gleichklingenden Wörtern (z.B. rain vs. rane) orthographisch korrekt ist.

Bei der Analyse der Ergebnisse zeigte sich, daß die phonologischen Rekodierungsleistungen eineiiger Zwillingspartner deutlich höher miteinander korrelieren als die Leistungen zweieiiger Zwillinge. Der Unterschied zwischen diesen Relationen ist hochsignifikant. Das gleiche gilt – wenn auch in abgeschwächter

Form – für die Phonemsegmentierung. Die entsprechende Differenz für die orthographische Sensitivität war dagegen statistisch unbedeutend.

DeFries et al. (1991) und Stevenson (1991) konnten dagegen bei ihren Analysen von Zwillingsdaten auch eine größere Konkordanz der Rechtschreibleistungen eineiiger Zwillingspaare gegenüber zweieiigen Zwillingspaaren feststellen.

Danach kann als gesichert gelten, daß Defizite bei Lese- und Rechtschreibleistungen, soweit sie auf phonologischen Fähigkeiten und Fertigkeiten beruhen, in gewissem Umfang genetisch bedingt sind. Dies könnte erklären, warum Schwierigkeiten beim rekodierenden Lesen wie in der Rechtschreibung z.T. bis ins Erwachsenenalter persistieren (Bruck & Waters, 1990). Gemeinsame Grundlage dieser Schwierigkeiten ist offenbar eine genetisch bedingte Verzögerung der Sprachentwicklung, die sich in einer retardierten phonologischen Bewußtheit und Fähigkeit zu phonologischer Segmentierung äußert.

Weitere Untersuchungen wie etwa zum möglichen Erbgang einer genetischen Determination erbrachten bislang nur widersprüchliche Hinweise. Bindungen an Chromosom 15 konnten nur in einigen Familien ermittelt werden (Pennington, 1990). Noch nicht ausreichend belegt sind auch Hinweise auf einen Zusammenhang zwischen Leseschwierigkeiten und Anomalien des Immunsystems, die Geschwind und Behan (1982) fanden. Neuroanatomische Anomalien bei Personen mit Leseschwierigkeiten, über die Galaburda et al. (1985) berichten, konnten ebenfalls noch nicht in ausreichender Zahl untersucht werden, um gesicherte Aussagen machen zu können. Konsens besteht lediglich darüber, daß Leseschwierigkeiten mit einer Dysfunktion der linken Hirnhälfte einhergehen (Pennington, 1990). Alle weitere Zusammenhangsvermutungen müssen derzeit als spekulativ bewertet werden.

So interessant derartige Befunde auch sein mögen, ihre Problematik liegt darin, daß sie bei Laien der Annahme Vorschub leisten, es lohne sich nicht, genetisch bedingte Entwicklungsrückstände therapeutisch anzugehen. Da Kinder mit Lese–Rechtschreibschwierigkeiten nicht nur Probleme mit phonologischen Funktionen haben, sondern auch über geringere Kenntnisse von orthographischen, morphologischen und visuellen Informationen verfügen, (vgl. Manis et al., 1990; Waters et al., 1988), sind sie aber auf funktionierende phonologische Prozesse beim Lesen und Schreiben angewiesen. Auf deren Behandlung kann deshalb nicht verzichtet werden. Wie das trotz möglicherweise genetisch bedingter Restriktionen erfolgreich geschehen kann, soll in Kapitel 5 demonstriert werden.

## 4.2  Rechenschwierigkeiten

Im Gegensatz zu Problemen beim Lesen und Rechtschreiben hat die Untersuchung von Rechenschwierigkeiten in der wissenschaftlichen Forschung eher eine untergeordnete Rolle gespielt. Das mag u.a. daran liegen, daß Rechenprobleme einen Schüler in geringerem Umfang behindern als Lese-Rechtschreibschwierigkeiten, die einen größeren Fächerkanon beeinträchtigen. Geht man jedoch davon aus, daß auch arithmetische Fähigkeiten in der Population normal verteilt sind, ist in diesem Bereich ebenfalls mit mindestens 15% unterdurchschnittlichen Leistungen zu rechnen. Ganz allgemein lassen sich *Rechenschwierigkeiten* so als *partielle Lernprobleme* definieren, *die sich in unterdurchschnittlichen Leistungen im arithmetischen Bereich äußern.*

### 4.2.1  Differentielle Erklärungsansätze

Versuche, mit Hilfe gängiger Tests die Varianz von Rechenleistungen aufzuklären, können, oberflächlich betrachtet, als relativ erfolgreich angesehen werden. Die meisten im Schulalter einsetzbaren Intelligenztests stehen nämlich i.d.R. mittelhoch mit mathematischen Kriteriumsleistungen in signifikanten Beziehungen. So betragen die Korrelationen der Rechenleistungen zu den *Aufgaben zum Nachdenken AZN* (Hylla & Kraak, 1976) .71, zum *Bildungsberatungstest 3–4* (Ingenkamp, 1977) .67, zum *Grundintelligenztest CFT 20* (Weiß, 1987) sowie zum *Prüfsystem für Schul- und Bildungsberatung PSB* (Horn, 1969) .60 und zum *Kognitiven Fähigkeitstest KFT 4–13* (Heller et al., 1976) .27 bis .55.

Diese Korrelationen, die sogar etwas höher liegen als die üblicherweise zwischen Intelligenztests und Schulleistungen ermittelten Werte, lassen Intelligenztests als geeignete Prädiktoren für Rechenschwierigkeiten erscheinen. Differenzierende Aussagen, welche defizitären Teilfähigkeiten etwa welche arithmetischen Probleme bedingen, können mit ihrer Hilfe allerdings nicht gemacht werden.

Die scheinbar herausragende Rolle der Intelligenz bei der Vorhersage von Rechenschwierigkeiten verliert angesichts von Befunden, denen zufolge auch die Rechenleistungen von Schülern in erster Linie von ihren Vorkenntnissen bestimmt werden, weiterhin an Gewicht. Nach Auspartialisierung des IQ gingen die Korrelationen zwischen dem Vorkenntnisniveau im Rechnen Ende der 2. Klasse und den Rechenleistungen am Ende der 3. Klasse von .70 nur geringfügig auf .60 zurück (Bloom, 1976).

Noch eindrucksvoller sind die Befunde von Weinert et al. (1989), die in Untersuchungen an 39 Münchner Schulklassen des 5. Schülerjahrgangs ermittelt wurden. Tabelle 4.3 zeigt die Ergebnisse. Die Korrelationen zwischen Vorkenntnissen und späteren Mathematikleistungen vor und nach Kontrolle der Intelligenz entsprechen etwa den von Bloom (1976) berichteten Werten. Nach Kontrolle der Vorkenntisse gehen die Korrelationen zwischen Intelligenz und Mathematikleistungen jedoch stark zurück und erreichen nur noch bei den Textaufgaben eine marginale Bedeutung.

**Tab. 4.3:** Korrelationen zwischen Vorkenntnissen, Intelligenz und Mathematikleistungen nach einem Jahr (Weinert et al., 1989, S. 467)

| Prädiktoren: | Mathematikleistung nach 1 Jahr | | |
| --- | --- | --- | --- |
| | Gesamt-leistung | Rechen-fertigkeit | Text-rechnen |
| *Vorkenntnisse* | | | |
| ohne Kontrolle der Intelligenz | .74 | .65 | .71 |
| nach Kontrolle der Intelligenz | .66 | .58 | .59 |
| *Intelligenz* | | | |
| ohne Kontrolle der Vorkenntnisse | .48 | .37 | .53 |
| nach Kontrolle der Vorkenntnisse | .18 | .02 | .32 |

Aber selbst bei anspruchsvollen Textaufgaben ist die mathematische Sachkompetenz der entscheidendere Moderator als die Intelligenz, wie eine Arbeit von Stern (1994a) demonstriert, in der 112 Kinder der 4. Klasse nach ihrer mathematischen Sachkompetenz sowie nach ihren Leistungen im CFT 20 (Weiß, 1987) am Median halbiert und in vier Gruppen geteilt worden waren. Sie hatten die Aufgabe, aus vorgegebenen Sätzen eine Textaufgabe zu konstruieren. Die Lösungsraten der vier Gruppen zeigt Abbildung 4.5.

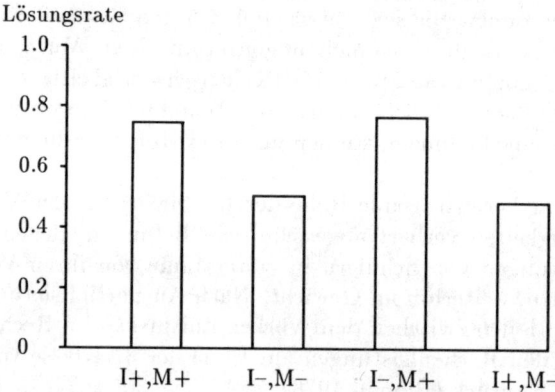

I+,M+: überdurchschnittliche Intelligenz, überdurchschnittliche Sachkompetenz
I–, M–: unterdurchschnittliche Intelligenz, unterdurchschnittliche Sachkompetenz
I–, M+: unterdurchschnittliche Intelligenz, überdurchschnittliche Sachkompetenz
I+,M–: überdurchschnittliche Intelligenz, unterdurchschnittliche Sachkompetenz

**Abb. 4.5:** Mittlere Lösungsraten für die Konstruktion von Textaufgaben bei vier Gruppen von Schülern der 4. Grundschulklasse (nach Stern, 1994a).

Wie der Graphik zu entnehmen ist, vermag hohe Sachkompetenz Intelligenzdefizite auszugleichen, während umgekehrt überdurchschnittliche Intelligenz eingeschränkte Sachkompetenz nicht zu kompensieren vermag. Allerdings sind Intelligenz und bereichsspezifisches Vorwissen nicht völlig zu trennende Variablen, sondern teilweise konfundiert, wie eine Studie von Renkl und Stern (1994) belegt, in der die Bedeutung von Vorwissen und Intelligenz für das Lösen einfacher und komplexer Textaufgaben untersucht wurde. Tabelle 4.4 zeigt die Ergebnisse.

**Tab.:** 4.4 Prozentuale Varianzaufklärung für das Lösen unterschiedlich schwieriger Textaufgaben durch kognitive Eingangsvoraussetzungen (n. Renkl & Stern, 1994)

|  | Einfache Sachaufgaben | Komplexe Sachaufgaben |
|---|---|---|
|  | *Aufgeklärte Varianz:* | |
| Intelligenz – spezifisch | 1.41 | 2.76 |
| Vorwissen – spezifisch | 10.58 | 17.70 |
| Intelligenz und Vorwissen konfundiert | 7.94 | 13.75 |

Auch hier wird die herausragende Bedeutung bereichsspezifischen Vorwissens gegenüber dem geringen spezifischen Einfluß der Intelligenz deutlich. Die konfundierte Varianz ist jedoch die zweitgrößte Einflußvariable, deren Gewicht mit steigender Komplexität der Aufgaben zunimmt. Hierin drückt sich vermutlich der indirekte Einfluß der Intelligenz beim Erwerb mathematischen Vorwissens aus.

Weitere testpsychologische Differenzierungsversuche wurden unter der Annahme vorgenommen, daß Unterschiede zwischen solchen Schülern bestehen sollten, die sowohl in ihren mathematischen Fähigkeiten als auch beim Lesen beeinträchtigt sind und solchen, die lediglich arithmetische Schwierigkeiten haben. In einer Längsschnittstudie von Share et al. (1988) an 900 Schülern in Neuseeland zeigten sich bei der Gruppe mit kombinierten Schwierigkeiten in Mathematik und beim Lesen vor allem Probleme bei verbalen Fähigkeiten, bei Schülern mit isolierten Defiziten in Mathematik dagegen kognitive Defizite im nonverbalen Bereich. Dieser Befund gilt jedoch nur für Jungen. Mädchen mit Problemen beim Lesen und in Mathematik waren am besten durch Defizite sowohl in verbalen wie in nonverbalen Fähigkeiten zu beschreiben. Somit scheinen sich herkömmliche Fähigkeitstests auch nicht zur Differenzierung von Subgruppen mit unterschiedlichen Leistungsspektren zu eignen.

Stevenson und Newman (1986) stellten deshalb eigens eine Batterie von 25 Subtests zusammen, die sie Kindergartenkindern kurz vor Schuleintritt applizierten. Mit dieser Batterie versuchten sie, die Mathematikleistungen der Kinder fünf bzw. zehn Jahre später vorherzusagen. Wie ihre Befunde zeigen, korrelieren basale Rechenfertigkeiten zwischen .46 und .52 sowohl mit den späteren Rechenleistungen als auch mit der Fähigkeit, Textaufgaben zu lösen. Erstaunlicherweise bestand auch ein bedeutsamer Zusammenhang zwischen elementaren Lese– und Rechtschreibleistungen und den späteren Mathematikleistungen in Höhe von .34 bis .53. Das Nachsprechen von Ziffernfolgen stand mit .33 bis .43, die Fähigkeit, visuelle Reize mit akustisch vorgegebenen verbalen Reizen zu assoziieren, zwischen .27 und .33 mit den Kriterien in Beziehung.

Danach sind individuelle Differenzen in der elementaren Rechenfertigkeit der beste Prädiktor der späteren Rechenfertigkeit wie auch der Problemlösefähigkeit. Die Korrelation elementarer Lese– und Rechtschreibleistungen einerseits mit der späteren Mathematikleistung andererseits ist dagegen nicht ohne weiteres nachvollziehbar. Textaufgaben setzen zwar eine normale Lesefertigkeit voraus, nicht aber einfache Rechenaufgaben. Vielleicht sind Buchstaben- und einfache Schreibkenntnisse aber auch lediglich Indikatoren einer basalen Fähigkeit zum Erwerb formaler Kode-Systeme, zu denen auch das arithmetische System zu zählen ist. Das Nachsprechen von Ziffern wie die visuell-akustische Assoziation lassen sich einigermaßen plausibel als Indizien für die Beteiligung von Gedächtnisfaktoren an der Lösung arithmetischer Probleme interpretieren.

Gedächtnisprobleme scheinen bei Schülern mit Rechenschwierigkeiten eine bislang unterschätzte Rolle zu spielen, wie eine Reihe von Befunden ergab, die im folgenden referiert werden. So ermittelten Siegel und Ryan (1988) beim Vergleich von 63 Schülern mit Rechenschwierigkeiten im Alter von 7–14 Jahren mit 138 Kontrollkindern ohne solche Schwierigkeiten, daß Schüler mit Rechenproblemen auf allen Altersstufen ein weniger leistungsfähiges Kurzzeitgedächtnis besaßen – ein Befund, der sich mit den Ergebnissen von Stevenson und Newman (1986) deckt.

Wie sich Gedächtnisprobleme auswirken, zeigt eine Studie von Russell und Ginsburg (1981), die Schüler der 3. und 4. Klasse untersuchten. Viertkläßler mit arithmetischen Schwierigkeiten waren beim raschen Lösen einfacher Additionsaufgaben mit Ergebnissen unter 20 auf der Stufe von Drittkläßlern und hatten somit einen Entwicklungsrückstand im elementaren arithmetischen Faktenwissen. Vereinfachungsstrategien wandten sie ebenso wie die Mitglieder der altersgleichen Kontrollgruppe an, jedoch seltener und weniger effizient.

Faktenwissen und Strategiewahl stehen offenbar miteinander in Beziehung, wie eine Untersuchung von Geary et al. (1987) zeigt, in der 46 Schüler der 2., 4. und 6. Klasse mit Rechenproblemen und 77 Kontrollkinder ohne solche Schwierigkeiten miteinander verglichen wurden. Die Schüler hatten einfache Additionsaufgaben so rasch wie möglich zu lösen. Anhand von Reaktionszeitmessungen wurde geschätzt, ob sie die Aufgaben durch internes Abzählen lösten oder die Lösung bereits aus dem Gedächtnis abrufen konnten.

Wie die Befunde deutlich machen, bevorzugten Schüler der 2. Klasse offenbar vorwiegend Zählprozeduren, ältere Schüler griffen dagegen zunehmend auf gespeicherte Lösungen zurück. Diese Veränderung trat jedoch bei Schülern mit Rechenschwierigkeiten nicht ein. Ihre verlängerten Reaktionszeiten lassen darauf schließen, daß sie die Lösungen nicht gespeichert hatten und deshalb durch Abzählprozeduren ermitteln mußten.

Eine Untersuchung an 29 Schülern mit Rechenproblemen aus der 1. und 2. Klasse, die einen Stützkurs besuchten, unterstreicht diesen Befund (Geary, 1990). Diejenigen Kinder, die keine Lernfortschritte machten, bevorzugten weiterhin Zählstrategien und hatten häufige Fehler beim Abruf gespeicherter Ergebnisse aufzuweisen. In einer weiteren Studie von Geary et al. (1991), in der Schüler der 1. und 2. Klasse nach zehn Monaten erneut untersucht wurden, zeigte sich ein ähnliches Bild. Während die Schüler der normalen Vergleichsgruppe Zählstrategien zunehmend durch Rückgriff auf gespeicherte Informationen ersetzten, fand bei den Schülern mit Rechenproblemen ein solcher Strategiewandel nicht statt. Bei ihnen wurden statt dessen deutliche Defizite der Merkfähigkeit für Ziffernfolgen sowie des Arbeitsgedächtnisses festgestellt.

In einer Studie an Schülern mit guten, normalen und unterdurchschnittlichen Mathematikleistungen untersuchten Geary und Brown (1991) den Strategiewandel auch in der 3. und 4. Klasse. Dazu hatten die Schüler einstellige Zahlen, die per Bildschirm dargeboten wurden, zu addieren. Ihre Reaktionszeiten wurden mit Hilfe eines Schallrelais ermittelt. Beobachtet wurde, ob die Kinder die Finger zu Hilfe nahmen, verbal zählten oder das Ergebnis aus dem Gedächtnis reproduzierten. Während die drei Gruppen nicht hinsichtlich der gemachten Fehler differierten, ergaben sich Unterschiede bei der Strategiewahl und den Reaktionszeiten, wie Tabelle 4.5 zeigt.

Am deutlichsten sind die Differenzen im Hinblick auf die gewählte Lösungsstrategie. Schüler mit guten Rechenleistungen lösten fast 90% der Aufgaben durch Rückgriff auf gespeicherte Informationen. Hierbei waren sie bei allen Strategien schneller als die beiden anderen Gruppen. Schlechte Rechner konnten weniger als die Hälfte der Lösungen aus dem Gedächtnis abrufen. Sie mußten deshalb auf Zählstrategien zurückgreifen. Normale Rechner lagen mit ihren Werten zwischen den beiden Extremgruppen. Menge und Reproduktionsgeschwindigkeit gespeicherter arithmetischer Kenntnisse bestimmen damit offenbar die Wahl der Lösungsstrategie.

**Tab. 4.5:** Prozentuale Strategiewahl und Reaktionszeiten (sec) guter (M+), mittlerer (M±) und schwacher Rechner (M−) der 3. und 4. Klasse beim Addieren einstelliger Zahlen (nach Geary & Brown, 1991)

| Strategie | Gewählte Strategie % | | | Mittlere Reaktionszeit | | |
|---|---|---|---|---|---|---|
| | M− | M± | M+ | M− | M± | M+ |
| Fingerzählen | 15 | 10 | 2 | 4.6 | 4.0 | 3.2 |
| Verbales Zählen | 41 | 29 | 10 | 3.7 | 2.6 | 2.0 |
| Gedächtnis | 44 | 61 | 88 | 2.0 | 1.5 | 1.3 |

Gedächtnisprobleme sind aber nicht nur auf die Grundschulklassen beschränkt. So untersuchte Zentall (1990) 15 Schüler der 7. und 8. Klasse, die Rechenschwierigkeiten hatten, beim Lösen von Textaufgaben und verglich ihre Ergebnisse mit denen von 28 Schülern ohne solche Probleme. Zusätzlich wurden Präzision und Schnelligkeit der Reproduktion von Ergebnissen einfacher

Additions–, Subtraktions– und Multiplikationsaufgaben geprüft. Wegen größerer kognitiver Differenzen zwischen den Gruppen wurden sie mittels Kovarianzanalyse hinsichtlich Intelligenz und Leseleistung parallelisiert.

Wie die Befunde zeigen, unterschieden sich die beiden Gruppen nicht im Hinblick auf die Korrektheit der Testergebnisse, sondern nur in bezug auf deren Reproduktionsgeschwindigkeit. Diese Abrufgeschwindigkeit erwies sich als der beste Prädiktor korrekter Lösungen bei Textaufgaben.

Insgesamt gesehen demonstrieren die referierten Befunde, daß Schüler mit Rechenschwierigkeiten offenbar Probleme mit der langfristigen Speicherung mathematischer Fakten haben, die sie in den Grundschuljahren zwingen, Ergebnisse einfacher Rechenoperationen zu rekonstruieren, anstatt sie aus dem Gedächtnis abzurufen. Diese Schwierigkeiten wirken bis in die höheren Schuljahre fort, in denen der verzögerte Abruf einfachen mathematischen Faktenwissens sogar das Lösen von Textaufgaben beeinträchtigt.

Damit sind Rechenschwierigkeiten offenbar zu einem erheblichen Teil Folge reduzierter arithmetischer Kenntnisse, die das Leistungsniveau der betroffenen Schüler auf ein genetisch früheres Entwicklungsniveau reduzieren, und nicht so sehr das Ergebnis andersartiger arithmetischer Strategien (vgl. Goldman et al., 1988). Möglicherweise wird das Kenntnisniveau durch eingeschränkte Gedächtnisleistungen beeinträchtigt.

## 4.2.2 Der entwicklungspsychologische Erkärungsansatz

Um das Leistungsniveau eines Schülers mit Rechenschwierigkeiten beschreiben zu können, bedarf es fundierter Kenntnisse des Erwerbs arithmetischer Fertigkeiten. Diese Kenntnisse sind teilweise erst in Umrissen erkennbar und am differenziertesten für die Entwicklung des Zählens. Nach Fuson (1992) wird zunächst eine Sequenz von Zahlwörtern erworben, ohne daß diese mit Objekten assoziiert sind. Diese Zuordnung erfolgt erst auf der nächsten Stufe. Auf der folgenden Stufe erst wird das letzte Zahlwort als Repräsentant der gezählten Menge begriffen. Die nächste Entwicklungsstufe ist erreicht, wenn der Zählvorgang unterbrochen und an jeder beliebigen Stelle fortgesetzt werden kann. Das Weiterzählenkönnen ist eine Vorbedingung für das spätere verkürzte Addieren. Mit der Fertigkeit zum Rückwärtszählen erwirbt das Kind die Voraussetzungen zum späteren Subtrahieren. Es kennt jetzt Vorgänger und Nachfolger der jeweiligen Zahl. Auf der am weitesten entwickelten Stufe begreift ein Kind das jeweilige Zahlwort nicht nur als Repräsentanten der gezählten Menge, sondern kennt auch alle möglichen Kombinationen von Mengen und den zugehörigen Zahlwörtern, aus denen eine Menge zusammengesetzt ist.

Beherrscht ein Kind das Zählen in diesem Sinne, ist es für die in der 1. Klasse geforderten Rechenleistungen gerüstet. Der Erwerb der Fertigkeiten des Addierens und Subtrahierens erfolgt nach Siegler und Robinson (1982) in kleinen Schritten auf der Basis von Zählprozeduren. Am leichtesten sind Operationen mit kleinen Zahlen (1 + 1). Die Aufgabenschwierigkeit steigt mit der Größe des ersten Summanden und der Ergebnissumme. Tabelle 4.6 verdeutlicht dieses Ergebnis.

**Tab. 4.6:** Lösungswahrscheinlichkeiten für die Addition zweier einstelliger Zahlen im Zahlenraum bis 10 bei 4–5jährigen Kindern (nach Siegler und Robinson, 1982)

|  |  | 2. Summand | | | | |
| --- | --- | --- | --- | --- | --- | --- |
|  |  | 1 | 2 | 3 | 4 | 5 |
|  | 1 | .86 | .75 | .45 | .35 | .49 |
|  | 2 | .68 | .69 | .49 | .28 | .26 |
| 1. Summand | 3 | .58 | .40 | .35 | .09 | .13 |
|  | 4 | .55 | .23 | .07 | .36 | .15 |
|  | 5 | .68 | .52 | .34 | .08 | .38 |

Über den beschriebenen Trend hinaus läßt sich der Tabelle entnehmen, daß die Kombination gleich großer Summanden ebenso etwas leichter fällt wie Kombinationen mit der Zahl 5. Dieser Trend ist auch im Zahlenraum bis 100 zu beobachten. Mit Zunahme der Schwierigkeiten steigt auch die Häufigkeit, mit der sichtbare Zählstrategien eingesetzt werden. So wurde bei der Aufgabe 1 + 1 nur eine Fehlerquote von 3% ermittelt und nur von 10% der Kinder eine sichtbare Zählstrategie eingesetzt. Bei der Aufgabe 4 + 3 stieg die Fehlerquote auf 59% und der Anteil an sichtbaren Zählstrategien auf 58%.

Anhand chronometrischer Messungen beim Zählen über 20 hinaus ermittelten Siegler und Robinson (1982) auch, daß Kinder nach einer Phase, in der sie die jeweils nächste Zahl ohne zeitliche Arhythmien benannten, bei Zahlen mit 9 oder 0 stockten. Sie schließen daraus, daß sie die Periodizität des Zehnersystems entdeckt hatten.

Die weitere Entwicklung des Zahlenverständnisses ist nach Fuson (1992) derzeit Gegenstand weiterer empirischer Untersuchungen, deren Ergebnisse nicht eindeutig sind. So wenden verschiedene Kinder z.T. unterschiedliche Strategien an, so daß nicht von einem universellen Entwicklungstrend gesprochen werden kann. Das gilt auch für das Lösen von Textaufgaben.

So ermittelte Stern (1994 b) für deutsche Verhältnisse bei der Untersuchung von Schülern der 1. Klasse mit 16 Prototypen von Textaufgaben z.T. erheblich andere Lösungsfrequenzen als amerikanische Autoren (Riley & Greeno, 1988), wie Tabelle 4.7 zu entnehmen ist. Auf den ersten Blick könnte man versucht sein, die von Stern (1994 b) ermittelten Schwierigkeitsindizes als Hinweise auf einen Entwicklungstrend zu deuten, dessen Anfang Angleichungssowie bestimmte Austauschaufgaben bilden und an dessen Ende Vergleichsaufgaben stehen. Der Vergleich mit den durch Riley und Greeno (1988) erhobenen Lösungshäufigkeiten weist jedoch auf curriculare und/oder kulturelle Einflüsse hin, so daß diese Ergebnisse nicht als Hinweise auf eine universelle Entwicklungssequenz interpretiert werden können.

**Tab. 4.7:** Prozentsatz deutscher Erstkläßler, die bestimmte Arten von Textaufgaben lösen konnten (Stern, 1994 b; Werte von Riley & Greeno, 1988 in Klammern)

### 1. Kombinationsaufgaben %

*Gesamtmenge unbekannt:*
Maria hat 3 Murmeln. Hans hat 5 Murmeln.
Wie viele Murmeln haben beide zusammen? 87

*Teilmenge unbekannt:*
Maria und Hans haben zusammen 8 Murmeln. Maria
hat 7 Murmeln. Wie viele Murmeln hat Hans? 55

### 2. Austauschaufgaben

*Endmenge unbekannt:*
Maria hatte 3 Murmeln. Dann gab ihr Hans 5 Murmeln.
Wie viele Murmeln hat Maria jetzt? 89
Maria hatte 6 Murmeln. Dann gab sie Hans 4 Murmeln.
Wie viele Murmeln hat Maria jetzt? 95

*Austauschmenge unbekannt:*
Maria hatte 2 Murmeln. Dann gab ihr Hans einige Murmeln. Jetzt
hat Maria 9 Murmeln. Wie viele Murmeln hat Hans ihr gegeben? 52
Maria hatte 8 Murmeln. Dann gab sie Hans einige Murmeln. Jetzt
hat Maria 3 Murmeln. Wie viele Murmeln hat sie Hans gegeben? 49

*Startmenge unbekannt:*
Am Anfang hatte Maria einige Murmeln. Dann gab ihr Hans 3 Murmeln.
Jetzt hat Maria 5 Murmeln. Wie viele Murmeln hatte sie am Anfang? 49
Am Anfang hatte Maria einige Murmeln. Dann gab sie Hans 2 Murmeln.
Jetzt hat Maria 6 Murmeln. Wie viele Murmeln hatte sie am Anfang? 38

### 3. Vergleichsaufgaben

*Differenzmenge unbekannt:*
Maria hat 5 Murmeln. Hans hat 8 Murmeln.
Wie viele Murmeln hat Hans mehr als Maria? 28 (28)
Maria hat 6 Murmeln. Hans hat 2 Murmeln.
Wie viele Murmeln hat Hans weniger als Maria? 32 (22)

*Vergleichsmenge unbekannt:*
Maria hat 3 Murmeln. Hans hat 4 Murmeln mehr als Maria.
Wie viele Murmeln hat Hans? 53 (17)
Maria hat 5 Murmeln. Hans hat 3 Murmeln weniger als Maria.
Wie viele Murmeln hat Hans? 58 (28)

*Referenzmenge unbekannt:*
Maria hat 9 Murmeln. Sie hat 4 Murmeln mehr als Hans.
Wie viele Murmeln hat Hans? 22 (11)
Maria hat 4 Murmeln. Sie hat 3 Murmeln weniger als Hans.
Wie viele Murmeln hat Hans? 16 (6)

### 4. Angleichungsaufgaben

Maria hat 5 Murmeln. Hans hat 8 Murmeln. Wie viele Murmeln muß
Maria noch bekommen, damit sie genau so viele Murmeln hat wie Hans? 96
Maria hat 6 Murmeln. Hans hat 2 Murmeln. Wie viele Murmeln muß
Maria abgeben, damit sie genau so viele Murmeln hat wie Hans? 96

Damit sind einem entwicklungspsychologischen Erklärungsansatz Grenzen gesetzt. Er eignet sich offenbar nur zur Anwendung auf die Vorschulzeit. Mit Schuleintritt wird diese Entwicklung curricular und unterrichtsdidaktisch überformt und modifiziert. Lernschwierigkeiten beim Rechnen müssen deshalb nun statt in Relation zu allgemeinen Entwicklungstrends in Beziehung zu curricularen Anforderungen gesetzt werden. Die Methode der Wahl für diese Betrachtungsweise ist der fehleranalytische Ansatz.

### 4.2.3 Der fehleranalytische Ansatz

Da spezifische curriculare Anforderungen wie unterrichtsdidaktische Aufbereitungen offenbar den Schwierigkeitsgrad mathematischer Aufgaben definieren, sind Fehler zumindest teilweise die Folge dieser Bedingungen und können deshalb nicht unabhängig von diesen Bedingungen interpretiert werden. Deshalb sind klassenübergreifende Schwierigkeits– und Fehleranalysen nur von begrenztem Wert. Sofern bestimmte Fehler nicht bei sehr vielen Schülern auftreten und nicht durch Unaufmerksamkeit oder Raten entstanden sind, indizieren sie die speziellen Probleme eines individuellen Schülers mit den in seiner Klasse gestellten konkreten Anforderungen. Manchen Fehlleistungen kann man direkt ansehen, auf welche Weise sie entstanden sind. So weist z.B. das Ergebnis der Aufgabe $17 + 4 = 12$ darauf hin, daß der betreffende Schüler offensichtlich Schwierigkeiten mit der in der deutschen Sprache von der Verbalisierung abweichenden Schreibweise hat. Bei der Aufgabe $7 - 2 = 9$ hat der Schüler offensichtlich die falsche Operation gewählt und statt zu subtrahieren addiert. Fehllösungen wie $6 - 0 = 0$ oder $8 + 0 = 0$ weisen auf Schwierigkeiten beim Operieren mit Null hin. Fehler wie $8 - 3 = 6$ oder $7 + 3 = 9$ in der 1. Klasse deuten durch ihre Nähe zum richtigen Ergebnis Zählfehler an. Solche und ähnliche Beispiele finden sich bei Radatz (1980), der sich speziell mit dem Problem von Fehleranalysen befaßt hat.

Manchen Fehlern sieht man allerdings nicht ohne weiteres an, auf welche Ursachen sie zurückgehen. So sind die Rechenfehler einer Schülerin bei den folgenden Aufgaben, über die Lorenz (1990) berichtet, auf den ersten Blick unverständlich.

$$
\begin{array}{rrr}
333 & 388 & 444 \\
+88 & +33 & +77 \\
\hline
2621 & 421 & 2721 \\
\end{array}
$$

Zu lautem Denken aufgefordert, verbalisiert die Schülerin bei der ersten Aufgabe folgendermaßen:

„3 plus 8 geht nicht, weil 8 größer ist als 3. Also borge ich einen Zehner (schreibt eine 1 an die Zehnerspalte). 13 plus 8 ist 21 (schreibt 1 hin und überträgt 2 in die Hunderterspalte). 3 plus 8 geht wieder nicht. Ich borge wieder eine 10 (aus der Hunderterspalte). 13 plus 8 plus 1 ist 22 (schreibt 2 hin, überträgt 2 in die Tausenderspalte). 3 plus 2 plus 1 ist 6 (vorne erscheint dann die übertragene 2)"(Lorenz, 1990, S. 100).

Während die zweite Aufgabe keinen Übertrag erfordert und deshalb richtig gerechnet wird, tritt das Problem bei der dritten Aufgabe erneut auf. Nach Lorenz (1990) hängt der beschriebene Fehler offenbar mit der Einführung des schriftlichen Subtrahierens im Unterricht zusammen, die zu einer Konfusion der Lösungstechniken führte.

Derartige Analysen bei einzelnen Schülern sind für den Lehrer aufschlußreich, aber auch zeitraubend. Deshalb wurden wiederholt Versuche unternommen, Rechenfehler zu klassifizieren. Radatz hat sie gesichtet und hebt folgende Fehlerkategorien hervor (Radatz, 1980):

- Mangelndes Begriffs– und Textverständnis
- Mißverständnisse beim Verstehen von Graphiken
- Falsche Assoziationen
- Perseveration falscher Routinen
- Eingeengte mathematische Begriffe
- Nichtberücksichtigung relevanter Bedingungen
- Nichtabschließen der Aufgabenbearbeitung
- Unvollständiges Anwenden einer Regel
- Verlieren von Zwischenschritten beim Lösungsprozeß
- Nicht ausreichende Kenntnisse
- Unzureichende Fertigkeiten
- Anwendung von Versuch–Irrtum–Strategien

Mit derartigen Klassifikationssystemen lassen sich zwar viele Schülerfehler einordnen, sehr hilfreich sind sie jedoch nicht, da wegen der Allgemeinheit der meisten Kategorien die Zahl der aus ihnen ableitbaren Hilfsmaßnahmen doch recht begrenzt ist. Auch gibt es prinzipiell keine richtigen oder falschen Kategorien, sondern lediglich nützliche oder weniger nützliche. Deshalb sind Individualanalysen vorzuziehen. Sollten sich bei ihnen wiederkehrende Fehlerarten ergeben, kann der Lehrer versuchen, die ihnen inhärenten Gemeinsamkeiten zu erschließen. Dabei können Fehlerkategoriensysteme gelegentlich Anregungen bieten. Die wichtigste Aufgabe von Fehleranalysen liegt darin, daß sie einerseits ein besseres Verständnis individueller Fehlfunktionen und damit fundierte Behandlungsmaßnahmen ermöglichen, andererseits dem Lehrer aber auch Rückmeldung über unzureichende didaktische Maßnahmen liefern und ihn so zu einer Verbesserung seines Unterrichts veranlassen können.

## Wiederholungsfragen

1. Was versteht man unter dem Begriff 'Legasthenie'?
2. Welches Leitsymptom unterscheidet schwache Leser von guten Lesern?
3. Welche Ursachen werden für die Rekodierungsschwäche schwacher Leser verantwortlich gemacht?
4. Wie entwickelt sich die Wortlesefertigkeit?
5. Welche Beziehungen bestehen zwischen Lesen und Rechtschreiben?
6. Worin unterscheidet sich das Rechtschreiben vom Lesen?
7. Wie entwickelt sich die Rechtschreibfertigkeit?
8. In welcher Beziehung stehen Intelligenz- und Mathematikleistungen?
9. Welche Bedeutung haben Vorkenntnisse für Mathematikleistungen?
10. Wie wirken sich Kenntnismängel auf die Wahl von Rechenstrategien aus?
11. Wie entwickelt sich das Zählen im Vorschulalter?
12. Wovon hängt der Schwierigkeitsgrad einfacher Rechenaufgaben ab?
13. Welche Textaufgaben sind am leichtesten, welche am schwersten?
14. Welche Vorzüge kennzeichnen den fehleranalytischen Erklärungsansatz für Rechenschwierigkeiten?
15. Welchen Nutzen haben Fehlerkategorien?

## Antworten

1. Legasthenie ist eine Sonderform der Lese–Rechtschreibschwäche bei intakter Intelligenz. Da verschiedene Intelligenztests mit Lese- und/oder Rechtschreibtests unterschiedlich hoch korrelieren, sind Legastheniker aber nicht zuverlässig zu identifizieren. Da die Mitglieder dieser Gruppe zudem keine andere Behandlung benötigen als schwache Leser mit unterdurchschnittlicher Intelligenz, wird auf die Definition Legasthenie inzwischen weitgehend verzichtet.

2. Schwache Leser können Grapheme weniger rasch in die korrespondierenden Phoneme übersetzen. Dieses Defizit zeigt sich besonders beim Lesen längerer, unvertrauter Wörter.

3. Schwache Leser haben meist Probleme bei der Segmentierung von Worten in ihre Einzelphoneme. Sie sind deshalb beim Erlernen der Graphem–Phonem–Korrespondenz–Regeln beeinträchtigt, da sie die Laute, die sie den in der Schule eingeführten Buchstaben zuordnen sollen, nicht klar diskriminieren können.

4. Nach dem Erwerb des alphabetischen Kodes werden zunächst die den einzelnen Graphemen einer Graphemkette zugehörigen Phoneme sukzessiv aneinandergereiht. Mit jedem zusätzlichen Buchstaben verlängert sich folglich die Lesezeit. Mit zunehmender Fertigkeit werden Komplexe bis zu vier Buchstaben simultan in die korrespondierenden Silben übersetzt. Dadurch reduziert sich auch die Lesezeit. Gute Leser erreichen dieses Stadium bereits im Verlauf des 2. Schuljahres, schwache Leser dagegen zwei bis drei Jahre später.

5. Die Korrelationen zwischen Lesen und Rechtschreiben gehen in erster Linie auf die für beide Fertigkeiten erforderliche Beherrschung der Graphem–Phonem–Korrespondenz–Regeln zurück.

6. Unter gedächtnispsychologischem Aspekt ist das Lesen eine Leistung des Wiedererkennens, das Rechtschreiben dagegen erfordert eine exakte Reproduktion, die viel höhere Anforderungen an die Genauigkeit stellt als das Wiedererkennen und folglich schwieriger ist. Obendrein ist wegen der begrenzten Lauttreue der deutschen Rechtschreibung die Beherrschung des alphabetischen Kodes für das Rechtschreiben nicht ausreichend. Orthographische Besonderheiten müssen deshalb zusätzlich gespeichert werden. Während schwache Rechtschreiber den alphabetischen Kode meist erlernen, haben sie große Probleme bei der Speicherung orthographischer Zusatzinformationen.

7. Modelle der Rechtschreibentwicklung gehen davon aus, daß zunächst wie beim Lesen die Graphem–Phonem–Korrespondenz–Regeln erworben werden müssen. Mit ihrer zunehmenden Beherrschung gelingt die immer exaktere und vollständigere Übersetzung von Phonemsequenzen in die dazugehörigen Graphemfolgen. Orthographische Besonderheiten werden zunehmend eingeprägt und ermöglichen die allmähliche Angleichung der phonematischen Schreibungen an die Regelschreibweisen. Schwache Rechtschreiber bleiben hierbei hinter Schülern mit guten Rechtschreibleistungen zwei oder mehr Jahre zurück.

8. Intelligenztests korrelieren mittelhoch bis hoch mit Mathematikleistungen. Damit scheinen auf den ersten Blick Intelligenzdefizite Rechenschwierigkeiten hinreichend zu erklären. Die Bedeutung der Intelligenz reduziert sich jedoch nach Auspartialisierung des Vorkenntnisniveaus dramatisch.

9. Der herausragende Einfluß von Vorkenntnissen für die Rechenleistung bleibt nach Auspartialisierung der Intelligenz erhalten. Mathematische Vorkenntnisse können sogar Intelligenzdefizite kompensieren.

10. Bei fehlenden Kenntnissen müssen diese durch elementare Strategien rekonstruiert werden. Diese Rekonstruktionen sind zeitaufwendig und fehleranfällig. Dadurch wird die Lösung komplexerer Rechenvorgänge wie z.B. bei Textaufgaben erschwert.

11. Nach dem Erwerb der Zahlwortreihe werden die Zahlwörter zunächst einzelnen Objekten zugeordnet. Auf der folgenden Stufe wird das letzte Zahlwort einer Reihe als Repräsentant der gezählten Menge begriffen. Kann ein Kind die Zahlwortreihe an jeder beliebigen Stelle unterbrechen oder fortsetzen, hat es die Voraussetzungen für das Addieren erworben. Das Rückwärtszählen schafft die Vorbedingungen für das Subtrahieren. Voll entwickelt ist das Zahlenverständnis, wenn ein Kind auch die Kombinationen von Teilmengen kennt, aus der eine bestimmte Menge zusammengesetzt sein kann.

12. Die Aufgabenschwierigkeit steigt mit der Größe des ersten Summanden und der Ergebnissumme.

13. Am leichtesten sind Textaufgaben, bei denen eine Menge an eine andere angeglichen werden muß, und solche Aufgaben, bei denen die Endmenge gesucht wird. Am schwierigsten sind Vergleichsaufgaben.

14. Fehleranalysen führen direkt zu den Schwierigkeiten, die ein konkreter Schüler hat. Sie können damit Basis remedialer Maßnahmen sein.

15. Fehlerkategorien erlauben die Zusammenfassung ähnlicher Fehler. Sind die Kategorien zu allgemein, sind sie als Grundlage von Interventionen jedoch wenig geeignet.

# Kapitel 5

# Diagnostik und Intervention bei speziellen Lernproblemen

## 5.1  Leseschwierigkeiten

Nach den in Kapitel 4 berichteten Befunden ist die Fähigkeit zur phonematischen Differenzierung eine notwendige Voraussetzung, um bei der Erlernung des alphabetischen Kodes unserer Sprache den einzelnen Buchstaben auch den entsprechenden Sprachlaut zuordnen zu können. In der Leseforschung wurde diese Fähigkeit mit Hilfe unterschiedlicher Aufgaben überprüft. Mit die umfangreichste Aufgabensammlung wurde von Lundberg et al. (1988) benutzt:

- *Reimtest:* Aus drei Bildern ist dasjenige herauszufinden, das sich mit dem Wort reimt, das der Untersucher vorspricht.

- *Satzsegmentierung:* Für jedes Wort des Satzes, das der Untersucher vorspricht, ist eine Plastikmarke zu setzen.

- *Silbensegmentierung:* Mehrsilbige Wörter von Gegenständen auf Bildern sind nach Silben getrennt auszusprechen.

- *Phonemauslassung:* Der erste Laut eines auf einem Bild gezeigten Wortes ist auszulassen.

- *Phonemsegmentierung:* zwei– bis vierbuchstabige Wörter unterschiedlich schwierigen Aufbaus, die bildlich dargestellt sind, sollen in ihre Phoneme zerlegt werden. Für jedes Phonem ist eine Plastikmarke zu setzen.

- *Phonemsynthese:* Der Untersucher präsentiert jedes Wort phonemweise separiert. Das Kind hat anschließend auf einer Karte mit mehreren Bildern das gemeinte Wort herauszufinden.

Die Aufgaben zur Wort– und Silbensegmentierung erwiesen sich für die Gruppe der untersuchten Vorschulkinder als zu leicht. Sie eignen sich deshalb nur zur Erfassung extremer Segmentierungsprobleme. Zur Vorhersage künftiger Leseleistungen trugen diese Aufgaben folglich nur wenig bei. Die drei Tests zur Phonemsegmentierung erwiesen sich dagegen als effiziente Indikatoren der phonemischen Bewußtheit. Ihr Training produzierte einen bedeutsamen Lerngewinn gegenüber einer nichttrainierten Kontrollgruppe. Zwei Jahre später

waren die trainierten Kinder ihren Kontrollpartnern im Lesen wie im Rechtschreiben deutlich überlegen. Damit können die Aufgaben zur Phonemanalyse
als gültige Prädiktoren der späteren Lese– und Rechtschreibleistungen angesehen werden.

Landerl et al. (1992) untersuchten in einer deutschsprachigen Stichprobe
die diskriminative Validität zweier Phonemsegmentierungsaufgaben, die kurz
nach Schulbeginn appliziert worden waren. Bei einer Aufgabe hatten die Kinder aus einer Reihe von Wörtern ein daruntergemischtes Wort herauszuhören,
das sich nicht reimte (z.B. Schnee, Tee, Klee, Tor) bzw. nicht mit dem gleichen
Anfangsbuchstaben begann (Gras, Graf, Brav, Grab). Bei der zweiten Aufgabe
war bei vorgesprochenen Wörtern der Buchstabe A durch ein I zu ersetzen.
Am Ende des ersten Schuljahres ergaben sich nur zwischen den Ergebnissen
der Buchstabenersetzungsaufgabe und den Kriteriumsleistungen signifikante
Beziehungen. Die Leseleistung konnte mit .45, die Rechtschreibleistung mit
.49 vorausgesagt werden. Damit scheint bereits eine einzige Aufgabe zur phonematischen Bewußtheit ein geeigneter und einfach zu erhebender Prädiktor
für spätere Lese– und Rechtschreibleistungen zu sein.

Zur Förderung der phonematischen Bewußtheit wurden verschiedene Programme eingesetzt. Das erfolgreiche Programm von Lundberg et al. (1988)
zum Segmentierungstraining erstreckte sich über acht Monate und umfaßte
tägliche Übungssitzungen, in denen Silbenschreiten und Silbensprechen wie
Phonemsegmentierung in spielerischer Form geübt wurden, ohne daß Buchstaben eingeführt wurden. In dieser Extensität ist es nur im Rahmen eines
gezielten Kindergartenprogramms zu realisieren. Daß auch eine kürzere Trai-
ningsperiode erfolgreich sein kann, belegt eine Studie von Ball und Blachman
(1991) mit einem siebenwöchigen Training. Die Autoren machten sich die Beobachtung zunutze, daß ein Segmentierungstraining um so erfolgreicher ist,
je mehr es auch Buchstaben einbezieht. Das Training bestand aus folgenden
Komponenten:

- *Phonemsegmentierung:* Vom Lehrer vorgesprochene Wörter waren nachzusagen
  und anschließend in ihre Phoneme zu zerlegen. Für jedes Phonem war eine
  Plastikmarkierung zu setzen. Der Schwierigkeitsgrad der Items wurde langsam
  von zwei– zu dreibuchstabigen Wörtern gesteigert.

- *Lautkategorisierung:* Aus einer Reihe von Bildern waren diejenigen Objekte
  herauszusuchen, deren Namen sich reimten oder mit dem gleichen Buchstaben
  begannen.

- *Graphem–Phonem–Training:* Neun der häufigsten Graphem–Phonem–Verbindungen wurden trainiert. Dabei wurden spielerische Elemente wie Bildkarten
  oder Bingospiele eingesetzt.

Am Ende der siebenwöchigen Segmentierungsübungen waren die trainierten
Kinder ihren Vergleichspartnern, die nur ein allgemeines Sprachtraining erhielten, nicht nur in ihren Segmentierungsleistungen, sondern ebenso im Lesen
wie im Rechtschreiben signifikant überlegen. Ein längerfristiger Übungseffekt
wurde allerdings nicht untersucht.

Eines der umfangreichsten Trainingsprogramme zur phonematischen Segmentierung im deutschen Sprachraum stammt von Breuer und Weuffen (1993). Ihrem Buch sind die folgenden Übungsaufgaben entnommen:

- *Wo steht der Laut?* Die Kinder sollen sagen, ob ein verabredeter Laut am Anfang oder Ende eines genannten Wortes steht.

- *Wörter verzaubern:* Was passiert, wenn man bei Hase das A gegen ein O, bei Hand das A durch ein U, bei Wand das A durch ein I austauscht?

- *Reimwörter bilden:* Nase - Vase, Reise - leise;

- *Vokale in Liedern austauschen:* Fuchs du hust du Guns gustuhlun...

- *Wörter mit gleichem Anfangsbuchstaben finden*

- *Unterschiede zwischen ähnlich klingenden Wörtern finden:* Worin unterscheiden sich *Baum* von *Raum*, *Wanne* von *Kanne*, *Karten* von *Garten*?

- *Wörter erraten:* Welches Wort könnte das sein? -ach (Dach, Fach), -uch (Buch, Tuch), -aus (Maus, Haus)

In einer Untersuchung an ca. 1500 Schülern konnten die Autoren zeigen, daß vor Schulbeginn durch ein phonologisches Übungsprogramm trainierte Kinder in der 2. Klasse im Durchschnitt deutlich bessere Noten erzielten als nicht geförderte Kinder. Das Programm hat damit seine Effizienz unter Beweis gestellt.

Test- und Übungsprogramme zur phonematischen Analyse sind nach derzeitigem Erkenntnisstand auf die Zeit vor Schulbeginn und unmittelbar danach beschränkt, da bereits in den ersten Wochen der 1. Klasse ein forcierter Übungseffekt des Leseunterrichts einsetzt. Lediglich beim Vorliegen erheblicher Schwierigkeiten beim Lesenlernen ist der Einsatz der vorgestellten Verfahren noch sinnvoll.

Die meisten Schüler fallen mit ihren Leseschwierigkeiten den Lehrern wesentlich später auf. Sie haben dann bereits eine Reihe von Buchstaben–Laut–Verbindungen erlernt und werden erst auffällig, wenn sie noch nicht geübte Wörter, die aus den eingeführten Buchstaben bestehen, selbständig erlesen sollen.

Der *Diagnostische Lesetest zur Früherfassung von Lesestörungen DLF 1–2* von Müller (1984) bietet sich zur Diagnose des erreichten Entwicklungsstandes an. Seine beiden Parallelformen bestehen aus 33 Wörtern, die nach Auftretenshäufigkeit, Länge, Silbenzahl und Konsonantenkomplexität variieren, sowie vier Pseudowörtern. Eine Grobauswertung ist nach Fehlerzahl und Lesezeit möglich. Eine zusätzliche qualitative Analyse kann anhand der Schwierigkeitsstaffelung des Wortmaterials ermitteln, welche Leseprobleme der Schüler bereits bewältigt und welche noch nicht. Zusätzliches Material erlaubt weitere differenzierte Untersuchungen. Sind bereits Unsicherheiten in der Beherrschung der Buchstaben–Laut–Verbindungen erkennbar, läßt sich mit Hilfe einer Buchstabentafel in Groß–, Klein–, Druck– und Schreibschrift ermitteln, welche der Buchstaben noch nicht oder noch nicht sicher genug mit den entsprechenden Lauten verknüpft werden können. Mittels einfach gebauter, kurzer, aber seltener Wörter läßt sich prüfen, inwieweit die Buchstaben–Laut–Verbindungen schon zur Wortsynthese eingesetzt werden können. Anhand zweisilbiger getrennt und ungetrennt vorgegebener Wörter kann untersucht werden, ob bereits eine silbenweise Wortsynthese gelingt. In einem nächsten Schritt läßt sich überprüfen, ob wiederkehrende Buchstabengruppen bereits als Einheiten wiedererkannt werden können. Abschließend kann mittels einer Liste von 60 Wörtern, die in 20 Leselehrgängen wiederholt als Grundwortschatz auftreten, ermittelt werden, ob und welche Wörter bereits dem in Sekundenfrist zu lesenden Sichtwortschatz einverleibt sind. Der DLF 1–2 erscheint damit geeignet, die Entwicklung der elementaren Lesefertigkeit auf qualitativer Basis zu prüfen.

Nach einer etwa das 1. bis 2. Schuljahr umfassenden Phase unterscheiden sich gute und schlechte Leser nicht mehr so sehr nach ihrer Fehlerquote, sondern nur noch nach ihrer Leseflüssigkeit. Diese ist durch den Lehrer schwerer einzuschätzen. Hier können Buchstaben–, Silben– und Wortlisten eingesetzt werden, mit deren Hilfe Rott und Zielinski (1985) Unterschiede zwischen guten und schwachen Lesern ermittelten (s. Tabelle 5.1).

**Tab. 5.1:** Liste mit Mono–, Di–, Tri– und Tetragrammen zur Untersuchung der Rekodierungsgeschwindigkeit

| A | u | Ab | Af | Am | An | Au | Abe | Ade | Alt | Amt | Art | Aber |
|---|---|----|----|----|----|----|-----|-----|-----|-----|-----|------|
| I | a | Ba | Be | Bi | Bo | Bu | Bar | Bei | Ber | Bod | Bus | Bude |
| O | i | Du | Da | De | Di | Do | Das | Der | Die | Dor | Dun | Dorn |
| E | o | Ei | El | En | Er | Es | Ein | Eis | Elt | Erd | End | Elfe |
| U | e | Fo | Fu | Fa | Fe | Fi | Fal | Fei | Fen | Fin | Fol | Funk |
| S | l | Gi | Go | Gu | Ga | Ge | Gar | Geb | Gol | Gro | Gut | Gurt |
| L | s | He | Hi | Ho | Hu | Ha | Hab | Han | Hef | Hos | Hun | Hanf |
| R | n | Ir | Il | Im | In | Is | Ich | Ist | Ins | Ilt | Ige | Iran |
| N | r | Ja | Je | Ji | Jo | Ju | Jan | Jäg | Jed | Jul | Jun | Jade |
| F | m | Ku | Ka | Ke | Ki | Ko | Kal | Kaf | Kei | Kop | Kur | Kult |
| G | f | Lo | Lu | La | Le | Li | Lam | Ler | Lin | Lob | Luf | Lärm |
| H | z | Me | Mi | Mo | Mu | Ma | Man | Men | Mit | Mot | Mun | Mast |
| M | h | Na | Ne | Ni | No | Nu | Nas | Nei | Nes | Nun | Nor | Nabe |
| T | k | Ob | Of | Om | Op | Or | Obs | Oft | Okt | Ort | Onk | Ober |
| K | t | Pu | Pa | Pe | Pi | Po | Pap | Per | Pau | Pos | Pun | Pute |
| B | d | Ro | Ru | Ra | Re | Ri | Rad | Red | Rin | Ros | Ruf | Rind |
| D | b | Se | Si | So | Su | Sa | Sal | Sei | Sin | Sof | Sup | Sund |
| J | p | Ta | Te | Ti | To | Tu | Tag | Tal | Tei | Tin | Ton | Tube |
| P | w | Uf | Ul | Um | Un | Ur | Und | Uns | Uni | Ufe | Unt | Urne |
| V | j | Vu | Va | Ve | Vi | Vo | Vul | Vat | Vet | Vei | Vog | Vase |
| W | g | Wo | Wu | Wa | We | Wi | Wal | Wer | Win | Wol | Wun | Woge |
| Z | v | Ze | Zi | Zo | Zu | Za | Zel | Zim | Zor | Zug | Zan | Zimt |

Anhand der beiden ersten Spalten kann erfaßt werden, wie gut die Buchstaben–Laut–Verbindungen beherrscht werden. Als durchschnittliche Lesezeit pro Buchstabe ist am Ende der 2. Klasse etwa 1 Sekunde anzusetzen. Sie steigt mit jedem zugefügten Buchstaben an und beträgt für Tetragramme knapp 2 Sekunden. Von den je fünf Spalten mit Di– und Trigrammen braucht zu Testzwecken zunächst nur je eine Spalte vorgegeben zu werden. Treten bei einer Spalte dann Schwierigkeiten auf, kann durch Lesen weiterer Spalten abgeklärt werden, ob es sich um zufällige oder systematische Probleme handelt. Statt der in englischsprachigen Untersuchungen üblichen Verwendung von Pseudowörtern setzen die Autoren unvertraute Realwörter ein, die wegen ihres seltenen Auftretens die gleiche Funktion erfüllen. Sie fordern den Einsatz erlernter Graphem–Phonem–Regeln, deren Anwendung auf vierbuchstabige Wörter damit überprüft werden kann. Anhand der Lesezeiten für Mono- bis Tetragramme läßt sich ermitteln, ob ein Schüler beim Lesen noch sukzessiv rekodiert oder bereits Di–, Tri– oder gar Tetragramme simultan als Einheiten verarbeitet. Nach den Untersuchungen der beiden Autoren sind dazu gute Leser bereits ab Ende der 2. Klasse in der Lage, sehr gute Leser schon am Ende der 1. Klasse. Ziel einer Lesetherapie sollte es daher sein, die Rekodierungsleistung so zu verbessern, daß Tri– und Tetragramme simultan als Einheiten so rasch wie Mono– und Digramme, d.h. in Sekundenfrist, gelesen werden können.

Die Behandlung von Leseschwierigkeiten basiert auf der Diagnose des erreichten Entwicklungsstandes. Sind bestimmte Buchstaben–Laut–Verbindungen noch nicht sicher, müssen sie durch vielfältige Wiederholungen eingeübt werden. An der synthetischen Leselernmethode orientierte Lehrgänge bieten dazu den geeigneten situationalen Kontext. Zur Festigung problematischer Buchstaben–Laut–Verbindungen hat sich die Lautgebärdenmethode bewährt (Dummer, 1978), bei der Laute mit einprägsamen Gebärden assoziiert werden. Bei analytischen Leselehrgängen, die vom Ganzwort ausgehen, ist der wiederholte sukzessive Abbau vertrauter Worte eine wirksame Methode zur Isolierung der Einzelgrapheme und ihrer zugehörigen Laute.

Werden nach der Wortanalyse die abgebauten Wörter anschließend wieder aufgebaut, kommt das einer Lautsynthese mit Erinnerungshilfen gleich. Das Verschmelzen von Einzellauten zu Worten ist nämlich die große Schwierigkeit bei synthetischen Leselehrgängen. Diese Probleme werden durch den Wiederaufbau vertrauter Wörter umgangen. In einer kontrollierten Vergleichsstudie haben Hirth et al. (1985) diese Methode zur Verbesserung der Lesefertigkeit leseschwacher Schüler verwendet.

24 Schüler der 3. und 4. Grundschulklasse, die zu den 25% schlechtesten Lesern ihrer Klasse gehörten, wurden nach Zufall zwei Experimental– und einer Kontrollgruppe zugeteilt. Das Übungsmaterial bestand aus 480 Wörtern des Grundwortschatzes von Plickat (1980) und aus dem Lesebuchwortschatz von Schneider (1979) und wurde in 48 Gruppen zu zehn Wörtern aufgeteilt. Jede Gruppe enthielt Wörter, die Sequenzen von drei oder vier Buchstaben nach den Häufigkeitszählungen von Schönpflug (1969) enthielten. Die beiden Versuchsgruppen wurden von zwei Versuchsleitern nach detaillierten Übungsplä-

nen trainiert. Eine Gruppe von acht Schülern wurde sechs Wochen lang täglich einzeln einem 20 Minuten dauernden Training mit je zwei der oben beschriebenen Wortgruppen unterzogen. Die jeweils 20 Wörter wurden über eine Lerntrommel vorgegeben und dabei sukzessiv ab- und wieder aufgebaut. Ziel war das Erreichen des schnellsten Zeittaktes von 0,5 sec. Im zweiten Teil jeder Sitzung wurden die bearbeiteten Wörter mittels Lese- und Rätselspielen weitergeübt. Eine zweite Gruppe von acht schwachen Lesern hatte die Aufgabe, in dem vorgelegten Wortmaterial die Strukturgemeinsamkeiten zu entdecken und die Wörter nach diesen Gemeinsamkeiten in zwei Gruppen zu ordnen. Anschließend wurden diese Wortgruppen ebenfalls mit Hilfe einer Lerntrommel dargeboten und eingeübt. Anschließend wurden diese Wörter mittels Lese- und Rätselspielen weiter gefestigt. Nach je vier Sitzungen wurde der in der jeweiligen Woche bearbeitete Wortschatz noch einmal wiederholt. Eine dritte Gruppe nahm als Kontrollgruppe am normalen Klassenunterricht teil. Als Kriterium dienten 96 zufällig ausgewählte Wörter des Trainingsmaterials und 96 strukturgleiche, aber untrainierte Wörter. Die durchschnittlichen Wortlesezeiten wurden verglichen, desgleichen die Wortlesezeiten von vier Texten des Lesetests von Biglmaier (1963).

Während die beiden Trainingsgruppen sich nicht in ihren Leistungen unterschieden, zeigten sie signifikant kürzere Lesezeiten für geübte Wörter als die Kontrollgruppe. Bei nicht geübten Wörtern ergaben sich dagegen keine signifikanten Differenzen zur Kontrollgruppe. Sieben Monate später wurden Experimental- und Kontrollgruppen noch einmal untersucht. Sie unterschieden sich nicht in der Rekodiergeschwindigkeit für vertraute Wörter, jedoch in der Lesezeit für unvertrautes Wortmaterial. Die beiden Experimentalgruppen rekodierten Pseudowörter rascher als ihre nichttrainierten Kontrollpartner. Sie hatten offenbar einen Zuwachs an Rekodierungsfertigkeit erfahren.

Eine genauere Analyse der Rekodierungsgeschwindigkeit für Mono-, Di-, Tri- und Tetragramme erbrachte einen weiteren Übungseffekt. Die trainierten Kinder verarbeiteten jetzt deutlich größere Buchstabenkomplexe als ihre nichttrainierten Kontrollpartner. Dieser in einem nur zehnstündigen Übungsprogramm erzielte Entwicklungsfortschritt gegenüber der nichttrainierten Kontrollgruppe betrug im Durchschnitt etwa ein Jahr (Rott & Zielinski, 1986).

Inzwischen wurde das Lesetraining auf Computerbasis umgestellt und auf das Abbauen und Wiederaufbauen von Wörtern begrenzt. Eine verzögerte akustische Rückmeldung durch eine digital gespeicherte Frauenstimme unterrichtet den Schüler über die Richtigkeit seiner verbalen Reaktion. Zur Vergrößerung des motivationalen Anreizes sind die Rekodierungsübungen in eine Spielhandlung eingebettet, bei der ein Schiff sich von links nach rechts über den Bildschirm bewegt. Ein Läufer versucht im Wettstreit mit dem Schiff, die Ziellinie eher zu erreichen. Er darf vorrücken, wenn eine richtige Reaktion erfolgt, während der Lauf des Schiffes dadurch gebremst wird. Die Kinder haben die Möglichkeit, den Schwierigkeitsgrad der Übungen und in Abhängigkeit davon die Geschwindigkeit des Schiffes ihren individuellen Möglichkeiten anzupassen. Bei richtiger Geschwindigkeitswahl können sie dadurch ihre Erfolgschancen beim Wettrennen erhöhen.

Zwei Übungsversionen wurden hinsichtlich ihrer Effektivität miteinander verglichen. Ein insgesamt fünfstündiges Training wurde in Gruppe 1 über zehn Wochen verteilt, wobei die computergestützten Übungen wöchentlich 30 Minuten umfaßten (Pelzel, 1991). In der zweiten Gruppe erfolgte das Training in nur fünf Wochen, in denen die Schüler zweimal wöchentlich je 30 Minuten an den Leseübungen teilnahmen (Hoelscher, 1992).

Beide Trainingsversionen erzielten einen hochsignifikanten Übungsgewinn. Die Rekodierungsgeschwindigkeit reduzierte sich um durchschnittlich 150 msec. Die Fehlerzahl bei Mono– bis Trigrammen, die mit zwei bis drei Fehlern schon relativ gering war, ging im Durchschnitt um einen Fehler zurück. Am deutlichsten war der Fehlerrückgang bei Tetragrammen, wo sich die durchschnittliche Fehlerzahl von zehn Fehlern auf vier Fehler reduzierte. Zwischen den beiden Übungsgruppen ergab sich nur eine signifikante Differenz: Die massiert trainierte Gruppe erzielte gegenüber der verteilt trainierten bei Tetragrammen keinen Zugewinn an Rekodierungsgeschwindigkeit. Danach scheint zumindest bei schwierigerem Wortmaterial ein über längere Zeit verteiltes Übungsprogramm effektiver zu sein als ein massiertes Training.

Van Daal et al. (1994) untersuchten in mehreren Experimenten die differentiellen Effekte unterschiedlicher Trainingsversionen computergestützten Lesetrainings. Es machte keinen Unterschied, ob strukturierte oder unstrukturierte Wortlisten verwendet, die Wörter vor oder nach der Vokalgruppe getrennt vorgegeben oder das Lesen durch akustische Rückmeldung unterstützt wurde oder nicht. Alle Formen von Leseübungen führten zu einer signifikanten Reduktion der Wortlesezeiten.

Danach kann zusammenfassend festgehalten werden: Fortschritte in der Lesefertigkeit werden offenbar durch Leseübungen mit isolierten Wörtern erzielt. Sie drücken sich in einer Verringerung von Lesefehlern und einer Erhöhung der Rekodierungsgeschwindigkeit aus. Die Art der Leseübung scheint dagegen eine eher untergeordnete Rolle zu spielen. Der Einsatz von Computern mit akustischer Rückmeldung kann dabei die Arbeit der Lehrer erleichtern und die Lernmotivation der leseschwachen Schüler erhöhen.

## 5.2   Rechtschreibschwierigkeiten

Die Diagnose von Rechtschreibschwierigkeiten ist auf den ersten Blick einfach. Eine überdurchschnittliche Fehlerzahl in Diktaten scheint ein guter Indikator für Rechtschreibprobleme eines Schülers zu sein. Diktate sind jedoch oft mehr oder minder zufällige Zusammenstellungen von Rechtschreibproblemen und prüfen häufig das Beherrschen von Wortschreibungen, die im Unterricht oft noch nicht behandelt wurden (Schneider, 1980). Überdies ist die Einstufung eines Schülers aufgrund solch zufällig zusammengestellter Diktate deshalb problematisch, weil die Fehlerzahl nur die relative Position eines Schülers in Relation zur Leistungsverteilung der Klasse bestimmt. In einer überdurchschnittlich befähigten Klasse wäre der Schüler mit der größten Feherzahl u.U.

noch ein Durchschnittsschüler, würde man ihn mit den Leistungen einer größeren Stichprobe vergleichen.

Diese Probleme vermeiden Rechtschreibtests, die Vergleichsnormen größerer repräsentativer Vergleichsstichproben liefern. Sie arbeiten in der Regel nach dem gleichen Prinzip: In Satzlücken sind vom Schüler die diktierten Wörter einzusetzen. Dem Vorteil einer überregionalen Standardisierung steht der Nachteil der Lehrgangsferne der Testwörter gegenüber. Durch Bezug auf einen durch Vergleich mit Lehrplänen und Lehrbüchern definierten Grundwortschatz soll dieser Nachteil in Grenzen gehalten werden. Zu dieser Gruppe von Verfahren zählen die Tests von Birkel (1994a, b), Rathenow und Peh (1984) sowie von Rathenow und Raatz (1973), die alle im Grundschulalter eingesetzt werden können. Für die Sekundarstufe I bieten sich die Rechtschreibtests von Birkel (1990), Rathenow (1979) und Rathenow et al. (1981) an. Sie alle ermöglichen eine relativ objektive und zuverlässige Schätzung der Rechtschreibfertigkeit bei Wörtern des Grundwortschatzes. Werden sie mit einer ganzen Klasse durchgeführt, ist auch deren Einstufung in Relation zu einer überörtlichen Leistungsverteilung möglich. Mit dem WRT 3+ von Birkel (1994b) ist erstmals auch ein gesamtdeutsch geeichter Rechtschreibtest auf dem Markt.

Eine Objektivierung einer unterdurchschnittlichen Rechtschreibleistung ist jedoch nicht ausreichend. Sie hilft zwar, diejenigen Schüler zuverlässig ausfindig zu machen, die eines Rechtschreibtrainings bedürfen; Hinweise auf Behandlungsansätze bieten sie in der Regel nicht. Derartige Informationen versprechen Rechtschreibtests mit dem Zusatz 'Diagnostisch'. Zu ihnen gehören die Diagnostischen Rechtschreibtests DRT 1, DRT 2 und DRT 3 von Müller (1990, 1983a, b) für die Klassen 1–3 sowie der DRT 4 von Grund et al. (1994) und der DRT 4–5 von Meis (1970) für die Klassen 4–5. Während der DRT 1 (Müller, 1990) nur lautgetreu zu schreibende Lückenwörter anbietet und damit die Güte der phonologisch–graphemischen Übersetzung entsprechend dem Entwicklungsmodell von Scheerer–Neumann (1987) abzuschätzen erlaubt, benutzen DRT 2 und DRT 3 (Müller, 1983a, b) eine Klassifikation der Falschschreibungen in Wahrnehmungs–, Merk– und Regelfehler, deren theoretische Basis fragwürdig ist. Die Fehlerklassifikationen von Grund et al. (1994) und Meis (1970) sind dagegen pragmatischer und orientieren sich mehr an Unterscheidungen in Lehrplänen. Allen fehlertypologischen Auswertungen ist das Problem inhärent, daß Rechtschreibfehler keine sehr stabilen Ereignisse sind, sondern aufgrund vieler Bedingungen fluktuieren können. Das liegt u.a. daran, daß aus zeitökonomischen Gründen je Fehlerkategorie nicht genügend Testwörter eingesetzt werden können. Meis (1970) rät daher, zur Erhöhung der Meßzuverlässigkeit beide Parallelformen zu applizieren.

Einen ganz anderen Ansatz zur Rechtschreibdiagnose empfiehlt Brügelmann (1986), der ähnlich wie Scheerer–Neumann (1987) die Rechtschreibentwicklung als einen Prozeß der allmählichen Annäherung an eine Rechtschreibnorm auffaßt, die mit einzelnen Buchstaben beginnt und über Wortfragmente sich langsam der Schreibnorm annähert. Je mehr Laute korrekt in die entsprechenden Phoneme übersetzt werden können, desto weiter ist die Entwicklung auf dem Wege zur lauttreuen Rekodierung fortgeschritten, selbst wenn ein oder zwei Unkorrektheiten ein Wort immer noch als fehlerhaft erscheinen lassen. Nach und nach werden immer mehr Besonderheiten einer Schreibweise wie Dehnung, Konsonantenverdoppelung und Umlaute mit der phonetischen Schreibweise assoziiert, bis ein Wort der lexikalischen Vorschrift entspricht. Das Beispiel von May (1990) in Kapitel 4.1.3 veranschaulicht diesen Ansatz. Tabelle 5.2 soll diese qualitative Sichtweise noch einmal am Beispiel eines anderen Testwortes verdeutlichen.

**Tab. 5.2:** Beispiel für die Entwicklungssequenz der Schreibung des Wortes 'Fahrrad' nach May (1990)

| | Gruppe | | | | |
|---|---|---|---|---|---|
| | I | II | III | IV | V |
| Kl. 1 Mitte | fa–rat | fa–rat | fa–r-t <br> fa–rat | f—–r-t | —— <br> f—— |
| Kl. 1 Ende | fa–rat <br> fa–rad | fa–rat | fa–rat | fa–rat | f——t <br> f—r-t |
| Kl. 2 Mitte | fa–rad | fa–rat <br> fa–rad | fa–rat | fa–rat | fa–r-t <br> fa–rat |
| Kl. 2 Ende | fah-rad | fa–rad <br> fa–rad | fa–rat | fa–rat | fa–rat |
| Kl. 3 Mitte | fahrrad | fah-rad | fa–rad | fa–rat <br> fa–rad | fa–rat |
| Kl. 3 Ende | | fah-rad <br> fahrrad | fah-rad | fa–rad <br> fah-rad | fa–rat <br> fa–rad |
| Kl. 4 Mitte | | | fahrrad | fah-rad <br> fahrrad | fa–rad <br> fah-rad |
| Kl. 4 Ende | | | | fah-rad <br> fahrrad | fah-rad |

Anhand der Spalte V sind die Entwicklungsfortschritte der Rechtschreibung deutlich zu erkennen, obwohl die richtige Schreibweise des Wortes Fahrrad auch am Ende der 4. Klasse noch nicht erreicht ist. Die korrekte Schreibung schon in der 2. Klasse zu verlangen und alle Abweichungen ohne Beachtung des Abweichungsgrades vom Erwartungswert als gleich negativ zu bewerten, bedeutet für schwache Rechtschreiber eine klare Überforderung. Sie verstellt Rechtschreibbemühungen außerdem den Weg für die motivierende Bewertung eines individuellen Lernzuwachses, wenn sie nur die völlige Übereinstimmung mit der lexikalischen Vorgabe gelten läßt.

Damit sind nach May (1990) die Teilziele für eine Behandlung von Rechtschreibschwierigkeiten gegeben: (s. folgende Seite)

1. Sicherung der Übersetzung einzelner Phoneme in die entsprechenden Grapheme
2. Übersetzung einzelner kurzer Lautfolgen (fa—-)
3. Graphemische Wiedergabe der groben Lautstruktur (fa–r-t)
4. Vollständige Verschriftung der Lautstruktur (fa–rat)
5. Beachtung einfacher orthographischer Elemente (bleter statt bleta)
6. Beachtung spezifischer Regeln zur Auslautbildung (fa–rad), zur Umlautableitung (blä-ter), Vokallänge (fah-rad) oder Vokalkürze (blätter)
7. Beachtung der Morphemsegmentierung (fahrrad)

Bis die Endstufe dieser Entwicklung erreicht ist, haben viele schwache Rechtschreiber einen langen und frustrierenden Weg zurückzulegen, da schnelle Erfolge wegen der hohen Komplexität mancher Wörter und der hohen Anforderungen, die an die völlige Korrektheit der Schreibung geknüpft sind, meist ausbleiben. Durch eine Anerkennung auch kleiner Lernfortschritte können auch schwachen Lernern Erfolgserlebnisse vermittelt werden.

Übungsfortschritte im Rechtschreiben versprechen in letzter Zeit zunehmend Computerprogramme, die ungeduldigen und enttäuschten Eltern Hoffnung machen. Da sie in Schulen meist noch nicht eingeführt sind oder wegen des Fehlens von Computern gar nicht eingeführt werden können, bieten kommerzielle Institutionen ihre Dienste an. Am weitesten verbreitet ist das integrierte Diagnose– und Förderprogramm von Biglmaier (1987). Es ermittelt zunächst die häufigen Fehler eines Schülers, die analysiert und zur Auswahl der Übungsaufgaben benutzt werden. Ziel ist die Richtigschreibung eines Grundwortschatzes. Unterschiedliche Darbietungsweisen sollen die Lernmotivation erhalten. Eine Studie zeigte, daß Kinder, die täglich 15–30 Minuten am Computer arbeiteten, bereits innerhalb von vier Wochen merkliche Fortschritte machten.

Masendorf et al. (1990) verwendeten ein audio–visuelles Computersystem von Grebe (1987) zum Rechtschreibtraining bei lernbehinderten Sonderschülern, das eine akustische Rückmeldung ermöglicht. Durch ein vierwöchiges Training mit Silbenmaterial konnte das Ausmaß der Grobgliederungsfehler genüber einer nichttrainierten Kontrollgruppe deutlich reduziert werden.

Derartige Befunde lassen die Hoffnung aufkeimen, daß sich durch den Einsatz von Computern Rechtschreibschwierigkeiten einfach reduzieren lassen. Untersuchungen in den USA, wo Computer schon länger im Einsatz sind, dämpfen diese Erwartungen etwas. So fanden manche Untersucher keinen Unterschied zwischen Training am Computer und anderen Übungsformen (vgl. Vaughn et al., 1992, 1993), andere kommen sogar zu dem Ergebnis, daß Schreiben dem Tippen am Computer überlegen ist (Cunningham & Stanovich, 1990).

Möglicherweise sind erste Erfolge mit Computerprogrammen in Deutschland auch auf den motivierenden Neuheitseffekt zurückzuführen, der mit der Dauer des Computergebrauchs nachläßt, wie Brügelmann (1990) beobachten konnte. Andererseits ist Rechtschreibtraining ein so schwieriges und langwieriges Geschäft, daß alle Möglichkeiten zu seiner Erleichterung systematisch genutzt werden sollten. Allerdings ist der Fortschritt zukünftig wohl weniger von einer Verbesserung der Hardware als vielmehr von einer Optimierung der Programme zu erwarten, die verbesserungsbedürftig sind. Als eine Möglichkeit zur abwechslungsreichen Gestaltung der erforderlichen langwierigen Übungen können Computer derzeit aber einen motivationsfördernden Beitrag leisten.

Viele schwache Rechtschreiber kommen trotz aller Übung häufig nicht über die alphabetische Stufe hinaus. Die wortspezifischen Zusatzinfomationen können sie häufig nicht speichern. Sie versuchen deshalb, selbst Regeln zu bilden, um die Informationsflut für sich zu reduzieren. Diese selbst generierten Regeln sind jedoch oft fehlerhaft und scheitern an zu vielen Ausnahmen oder an Übergeneralisierungen. Sie werden deshalb schnell wieder verworfen und durch andere, ebenso unvollkommene ersetzt.

Dieses Regelbedürfnis haben Staiber et al. (1986 a,b) zum Ansatz für ein Rechtschreibprogramm auf Regelbasis genommen, das mit einigen Grundregeln auskommt und nur genau definierte Ausnahmen zuläßt. Es umfaßt die Regeln für die Großschreibung, die Unterscheidung von Vokal und Konsonant, den Aufbau des deutschen Wortes in Anfangs-, Stamm- und Endmorphem, die Regel für die Konsonantenverdoppelung, die Regel für die Darstellung des langen Vokals und das Diktattraining. Begleitet wird das Programm durch das Einprägen einer begrenzten Zahl von Ausnahmeschreibweisen und schwierigen Häufigkeitswörtern. Ziel ist das Einprägen und selbständige Anwenden eines Kontrollalgorithmus zur Vermeidung von Rechtschreibfehlern.

Eine Überprüfung der Effektivität des Regeltrainings an Haupt- und Realschülern, von denen ein Teil ein konventionelles Förderprogramm erhielt, erbrachte einen Lerngewinn der beiden Fördergruppen von 8% gegenüber einer nichttrainierten Wartekontrollgruppe. Die beiden Förderprogramme unterschieden sich dagegen nicht voneinander. Nach einer Verbesserung des Regeltrainingsprogramms zeigte sich bei einer erneuten Überprüfung an Realschülern ein leichter Vorteil des Regelprogramms vor dem konventionellen Förderprogramm (Staiber, 1987). Als problematisch erwies sich die Umsetzung des Übungsprogramms durch die dafür gewonnenen Klassenlehrer. Diese führten nämlich das Programm entweder nicht voll durch oder glaubten, es eigenmächtig verbessern zu können. Die Folge war, daß ihre Schüler im Gegensatz zu den von Staiber selbst trainierten Schülern den Kontrollalgorithmus lediglich unvollkommen beherrschten. Die Beherrschung der Regeln war jedoch eine wichtige Bedingung des Übungserfolges. So machten Schüler, die die Regel zur Konsonantenverdoppelung niederschreiben konnten, 12% weniger Verdoppelungsfehler als Schüler, die dies nicht konnten.

Insgesamt gesehen ist das Regeltrainingsprogramm offenbar so anpruchsvoll, daß es nur in der Sekundarstufe anwendbar ist und dort am besten im Realschul- und Gymnasialbereich. In der Hauptschulstufe können einzelne Teilsysteme wie etwa zur Großschreibung oder Konsonantendopplung eingesetzt werden.

## 5.3 Rechenschwierigkeiten

Für die Diagnose von Rechenschwierigkeiten stehen weit weniger Verfahren zur Verfügung als zur Diagnose von Lese–Rechtschreibschwierigkeiten. Von diesen eignen sich nach dem Urteil von Lorenz (1990), einem renommierten Fachmann für Rechenschwierigkeiten, weder der *Mathematik-Test für 2. Klassen MT 2* von Feller (1981) noch der *Diagnostische Rechentest für 3. Klassen DRE* zur Ableitung remedialer Maßnahmen. Der vielversprechende und lange angekündigte Test *Strukturbezogene Aufgaben zur Prüfung mathematischer Einsichten PME 1–2* von Kutzer und Probst (i.Vorb.) wird vermutlich nicht erscheinen, und der *Test für operatives Rechnen TOR 5* von Viet (1977) ist im Auslaufen begriffen. Ob zwei in der deutschsprachigen Schweiz geeichte Verfahren, der *Schweizer Rechentest 1.–3. Klasse* von Lobeck und Frei (i.Vorb.) oder der *Schweizer Rechentest 4.–6. Klasse* von Lobeck et al. (i.Vorb.), von denen der zweite für den Einsatz in Sonderschulen gedacht ist, sich in bundesrepublikanischen Schulen bewähren werden, ist derzeit noch nicht abzusehen. Mehr als Grobklassifikationen der Schülerleistungen vermögen sie kaum zu leisten. Damit ist das Testangebot im mathematischen Bereich erschöpft, sieht man einmal von Verfahren für 9. und 10. Klassen ab.

Bei dieser Sachlage ist der Lehrer entweder auf den Einsatz informeller Tests angewiesen, die inzwischen für eine ganze Reihe von Mathematiklehrwerken zu haben sind, oder er muß sich auf seine eigenen diagnostischen Fähigkeiten besinnen. Will er nicht nur Mathematikleistungen beurteilen, sondern auch remediale Maßnahmen aus den Analyseergebnissen ableiten, so ist nach den in Kapitel 4.3 gemachten Ausführungen der fehleranalytische Ansatz die Methode der Wahl. Wie eine Diagnose zur Ermittlung des Ausgangsniveaus für eine gezielte Intervention aussehen könnte, haben kürzlich Kornmann und Wagner (1990) demonstriert.

Im ersten Schritt soll ermittelt werden, welche Klassen von Aufgaben ein Schüler bei mündlicher Vorgabe schriftlich lösen kann. Ein Lösungsprozentsatz von 90% wird als Kriterium angesetzt. Aufgabenklassen, bei denen das Kriterium verfehlt wird, können entweder gleich einer Fehleranalyse oder einer erleichternden Bedingung zugeführt werden. Gingen Fehler nur auf Hörfehler zurück, sollten sie bei schriftlicher Vorgabe der Aufgaben nicht mehr auftreten. Andernfalls wäre entweder sofort eine Fehleranalyse angebracht, oder es sollte zuvor untersucht werden, ob sich Subklassen von Aufgaben bilden lassen, die sich durch ihre Fehlerfrequenz unterscheiden. Bei der Aufgabenklasse mit den wenigsten Fehlern wäre sodann zu prüfen, ob sich ein Präsentationsniveau ermitteln läßt, auf dem die Aufgabenlösung gelingt und von dem aus das nächst schwierigere Präsentationsniveau angesteuert werden kann. Nach Erreichen des Kriteriums könnte sich die Strategie der Aufgabenklasse mit der größeren Fehlerzahl zuwenden und so fort. Sollten sich bei dieser Untersuchung Ausfälle auf tieferen Lernzielebenen ergeben, müßten diese diagnostiziert und erforderlichenfalls bis in den pränumerischen Bereich verfolgt werden. Die diagnostische Sequenz zeigt Abbildung 5.1.

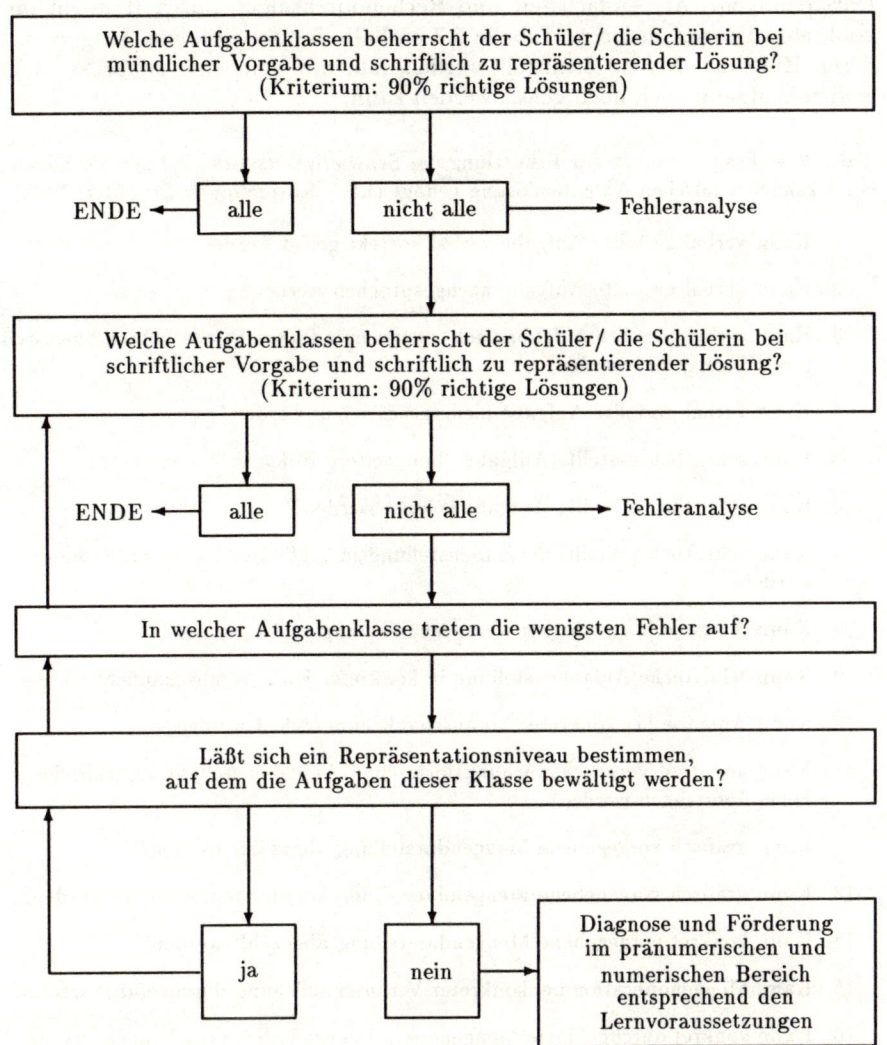

**Abb. 5.1:** Abfolge von Fragestellungen zur Ermittlung des individuellen Lernstandes für Additionsaufgaben im Raum bis 20 (aus Kornmann & Wagner, 1990, S. 216)

Kann ein Schüler Aufgaben einer bestimmten Schwierigkeitsklasse wiederholt nicht lösen, ist eine fehleranalytische Feindiagnose erforderlich. Kornmann und Schäffler (1988) schlagen vor, durch eine systematische Erleichterung der Aufgabe das Niveau zu bestimmen, auf dem eine anfangs verfehlte Lösung doch noch zustande kommt. Dabei gehen sie davon aus, daß Rechenaufgaben in sprachlich–symbolischer Form ohne Veranschaulichungsmittel den höchsten

Schwierigkeitsgrad haben. Leichter sind Rechenoperationen mit bildlichen Darstellungen. Am einfachsten sind Rechenoperationen durch Handeln mit konkreten Dingen zu lösen. Tabelle 5.3 enthält eine Sequenz von Fragen, mit deren Hilfe das Niveau ermittelt werden soll, auf dem eine zunächst nicht gelöste Aufgabe doch noch gelöst werden kann.

**Tab. 5.3:** Fragensequenz zur Ermittlung der Schwierigkeitsstufe, auf der die Lösung einer zunächst falschen Aufgabenlösung gelingt (nach Kornmann & Schäffler, 1988)

1. Kann verbal gestellte Aufgabe verbal korrekt gelöst werden?

2. Kann verbal gestellte Aufgabe nachgesprochen werden?

3. Kann verbal gestellte Aufgabe nach eigener mündlicher Wiederholung ohne weitere Hilfen gelöst werden?

4. Kann verbal gestellte Aufgabe niedergeschrieben werden?

5. Kann schriftlich gestellte Aufgabe ohne weitere Hilfen gelöst werden?

6. Kann schriftlich gestellte Aufgabe gelesen werden?

7. Kann schriftlich gestellte Aufgabenstellung in grafischer Form veranschaulicht werden?

8. Kann Aufgabe bei grafischer Veranschaulichung gelöst werden?

9. Kann schriftliche Aufgabenstellung in konkreter Form veranschaulicht werden?

10. Kann Aufgabe bei konkreter Veranschaulichung gelöst werden?

11. Kann konkrete Veranschaulichungsform einer Aufgabenstellung in grafische Form übertragen werden?

12. Kann grafisch vorgegebene Mengendarstellung abgezählt werden?

13. Kann grafisch vorgegebene Mengendarstellung konkret repräsentiert werden?

14. Kann konkret vorgegebene Mengendarstellung abgezählt werden?

15. Kann Mengenoperation bei konkreter Veranschaulichung durchgeführt werden?

16. Kann konkret durchgeführte Mengenoperation grafisch veranschaulicht werden?

Wie die Tabelle verdeutlicht, werden die Aufgaben zunehmend leichter. Auf diese Weise wird stufenweise das Repräsentationsniveau ermittelt, auf dem eine Aufgabenlösung möglich wird. Umgekehrt ermöglicht die Stufung für das weitere heilpädagogische Vorgehen ein sukzessives Angehen der nächst höheren Schwierigkeitsstufe.

Die von Kornmann und Schäffler (1988) vorgeschlagene Kombination von Grob– und Feinanalyse bei der Ermittlung des Basisniveaus arithmetischer Leistungen ermöglicht eine Anpassung von Interventionsmaßnahmen an die individuellen Bedürfnisse eines Schülers. Obwohl zunächst für die Analyse von

Rechenschwierigkeiten im Raum bis 20 konzipiert, ist dieser Ansatz prinzipiell auch auf andere Bereiche übertragbar. Algorithmen in dieser differenzierten Form für andere Zahlenräume fehlen derzeit noch. Doch lassen andere fehleranalytische Analysen sich durchaus mit dem Ansatz von Kornmann und Schäffler (1988) kombinieren. Fehleranalytische Versuche beschreiben z.B. Gerster (1982, 1984), Lorenz (1984, 1987), Pellegrino und Goldman (1987), Radatz (1980) sowie Sander und Berger (1985). Ihre Ergebnisse sollten nach Meinung von Radatz jedoch nicht einfach übernommen werden, sondern lediglich Anregungen für eigene Fehleranalysen des Lehrers bieten.

Ein besonderes Problem stellen Textaufgaben dar. Während das Sachrechnen für Lorenz (1992) eine 'Nebenphase' darstellt, sehen Mathematikdidaktiker wie z.B. Schoenfeldt (1992) das Rechnen in Sachzusammenhängen als die eigentliche Quelle mathematischen Denkens an. Aber gerade hier haben Kinder größere Probleme, wie die Untersuchung von Stern (1994 b) belegt. Die größten Schwierigkeiten haben Kinder offenbar bei sog. Vergleichsaufgaben, die geringsten bei Angleichungsaufgaben und bei Kombinationsaufgaben, bei denen die Gesamtmenge unbekannt ist. Prüfungen des Textrechnens sollten diese Rangordnung berücksichtigen und mit den leichtesten Aufgabenformen beginnen. Weitere Erleichterungen sind nach Untersuchungen von Stern und Lehrndorfer (1992) und Stern (1994 b) die Einbettung der Aufgaben in einen den Kindern vertrauten Kontext und die Vermeidung abstrakter Formulierungen.

Für die Behandlung von Wissenslücken ist eine Fülle von Übungsmaterial auf dem Markt. Eine kommentierte Übersicht bietet die Arbeit von Grissemann und Weber (1990). Lorenz (1992) betont die Rolle von Anschauung und Veranschaulichungsmitteln bei der Behandlung von Rechenschwierigkeiten und empfiehlt erforderlichenfalls ein Zurückgehen auf Handlungen mit konkreten Materialien. Den förderlichen Effekt der Verwendung konkreten und bildlichen Materials gegenüber Übungen mit reinem Zahlenmaterial konnten auch Peterson et al. (1988) demonstrieren.

Zur Unterstützung des Aneignungsprozesses empfiehlt Carnine (1989)

- die sukzessive Darbietung von Informationen, um eine Überforderung der Gedächtniskapazität zu vermeiden

- die Reduzierung der Komplexität der auszuführenden Operationen

- das Einüben von Fakten zur Unterstützung des Behaltens

- die Vermeidung ähnlicher Symbole, um Störprozesse zu reduzieren

- die Vermittlung von Einsichten in die Bedeutsamkeit neuen Lernens

Mastropieri et al. (1991) haben Untersuchungen zur Behandlung von Rechenschwierigkeiten gesichtet und kommen zu folgendem Ergebnis:

- Rückmeldungen über die eigenen Anstrengungen haben positive Auswirkungen sowohl auf die erlebte Selbstwirksamkeit als auch auf die Rechenleistungen.

- Verstärkungen erhöhen die Geläufigkeit erworbener Fertigkeiten.

- Ergebnisrückmeldungen, Demonstrationen und Veranschaulichungsmittel fördern Aneignung, Behalten und Übertragung des Gelernten auf neue Situationen.

- Kooperative Lernformen sowie der Einsatz von Schülern als Tutoren können die Rechenleistungen fördern.

- Computerprogramme eignen sich besonders zu Übungszwecken. Ihre beste Wirkung entfalten sie in Kombination mit Instruktionen durch den Lehrer.

- Das Setzen selbstgesteckter Ziele ist effektiver als die Übernahme fremdgesetzter Anweisungen.

- Mnemotechnische Hilfen in Form bildlicher Vorstellungen sowie die Einbeziehung visueller, auditiver und kinästhetischer Hilfen erleichtern den Erwerb und das dauerhafte Behalten arithmetischer Kenntnisse.

- Das selbsttätige Verbalisieren von Problemlösestrategien während der Bearbeitung von Textaufgaben nach ausführlicher Einführung und Überwachung durch den Lehrer wirkt sich positiv auf das Ergebnis aus.

- Das Lösen von Textaufgaben wird erleichtert durch Einüben und Befolgen nachstehender Anweisungen:

  - vor dem Rechnen:
    * Lies die Aufgabe!
    * Kreise die Zahlen ein!
    * Suche die wichtigen Worte und unterstreiche sie!
    * Zeichne ein Bild, um dir klarzumachen, worum es geht!
    * Lies die Aufgabe noch einmal!
    * Prüfe, um welches Operationszeichen es sich handelt!
    * Entscheide, welche Operation auszuführen ist!

  - nach dem Rechnen:
    * Lies die Aufgabe noch einmal!
    * Überprüfe die Operation!
    * Prüfe die Rechnungen!
    * Überprüfe das Ergebnis!

Insgesamt haben sich nach Mastropieri et al. (1991) folgende Techniken bei der Behandlung von Rechenschwierigkeiten bewährt:

- direkte Erklärungen durch den Lehrer

- Einübung von Lösungsstrategien

- Arbeiten mit aufgabenrelevanten Arbeitsblättern

- Unterstützung durch Mitschüler als Tutoren

- Einsatz von Computerprogrammen

- direkte Überprüfungen der Lernergebnisse durch den Lehrer

- konsequente Ergebnisrückmeldungen und

- kontingente Verstärkungen.

# Wiederholungsfragen

1. Wie lassen sich phonematische Differenzierungsschwierigkeiten diagnostizieren und beseitigen?

2. Welche Möglichkeiten gibt es, Leseschwierigkeiten zu diagnostizieren und zu beheben?

3. Wie lassen sich Rechtschreibschwierigkeiten identifizieren und behandeln?

4. Wie können mögliche Ursachen von Rechenschwierigkeiten ermittelt werden?

5. Wie lassen sich Rechenschwierigkeiten vermindern?

# Antworten

1. Phonematische Differenzierungsschwierigkeiten lassen sich durch Aufgaben identifizieren, bei denen z.B. der erste Laut eines Wortes ausgelassen werden soll, oder durch die Aufgabe, bei vorgesprochenen Wörtern den Laut 'A' durch den Laut 'I' zu ersetzen.

   Differenzierungsfähigkeiten lassen sich durch gezieltes Training der Lautsegmentierung und Lautkategorisierung nach Reimen fördern. Am erfolgreichsten sind Trainingsprogramme, die Lautdifferenzierung und Einführung von Graphem–Phonem–Verbindungen miteinander verbinden. Das umfangreichste Programm zur phonematischen Differenzierung findet sich bei Breuer und Weuffen (1993).

2. Der Diagnostische Lesetest zur Früherfassung von Lesestörungen (Müller, 1984) ermöglicht die Prüfung, welche Buchstaben–Lautverbindungen ein schwacher Leser beherrscht, welche Worte des Grundwortschatzes er schon wiedererkennt, ob er fremde Wörter bereits synthetisierend lesen kann und ob er schon einzelne Silben simultan erfaßt. Durch Vorgabe von Listen mit Mono– bis Tetragrammen und Zeitnahme (Rott & Zielinski, 1985) kann geprüft werden, ob Silben bereits genau so schnell gelesen werden können wie Monogramme oder ob ein Schüler unvertraute Wörter noch sukzessiv lautierend lesen muß.

   Eine Lesetherapie muß zunächst die automatisierte Beherrschung der Graphem–Phonem–Verbindungen sicherstellen. Durch sukzessiven Ab– und Wiederaufbau bekannter Wörter wird die Lautsynthese gefördert. Durch Lesen einzelner Wörter wird das rekodierende Lesen trainiert. Ziel eines Trainings der Lesefertigkeit ist die simultane Rekodierung immer längerer Silben und die Verkürzung der Lesezeit. Sie ist Voraussetzung für sinnverstehendes Lesen, das durch Lesefehler erschwert wird.

3. Allgemeine Rechtschreibtests erlauben nur eine Objektivierung eines allgemeinen Rechtschreibdefizits. Diagnostische Rechtschreibtests versprechen mehr, als sie halten können, da bislang keine sinnvollen Fehlerkategorien existieren. Am ehesten hat sich ein diagnostischer Ansatz bewährt, der Rechtschreibfehler als Indikatoren des Entwicklungsstandes der Rechtschreibfertigkeit auffaßt. An der Art der Fehler läßt sich ablesen, wie vollständig und wie gut die Übersetzung von Phonemen in ihre korrespondierenden Grapheme bereits funktioniert und ob bereits Regelhaftigkeiten und orthographische Besonderheiten beachtet werden.

151

Eine Rechtschreibtherapie hätte zunächst die wichtigsten Phonem–Graphem–Beziehungen zu sichern, dann die Übersetzung kurzer, später längerer Lautfolgen zu üben mit dem Ziel der vollständigen Verschriftung der Lautstruktur. Zunehmend wären einfache Regeln, wie etwa die zur Umlautableitung, einzuführen und die morphematische Wortstruktur transparent zu machen. Orthographische Besonderheiten, etwa bei Fremdwörtern, wären zurückzustellen und nur bei bedeutsamen Wörtern herauszustellen. Computergestützte Rechtschreibprogramme (Biglmaier, 1987; Grebe, 1987) stellen eine motivierende Trainingshilfe dar.

4. Zur Grobdiagnostik von Rechenschwierigkeiten eignen sich lehrzielorientierte Tests, die für viele moderne Mathematiklehrgänge erhältlich sind. Bei der Feinanalyse sollte ermittelt werden, durch welche Erleichterungen Aufgabenlösungen, die zuvor nicht gelangen, doch noch möglich sind.

5. Interventionsmaßnahmen sollten auf der Stufe beginnen, auf der keine Ausfälle zu registrieren sind. Dazu bedarf es zuvor der Inventarisierung der vorhandenen und nicht vorhandenen Vorkenntnisse, bis das Basisniveau ermittelt ist.

Die Aufarbeitung von Kenntnislücken wird durch Veranschaulichung und Demonstration, Ergebnisrückmeldungen, Einüben von Fakten und Lösungsstrategien sowie deren Übertragung auf andere Situationen erleichtert. Kontingente Verstärkungen fördern die Geläufigkeit erworbener Fertigkeiten, Rückmeldungen über Anstrengungen die erlebte Selbstwirksamkeit.

# Kapitel 6

# Prävention von Lernschwierigkeiten

Der beträchtliche Aufwand, der getrieben werden muß, um entstandene Lernschwierigkeiten wieder zu beheben, gibt Anlaß zu der Frage, ob nicht durch eine frühzeitige Behandlung der zu betreibende Aufwand verringert werden kann. Ideal wäre eine Intervention bereits vor Eintritt der Lernprobleme, so daß diese erst gar nicht auftreten. Der Erfolg einer Prävention hängt dabei entscheidend davon ab, wie gut spätere Schwierigkeiten vorhergesagt werden können. An einigen Beispielen soll dieser Ansatz demonstriert werden. Dabei wird zwischen der Identifizierung von Risikopersonen und von Risikobedingungen unterschieden.

## 6.1   Identifizierung von Risikopersonen

### 6.1.1   Diagnostik und Intervention vor Schuleintritt

Die Befunde zur Bedeutung der phonematischen Segmentierung als einer notwendigen Bedingung des Erwerbs der Phonem–Graphem–Korrespondenz–Regeln, die in Kapitel 3 diskutiert wurden, lassen es als möglich erscheinen, diese Fähigkeit wie in den zitierten Arbeiten bereits im Kindergarten zu untersuchen. Als einfacher Screeningtest ließe sich dabei die von Landerl et al. (1992) verwendete Aufgabe einsetzen, bei der die Kinder bei vorgesprochen Worten den Vokal 'A' durch den Vokal 'I' ersetzen sollen. An vier Übungsbeispielen mit einsilbigen Wörtern (Bach, Schaff, Ball, Franz), bei denen der Versuchsleiter das Wort erst nachsprechen läßt, die richtige Antwort dann selbst gibt und noch einmal wiederholen läßt, wird die Aufgabe eingeübt. Danach erfolgen drei Testaufgaben (Hans, brav, Sand). Nach drei Übungsaufgaben mit zweisilbigen Wörtern (Ata, Papa, Hanna) folgen drei weitere Testaufgaben (Anna, Mama, Trara). Nach jeder Antwort erfolgt eine Rückmeldung, ob die Antwort richtig ist oder wie sie hätte lauten sollen. Kinder, die zwei Lösungen oder mehr erbringen, haben gute Chancen, am Ende der 2. Klasse zu den guten Lesern und Rechtschreibern zu gehören. Kinder, die keine der Aufgaben lösen, können mit den etwas aufwendigeren Aufgaben zur phonemischen Bewußtheit von Lundberg et al. (1988) untersucht werden, die in Kapitel 5.1

vorgestellt wurden. Versagen sie auch hierbei, läßt sich mit den Aufgaben zur Satz– und Silbensegmentierung von Lundberg et al. (1988) prüfen, ob wenigstens diese Grobgliederung gelingt. Kinder, die auch diese leichten Aufgaben nicht lösen können, stehen in der Gefahr, beim Leselernprozeß zu versagen. Sie sollten deshalb bereits im Kindergarten ein längerfristiges Übungsprogramm zur Verbesserung der phonemischen Bewußtheit erhalten, wie in Kapitel 5.1 beschrieben wurde.

### 6.1.2 Diagnostik und Intervention bei Schuleintritt

Seit Kern (1954) einen Zusammenhang zwischen Sitzenbleiben und mangelnder Schulreife postuliert und gefordert hatte, schulunreife Kinder zurückzustellen, um das drohende Schulversagen zu vermeiden, wurde von dem Mittel der Zurückstellung zunehmend Gebrauch gemacht. Mit dem Ausbau vorschulischer Fördereinrichtungen ließ der anfängliche Widerstand gegen diese Maßnahme nach, nachdem sich gezeigt hatte, daß der überwiegende Teil derjenigen Kinder, die während der Zeit der Zurückstellung in einer solchen Einrichtung betreut wurden, später keine Lernschwierigkeiten hatte (Kornmann, 1975).

Die so praktizierte vorbeugende Selektion mit anschließender Förderung setzt diagnostische Verfahren voraus, die es gestatten, Kinder mit voraussichtlichen Lernschwierigkeiten einigermaßen treffsicher zu identifizieren. Die Zahl der inzwischen zu diesem Zweck entwickelten Schuleingangstests ist stetig gestiegen. Sie korrelieren zwischen .60 (Duisburger Vorschul– und Einschulungstest DVET, Meis, 1973) und .71 (Kieler Einschulungsverfahren KEV, Fröse et al., 1986) mit dem Schulerfolg nach einem Jahr und erreichen zuweilen Spitzenwerte von .77 (Visuomotorischer Schulreifetest VSRT, Esser & Stöhr, 1990). Diese an sich überdurchschnittlich hohen Validitätskoeffizienten verlieren allerdings ihren Glanz vor dem Hintergrund einer Grunderfolgswahrscheinlichkeit von 90% für das Erreichen des Klassenziels der 1. Klasse. Bei einer derzeit üblichen Selektionsquote von 10% ist nach Berechnungen von Tiedemann (1974) daher vom Einsatz von Schulreifetests kaum eine größere Trefferquote zu erwarten als bei Einschulung aller Schüler.

Bei dieser Betrachtungsweise wird allerdings davon ausgegangen, daß es keine Rolle spielt, ob ein nicht schulfähiger Schüler zu Unrecht aufgenommen oder ein schulfähiges Kind zu Unrecht zurückgewiesen wird. Tatsächlich ist der Fehler der ersten Art vermutlich schwerwiegender, da ein von Überforderungserlebnissen frustriertes Kind für sein ganzes schulisches Leben Schaden nehmen kann. Einschulungstests sind daher für solche Fälle unverzichtbar, wo begründeter Verdacht auf mangelnde Schulfähigkeit besteht. Ob man in diesem Fall jedoch auf Schulreifetests zurückgreifen sollte, ist nach den Analysen von Tiedemann (1977) allerdings eine offene Frage. Die prognostische Validität dieser Verfahren geht nämlich zum größten Teil auf ihre gemeinsame Varianz mit Intelligenztests zurück, die i.d.R. besser konstruiert und vor allem altersnormiert sind. Ein Fehler der zweiten Art ist dagegen weniger gravierend, seit entsprechende Vorschuleinrichtungen mit Förderprogrammen die Zurückgestellten auffangen und auf die Schule vorbereiten.

Zu Risikokindern im Rahmen der Einschulung sind auch Schüler zu rechnen, die zu den jüngsten ihres Schülerjahrgangs gehören. Da die Altersspanne innerhalb eines Jahrganges zwölf Monate und mehr betragen kann, sind die jüngeren gegenüber ihren älteren Klassenkameraden im Entwicklungsstand leicht retardiert, wie Morton und Courneya (1990) feststellen konnten. Hauck und Finch (1993) fanden folglich unter den Jüngsten einer Klasse einen höheren Prozentsatz an Klassenwiederholern. Sie gehören deshalb zu der Gruppe der Risikopersonen, die u.U. einer Schulfähigkeitsuntersuchung unterzogen werden sollten, um bei einem deutlichen Entwicklungsrückstand zurückgestellt und einer Vorschuleinrichtung zugeführt zu werden.

### 6.1.3  Diagnostik und Schullaufbahnberatung

Schullaufbahnberatung kann ebenfalls als Versuch angesehen werden, künftige Lernschwierigkeiten durch Identifizierung und Beratung von Risikopersonen zu vermeiden. Die früher übliche Praxis, für weiterführende Schulen ungeeignete Schüler nur mit Hilfe von Aufnahmeprüfungen zu ermitteln, wurde aber schon früh kritisiert. Der Subjektivität der Aufnahmeprüfungen und der Empfehlungen der abgebenden Grundschulen sollten Testverfahren abhelfen, die weniger schulisches Wissen als die Begabung der Schüler erfassen. Die dafür verwendeten Entwicklungstests sowie die eigens zu diesem Zweck konstruierten Übertrittstests konnten allerdings die Hoffnung, langfristige Prognosen von hinreichender Gültigkeit zu erstellen, trotz Anwendung raffinierter statistischer Methoden nicht erfüllen. Lediglich im Bereich kurz– bis mittelfristiger Vorhersagen konnten Validitätskoeffizienten bis .60 erzielt werden. In diesem Vorhersagezeitraum konkurrieren sie jedoch mit Schulleistungsergebnissen, die als Indikatoren notwendiger Vorkenntnisse wie der kognitiven Bedingungen zu ihrem Erwerb gelten.

Damit käme an sich dem Urteil der abgebenden Grundschule wieder ein größeres Gewicht bei der Empfehlung zu, welche Schulart für einen Schüler am besten geeignet sei. Für eine stärkere Gewichtung des Grundschulurteils spricht auch die längere Beobachtung der Schüler, die eine zuverlässigere Einschätzung ermöglicht als eine einmalige Testuntersuchung. Gegen eine Dominanz der Grundschulempfehlung läßt sich allerdings die eingeschränkte Vergleichbarkeit der Schulzensuren sowie eine angesichts der drohenden Auszehrung der Hauptschule zu befürchtende Zurückhaltung mit Übertrittsempfehlungen ins Feld führen. Obendrein vermag kein noch so zuverlässiges und valides Lehrerurteil die konkreten Lernbedingungen der aufnehmenden Schule, zu denen nicht nur das Anforderungsniveau der jeweiligen Schule, sondern auch die dort unterrichtenden Lehrer gehören, hinreichend zu antizipieren.

Die sicherste Methode zur Feststellung der Eignung für eine bestimmte Schulart, die auch die konkreten Anforderungen berücksichtigt, wäre somit, wie bei der Aufnahme in die Grundschule, die Bewährung in der gewählten Schulart. Da eine Aufnahme aller Schüler aus Kapazitätsgründen nicht in Betracht kommt, hat sich inzwischen in einigen Bundesländern ein Verfahren herauskristallisiert, das wichtige Komponenten vereinigt. Auf der Basis der Übertrittsempfehlungen der abgebenden Grundschule wählen die Erziehungsberechtigten kraft Elternrecht die gewünschte Schule. Aufnahmeprüfungen sind nur für den Fall vorgesehen, daß Übertrittsempfehlung und Elternwunsch differieren. An der aufnehmenden Schule ist eine zeitlich begrenzte Bewährungsphase zu durchlaufen, nach deren Abschluß die endgültige Entscheidung über Verbleib oder Umschulung getroffen wird. Was auf den ersten Blick wie eine Bankrotterklärung der pädagogisch–psychologischen Diagnostik aussieht, ist bei genauerem Hinsehen nur die Ersetzung einer unzureichenden, allein auf die Konstanz individueller Differenzen aufbauenden Statusdiagnostik durch eine auch die konkreten Kontextbedingungen einbeziehende Prozeßdiagnostik. Diese sollte allerdings nicht den Lehrern allein überlassen bleiben, sondern zumindest im Problemfall auch den psychologischen Experten einbeziehen.

Der hierfür zuständige schulpsychologische Dienst ist jedoch noch nicht überall zureichend ausgebaut. Besorgten Eltern, die ihren Kindern die mit einem möglichen Scheitern verbundenen Versagenserlebnisse ersparen möchten, sind daher auf Untersuchungen von Erziehungsberatungsstellen angewiesen, die mit Hilfe von Testverfahren Intelligenzniveau und Vorkenntnisse erfassen können. In Gesprächen und weiteren Untersuchungen müßten weitere Merkmale erhoben werden, die für oder gegen einen Besuch weiterführender Schulen sprechen. Nach Pfadanalysen von Heller et al. (1978) moderieren Arbeitshaltung, Konzentration, Selbständigkeit und schulisches Leistungsverhalten die prognostische Validität von Fähigkeitstests.

Insgesamt ist längerfristig die Wahrscheinlichkeit eines Versagens bei denjenigen Schülern erhöht, deren Fähigkeiten an der unteren Grenze des Streuungsbereichs für erfolgreiche Schüler der jeweiligen Schulart liegen. Das Versagensrisiko steigt, wenn das Arbeitsverhalten ungünstig zu beurteilen ist. Kindern mit begrenzten Fähigkeiten, die nicht durch gute Vorkenntnisse und ein positives Arbeitsverhalten kompensiert werden, könnten durch die Empfehlung einer Schulart mit geringeren Anforderungen frustrierende Erfahrungen erspart werden.

## 6.2 Identifizierung von Risikobedingungen

Außer Risiken, die am einzelnen Schüler selbst festzumachen sind, gibt es Variablen, die sich zwar auch auf das Versagensrisiko des einzelnen Schülers auswirken, jedoch eindeutig zu den Kontextbedingungen zu zählen sind. Ein Teil dieser Risikobedingungen ist im Bereich der Familie, ein anderer in der Schule selbst auszumachen.

### 6.2.1 Risikobedingungen im familiären Bereich

Als vielfach belegt gilt die Tatsache, daß Kinder aus der Unterschicht häufiger Lernschwierigkeiten haben als Kinder aus Mittel– oder Oberschicht. So stammen nach Probst (1976) etwa 85% der Schüler, die eine Sonderschule für

Lernbehinderte besuchen, aus der Unterschicht. Obwohl sich eine einseitig milieutheoretisch orientierte Interpretation dieses Befundes verbietet, da von einer Konfundierung mit heriditären Faktoren auszugehen ist, zeigen verschiedene Untersuchungsergebnisse, daß die Zugehörigkeit zur Unterschicht auch unter sonst vergleichbaren Bedingungen als Risikobedingung einzustufen ist.

Ferdinand (1969) stellte beim Vergleich von je 30 IQ–äquivalenten Kindern der Unter– und Oberschicht nach zwei Schulbesuchsjahren signifikante Differenzen zugunsten der Oberschichtkinder in den Lese– und Rechtschreibleistungen fest. Ein ähnliches Ergebnis ermittelte Simons (1973) bei Schülern der Unterstufe des Gymnasiums. Obgleich hinsichtlich Intelligenz– und Schulleistung beim Eintritt in das Gymnasium mit Kindern der Oberschicht vergleichbar, erhielten Unterschichtkinder nach drei Schuljahren in den sprachlichen Fächern, und hier speziell in den Fremdsprachen, deutlich schlechtere Zensuren als die Oberschichtkinder.

Diese Befunde sind zumindest teilweise Folge eines Unterrichts, der auf die aktive Mithilfe des Elternhauses baut, und der Unfähigkeit von Unterschichteltern, ihren Kindern auf einem ihnen fremden Gebiet zu helfen. Denkbar ist aber auch, daß zumindest bei den Gymnasiasten aus der Unterschicht finanzielle Restriktionen eine Rolle spielen. So war der Prozentsatz der Unterschichtkinder, die das Abitur mit einem Jahr oder zwei Jahren Verspätung ablegten, gegenüber Mittel– und Oberschichtkindern minimal (Hitpass, 1967; Kemmler, 1976). Andererseits erhielten gerade die verspätet zum Abitur gekommenen Schüler ein hohes Maß an Nachhilfestunden (Kemmler, 1976), die zu finanzieren Unterschichteltern kaum in der Lage sein dürften. Zu diesem Ergebnis kam auch Adam (1960), der bei einer Befragung von Gymnasiasten erfuhr, daß Kinder aus einkommensschwachen Familien signifikant weniger Nachhilfestunden erhielten als Kinder aus Familien mit höheren Einkommen.

Eine Diagnose der Unterschichtzugehörigkeit erscheint auf den ersten Blick einfach, da der Beruf des Vaters als das Hauptkriterium der Schichtzugehörigkeit angesehen wird. Inzwischen gilt eine Klassifikation allein nach dem väterlichen Beruf als zu grob. Als weitere Kriterien sollten daher Einkommen und Schulbildung des Vaters sowie der Mutter einbezogen werden.

Eine Erfassung der Schichtzugehörigkeit ist jedoch wenig sinnvoll, wenn mit ihr keine Konsequenzen verbunden sind. Sinnvoll wäre ein Unterricht, der nicht auf die Hilfslehrerfunktion der Eltern baut, sondern alle wichtigen Informationen und Lernstrategien in der Schule vermittelt, so daß häusliche Hilfe überflüssig wäre. Derartige Forderungen sind am ehesten in Ganztagsschulen zu erfüllen, die in zusätzlichen Stunden auch die Erledigung der Hausaufgaben übernehmen. Da derartige Schulen in Deutschland im Gegensatz zum Ausland die krasse Ausnahme sind, bleibt nur die Hoffnung auf eine Verbesserung der Unterrichtsqualität, die den Bedürfnissen von Unterschichtkindern nach stärkerer Strukturierung, kleineren Lernschritten und gezielter Hilfe Rechnung trägt (Snow & Lohman, 1984).

## 6.2.2  Risikobedingungen im Bereich der Schule

Im Einflußbereich der Schule lassen sich Risikobedingungen auf der Ebene des Schulsystems, der einzelnen Schule und der Schulklasse lokalisieren. Das jeweilige Schulsystem definiert mit seinen Lernanforderungen und administrativen Maßnahmen die Zahl der lernschwierigen Schüler. So wurden beispielsweise zu Beginn des Schuljahres 1992/93 in Bayern nur 4,4% der Schulanfänger zurückgestellt, in Baden–Württemberg 9,4% und in Schleswig–Holstein sogar 14,6% (Statistisches Bundesamt, 1994). Unterschiedliche Anforderungen und/oder die Zahl der verfügbaren Vorschuleinrichtungen sorgen offenbar für die differierenden Zurückstellungsquoten.

Auch bei der Zahl der Klassenwiederholungen unterscheiden sich die Bundesländer. Im Schuljahr 1992/93 mußten in Nordrhein–Westfalen 4,6% der Hauptschüler die Klasse wiederholen, in Berlin dagegen nur 1,4%. An den Gymnasien hatte Bayern mit 5,1% die höchste Wiederholerquote, Baden–Württemberg mit 2,5% die niedrigste (Statistisches Bundesamt, 1994).

Damit entscheidet der Wohnort eines Schülers mit darüber, ob ein Schüler als lernschwierig eingestuft und deshalb zurückgestellt wird oder die Klasse wiederholen muß. Verfügt ein Schulsystem als Antwort auf Lernschwierigkeiten seiner Schüler nur über die Möglichkeiten der Zurückstellung und der Klassenwiederholung, so muß nach Bloom (1976) im Laufe der Schulzeit mit einer Zunahme von Lernschwierigkeiten gerechnet werden, da der Unterricht sich nicht am Lerntempo der langsamen Schüler zu orientierten pflegt. Die bei diesen Schülern dadurch entstehenden Lerndefizite verhindern die Bewältigung der auf bestimmten Vorerfahrungen beruhenden Lehrziele derart, daß es zu steigenden Leistungsdifferenzen zwischen guten und schwachen Schülern kommt. Eine Veränderung eines an pädagogischen Hilfsmaßnahmen verarmten Schulsystems wäre wünschenswert, ist aber kurzfristig nicht zu erwarten.

Weitere Risikobedingungen bestehen auf der Ebene der einzelnen Schule. Barker und Gump (1964) ermittelten Einflüsse der Schule in Abhängigkeit von deren Größe. So böten größere Schulkörper mehr Möglichkeiten zu sozialen und schulischen Aktivitäten, übten aber auch einen größeren Zwang zur Unterstützung von Gruppenaktivitäten aus mit der Folge, daß Schüler in sozialen Randpositionen leichter in Gefahr geraten, in eine Außenseiterrolle gedrängt zu werden. Da Außenseiterposition und Schulleistung negativ korrelieren, könnte in Einzelfällen die Schulgröße eine Bedingung zur Vergrößerung von Lernschwierigkeiten sein. In kleineren Schulen sind dagegen die Möglichkeiten zur Übernahme von Verantwortung und damit zusammenhängend auch die Zufriedenheit größer.

Ein genereller Zusammenhang zwischen Schulgröße und Klassenstärke auf der einen Seite und Schulleistungen auf der anderen, der von Lehrern immer wieder vermutet wird, konnte empirisch jedoch nicht nachgewiesen werden, wie Rutter (1983) in einer Literaturanalyse zeigen konnte. Dieser Widerspruch zu den Erwartungen der Lehrer läßt sich dahingehend erklären, daß kleinere Schulkörper und Klassen zwar die Möglichkeit eröffnen, sich mehr um schwache Schüler zu kümmern, aber nicht automatisch auch die Gewähr dafür bieten, daß dies wirklich geschieht. Die Ausnutzung der in kleineren Einheiten gegebenen Möglichkeit, sich mehr um schwächere Schüler zu kümmern, ist offenbar von den einzelnen Lehrern abhängig.

Eine Risikobedingung auf Klassenebene, die vom einzelnen Lehrer gesetzt wird, ist offenbar die alleinige Leistungsbewertung nach sozialen Bezugsnormen und eine Betonung von Leistungsdifferenzen in der Klasse. Die bei sozialen Bezugsnormen erfolgende Benotung auf der Basis des Normalverteilungsmodells hat zur Folge, daß Schüler am unteren Ende der Leistungsverteilung automatisch zu Versagern gestempelt werden. Da Schulklassen in ihrem Leistungsniveau erheblich differieren, können auf diese Weise als lernschwierig deklarierte Schüler überdurchschnittlicher Klassen in weniger guten Klassen leistungsmäßig völlig unauffällig sein, wie eine Untersuchung zeigt, über die Weinert und Zielinski (1977) berichten. Eine Leistungsbeurteilung nach objektiven, sachlichen Bezugsnormen könnte geeignet sein, die Nachteile einer an sozialen Bezugsnormen orientierten Leistungsburteilung zu mildern, ist aber selbst wieder abhängig von optimalen pädagogischen Maßnahmen des Lehrers. Lernschwierigen Schülern kommt am meisten eine Bewertung nach individuellen Bezugsnormen entgegen, die Lernergebnisse eines Schülers in Relation zu seinen vorangegangenen Leistungen beurteilt. Weil bei der Behandlung von Lernschwierigkeiten kurzfristig kaum Verbesserungen zu erzielen sind, die auch im Klassenmaßstab sichtbar werden, signalisieren Verbesserungen in Relation zur Vorleistung eher einen Lernfortschritt (Rheinberg, 1980).

Ein weiterer Risikofaktor auf Klassenebene scheinen negative Erwartungen von Lehrern gegenüber ihren Schülern zu sein. Diese können sich auf einzelne Schüler (Seaver, 1971), Gruppen von Schülern (Palardy, 1969) oder auf die ganze Klasse richten (Schrank, 1968, 1970). Sie sind nach Brophy und Good (1976) zwar nur bei einer Minderheit von eher unerfahrenen Lehrern anzutreffen, äußern sich aber auch in deren Verhalten, und zwar in geringeren Wartezeiten auf Lehrerfragen, häufigerem Tadel bei falschen Antworten, weniger Lob bei richtigen Antworten, geringerer Aufmerksamkeit und weniger häufigem Aufrufen. Ein derartiges negatives Interaktionsmuster erscheint geeignet, schwache Schüler zu benachteiligen und zu entmutigen. Es kann wohl nur durch objektive Beobachtung entdeckt und durch fachkundige Beratung verändert werden. Nötigenfalls sollte ein Klassenwechsel erwogen werden.

Eine weitere Risikobedingung auf Klassenebene sieht Hingst (1994) in der Qualität des Erstleseunterrichts. Nach seiner Auffassung kann die Zahl der Lernschwierigkeiten im Lesen und Rechtschreiben entscheidend nur durch Verbesserung des unterrichtlichen Vorgehens erreicht werden. Er fordert deshalb eine Überprüfung aller Schulanfänger in den ersten Wochen des Schuljahres, um eventuelle Defizite frühzeitig ausfindig machen zu können. Alle Schüler, aber besonders solche mit Entwicklungsrückständen, sollten in der Phonemsegmentierung und –synthese systematisch trainiert werden. Der eigentliche Lese– und Schreiblehrgang sollte erst einsetzen, wenn das Phonemtraining erfolgreich war. Als Ausgangsschrift wäre die Gemischt–Antiqua zu wählen. Ziel des Erstleseunterrichts sollte die Beherrschung der Buchstabenkenntnis und die Fähigkeit zur Lautanalyse und Lautsynthese sein. Im Rechtschreibunterricht sollten zunächst nur lautgetreue Wörter benutzt werden. Später sollte ein separates Grundwortschatztraining für schwache Rechtschreiber erfolgen.

An der Überprüfung des Präventionsprogramms nahmen 367 Schüler der 1. Klasse teil, von denen 233 in der 4. Klasse noch einmal untersucht wurden. Die Schüler, die an dem Präventionsprojekt teilgenommen hatten, waren ihren Vergleichspartnern in der Kontrollgruppe nach dem Training in den phonematischen Fertigkeiten, im Lesen und Schreiben von Buchstaben, in der Lesezeit und im Rechtschreiben signifikant überlegen. Ihre Überlegenheit im Rechtschreiben blieb auch in der 3. und 4. Klasse, also nach Abschluß des Präventionsprogramms, erhalten. Auch ausländische Schüler profitierten von dem Programm. Ihr Leistungsgewinn gegenüber ausländischen Kontrollschülern war in etwa dem der deutschen Kinder vergleichbar. Ausländische Projektschüler übertrafen in den elementaren Leseleistungen sogar ihre deutschen Kontrollkinder. Im Rechtschreiben erreichten sie in der 2.–4. Klasse zumindest deren Niveau.

Damit konnte nachgewiesen werden, daß ein Programm zur Prävention von Lernschwierigkeiten, das eine Verbesserung der Unterrichtsqualität zum Inhalt hatte, erfolgreich sein und in der Schulpraxis in großem Stil durchgeführt werden kann. Besonders erfreulich erscheint, daß die Risikogruppe der Ausländerkinder offenbar auch mit Erfolg zu fördern ist.

Die geschilderten Ansatzmöglichkeiten für eine präventive Intervention setzen die Bereitschaft des Schulsystems, der Schule sowie des einzelnen Lehrers voraus, sich mit den Problemen lernschwacher Schüler frühzeitig zu befassen. Lernschwierigkeiten könnten dann möglicherweise verhindert oder in ihrem Ausmaß reduziert werden. Gänzlich vermeiden lassen sie sich kaum. Die ständige Auseinandersetzung mit ihnen und laufende Bemühungen zu ihrer Verhinderung gehören zur Alltagsaufgabe des einzelnen Lehrers wie der Schule. Das Ausmaß, in dem die Reduktion von Lernproblemen gelingt, kann als Kriterium für die Qualität eines Schulsystems gelten.

## Wiederholungsfragen

1. Welche Risikogruppe läßt sich bereits vor Schuleintritt identifizieren, wie ist sie zu diagnostizieren und zu behandeln?

2. Welchen Nutzen haben Einschulungstests für die Prävention von Lernschwierigkeiten?

3. Inwiefern dient Schullaufbahnberatung der Prävention von Lernschwierigkeiten, und wie erfolgreich ist sie?

4. Welche Risikobedingungen bestehen im Bereich der Familie, und wie ist ihnen zu begegnen?

5. Welche Risikofaktoren birgt die Schule, und wie sind sie auszuschalten?

# Antworten

1. Bereits vor Schuleintritt können Kinder ermittelt werden, die wahrscheinlich später Lese- und Rechtschreibschwierigkeiten haben werden. Es sind dies Kinder mit phonematischen Differenzierungsschwierigkeiten. Durch einfache Aufgaben wie das Auslassen oder Ersetzen von Lauten sind sie relativ leicht ausfindig zu machen. Bei gravierenden Entwicklungsrückständen ist der Einsatz von Trainingsprogrammen bereits im Kindergarten angezeigt, wie sie z.B. von Breuer und Weuffen (1993) praktiziert werden.

2. Einschulungstests sollen schulunfähige Kinder bereits zu Schulbeginn identifizieren helfen, um ihnen das frustrierende Erlebnis des Schulversagens zu ersparen. Wegen der hohen Erfolgsquote im 1. Schuljahr bringt der systematische Einsatz von Einschulungstests jedoch kaum bessere Ergebnisse als die Einschulung aller Schüler und ist deshalb unökonomisch. Bei begründetem Verdacht auf eingeschränkte Schulfähigkeit sind Schuleingangsuntersuchungen jedoch nützlich.

3. Schullaufbahnberatung soll helfen, Schüler ihrem Leistungsvermögen entsprechend zu beschulen und Lernschwierigkeiten durch Überforderung bereits vor ihrem Entstehen zu vermeiden. Beim Übertritt in weiterführende Schulen sollen gleichzeitig die limitierten Ressourcen besser genutzt werden.

   Wegen der begrenzten Validität von Grundschulurteilen, Aufnahmeprüfungen und von einschlägigen Testverfahren besonders im mittel- bis langfristigen Bereich verspricht die Kombination dieser Prüfmethoden mit dem Ergebnis einer begrenzten Probezeit an der aufnehmenden Schule die besten Prognosen.

4. Im familiären Bereich ist die Schichtzugehörigkeit der Familie ein wichtiger systematischer Risikofaktor. Unterschichtkinder sind bei sonst vergleichbaren Voraussetzungen Kindern aus Mittel- und Oberschichtfamilien gegenüber benachteiligt.

   Die Schichtzugehörigkeit einer Familie ist aufgrund der Kenntnis des väterlichen Berufs und des Ausbildungsniveaus der Eltern relativ leicht zu erheben. Die Verhütung der Entstehung von Lernschwierigkeiten bei Unterschichtkindern ist am ehesten durch strukturierten Unterricht, gezielte rechtzeitige Hilfe bei Schwierigkeiten und systematische Hausaufgabenbetreuung möglich.

5. Risikobedingungen im Raum der Schule sind vor allem auf Klassenebene zu lokalisieren. Mangelnde Unterrichtsqualität, zu starke Betonung sozialer Beurteilungsnormen und negative Lehrererwartungen erhöhen das Mißerfolgsrisiko. Fundierte Aus- und Weiterbildung der Lehrer sind am ehesten geeignet, derartige Risiken zu vermindern.

# Literaturverzeichnis

Adam, H. (1960). Nachhilfeunterricht als pädagogischer und soziologischer Index. Die Sammlung, 15, 266–272.

Adams, M.J., Huggins, A.W.F., Starr, B.J. et al. (1980). A prototype test of decoding skills. Cambridge, Mass.: Bolt, Beranek & Newman.

Angermaier, M. (1970). Legasthenie – Verursachungsmomente einer Lernstörung. Weinheim: Beltz.

Arlin, M. (1984). Time variability in mastery learning. American Educational Research Journal, 21, 103–110.

Ball, E.W. & Blachman, B.A. (1991). Does phoneme segmentation training in kindergarten make a difference in early word recognition and developmental spelling? Reading Research Quarterly, 26, 49–66.

Barker, R.G. & Gump, P.V. (1964). Big school, small school: High school size and student behavior. Stanford, Cal.: Stanford University Press.

Barton, J.A. (1988). Problem–solving strategies in learning disabled and normal boys: Developmental and instructional effects. Journal of Educational Psychology, 80, 184–191.

Bauer, R.H. (1977). Short–term memory in learning disabled and nondisabled children. Bulletin of the Psychonomic Society, 10, 128–130.

Bauer, R.H. (1979). Recall after a short delay and acquisition in learning disabled and nondisabled children. Journal of Learning Disabilities, 12, 596–608.

Bauer, R.H. (1987). Control processes as a way of understanding, diagnosing, and remediating learning disabilities. In H.L. Swanson (Ed.), Memory and learning disabilities (pp. 41–81). Greenwich, Conn.: JAI Press.

Bauer, R.H. & Peller–Porth, V. (1990). The effect of increased incentive on free recall by learning disabled and nondisabled children. Journal of General Psychology, 117, 447–461.

Baumgärtel, F. (1979). Hamburger Erziehungsverhaltensliste für Mütter. Göttingen: Hogrefe.

Beck, M., Lüttmann, B. & Rogalla, U. (1993). Wenn Du denkst, Du denkst.... Eine Untersuchung der Effektivität des Klauer'schen Denktrainings. Zeitschrift für Entwicklungspsychologie und Pädagogische Psychologie, 25, 297–306.

Belmont, J.M. (1972). Relations of age and intelligence to short–term colour memory. Child Development, 43, 19–29,

Belmont, J.M. & Butterfield, E.C. (1969). The relations of short–term memory to development of intelligence. Advances in Development and Behavior, 4, 29–89.

Biglmaier, F. (1963). Lesetest-Serie. München: Reinhardt.

Biglmaier, F. (1987). Richtig lesen, richtig schreiben im Grundwortschatz. Göttingen: Hogrefe.

Birkel, P. (1990). Grundwortschatz Rechtschreib–Test für 4. und 5. Klassen GRT 4+. Weinheim: Beltz.

Birkel, P. (1994a). Weingartener Grundwortschatz Rechtschreib–Test für 2. und 3. Klassen WRT 2+. Göttingen: Hogrefe

Birkel, P. (1994b). Weingartener Grundwortschatz Rechtschreib–Test für 3. und 4. Klassen WRT 3+. Göttingen: Hogrefe.

Birkel, P. (i.Vorb.). Weingartener Grundwortschatz Rechtschreib–Test für 1. und 2. Klassen WRT 1+. Göttingen: Hogrefe

Blässer, B. (1994). Ein Trainingsprogramm zur Förderung der phonemischen Bewußtheit. Unveröff. Dissertation, Institut für Psychologie der Universität Würzburg.

Bless, G. (1986). Der soziometrische Status des integrierten Hilfsschülers – Untersuchung in Regelklassen mit heilpädagogischer Schülerhilfe. Vierteljahresschrift für Heilpädagogik und ihre Nachbargebiete, 55, 49–58.

Block, J.H. & Anderson, L.W. (1975). Mastery learning in classroom instruction. New York: MacMillan.

Block, J.H. & Burns, R.B. (1976). Mastery learning. In L.S. Shulman (Ed.), Review of Research in Education, Vol. 4 (pp. 3–49). Itasca, Ill.: Peacock.

Bloom, B.S. (1976). Human characteristics and school learning. New York: McGraw Hill.

Bloom, B.S. (1984). The 2 sigma problem: The search for methods of instruction as effective as one–to–one tutoring. Educational Researcher, 13, 4–16.

Borkowski, J.G., Schneider, W. & Pressley, M. (1990). The challenge of teaching good information processing to learning disabled students. International Journal of Disability, Development, and Education, 36, 169–185.

Borkowski, J.G., Weyhing, R.S. & Carr, M. (1988). Effects of attributional retraining on strategy–based reading comprehension in learning disabled students. Journal of Educational Psychology, 80, 46–53.

Boyd, D.A. & Parish, T.S. (1985). An examination of academic achievement in light of familial configuration. Education, 106, 228–230.

Braband, H. & Kleber, E.W. (1986). Sonderpädagogische Interventionen in der Grundschule als integriertes Analyse–Interventions– und Beratungssystem. In R. Kornmann, H. Meister & J. Schlee (Hrsg.), Förderungsdiagnostik (2. Aufl., S. 160–170). Heidelberg: Schindele.

Bracken, H.v. (1976). Vorurteile gegen behinderte Kinder, ihre Familien und Schulen. Berlin: Marhold.

Bradley, L. & Bryant, P.E. (1983). Categorizing sounds and learning to read – a causal connection. Nature, 301, 419–421.

Bradley, R.H., Caldwell, B.M. & Rock, S.L. (1988). Home environment and school performance: A ten–year follow–up and examination of three models of environmental action. Child Development, 59, 852–867.

Breuer, H. & Weuffen, M. (1993). Lernschwierigkeiten am Schulanfang. Weinheim: Beltz.

Brophy, J.E. & Evertson, C.M. (1975). Teacher behavior and student learning in second and third grades. (Report No. 75–4, Research and Development Center for Teacher Education.) The University of Texas, Austin.

Brophy, J.E. & Good, T.L. (1976). Die Lehrer–Schüler–Interaktion. München: Urban & Schwarzenberg.

Brophy, J.E. & Good, T.L. (1986). Teacher behavior and student achievement. In M.C. Wittrock (Ed.), Handbook of research on teaching (3rd ed., pp. 328–375). New York: Macmillan.

Brown, A.L. (1978). Knowing when, where, and how to remember: A problem of mediatation. In R. Glaser (Ed.), Advances in instructional psychology (Vol. 2, pp. 104–152). Hillsdale, N.J.: Erlbaum.

Brown, A.L. & Campione, J.C. (1986). Psychological theory and the study of learning disabilities. American Psychologist, 14, 1059–1069.

Brown, A.S. (1990). A review of recent research on spelling. Educational Psychology Review, 2, 365–397.

Bruck, M. (1988). The word recognition and spelling of dyslexic children. Reading Research Quarterly, 23, 51–69.

Bruck, M. & Waters, G.S. (1990). An analysis of the component spelling and reading skills of good readers–good spellers, good readers–poor spellers and poor readers–poor spellers. In T.H. Carr & B.A. Levy (Eds.), Reading and its development: Component skills approaches (pp. 161–206). New York: Academic Press.

Brügelmann, H. (1983). Kinder auf dem Weg zur Schrift. Konstanz: Faude.

Brügelmann, H. (1986). Fehler: Defekte im Leistungssystem oder individuelle Annäherungsversuche an einen schwierigen Gegenstand. In H. Brügelmann (Hrsg.), ABC und Schriftsprache: Rätsel für Kinder, Lehrer und Forscher (S. 22–31). Konstanz: Faude.

Brügelmann, H. (1990). Texte schreiben mit dem Computer. In H. Balhorn (Hrsg.), Geschichten von Kindern, Geschichten für Kinder (S. 1–9). Tagungsbeiträge der Deutschen Gesellschaft für Lesen und Schreiben 1990/91.

Bryan, T.H. (1986). Personality and situational factors in learning disabilities. In G.T. Pavlidis & D.F. Fisher (Eds.), Dyslexia: Its neuropsychology and treatment (pp. 215–230). Cichester, England: Wiley.

Bryan, T. & Lee, J. (1990). Training social skills with learning disabled children and adolescents: The state of the art. In T.E. Scruggs & B.Y.L. Wong (Eds.), Intervention research in learning disabilities (pp. 263–278). Heidelberg: Springer.

Burnstein, E. & Zajonc, R.B. (1965). Individual task performance in a changing social structure. Sociometry, 28, 16–29.

Campione, J.C. & Brown, A.L. (1977). Memory and metamemory development in educable retarded children. In R.V. Kail & J.W. Hagen (Eds.), Perspectives in the development of memory and cognition (pp. 367–406). Hillsdale, N.J.: Erlbaum.

Campione, J.C., Brown, A.L., Ferrara, R.A., Jones, R.S. & Steinberg, E. (1985). Breakdowns in flexible use of information: Intelligence–related differences in transfer following equivalent learning performance. Intelligence, 9, 297–315.

Carnine, D. (1989). Designing practice activities. Journal of Learning Disabilities, 22, 603–607.

Carroll, J.B. (1973). Ein Modell schulischen Lernens. In W. Edelstein & D. Hopf (Hrsg.), Bedingungen des Bildungsprozesses (S. 234–250). Stuttgart: Klett.

Case, R. (1975). Gearing the demands of instruction to the developmental capacities of the learner. Review of Educational Research, 45, 59–87.

Case, R. (1980). Implications of Neo–Piagetian theory for improving the design of instruction. In J.R. Kirby & J.B. Biggs (Eds.), Cognition, development and instruction (pp. 161–186). New York: Academic Press.

Cermak, L. (1983). Information processing deficits in children with learning disabilities. Journal of Learning Disabilities, 16, 599–605.

Chapman, J.W. (1988). Cognitive–motivational characteristics and academic achievement of learning disabled children: A longitudinal study. Journal of Educational Psychology, 80, 357–365.

Chi, M.T.H. (1978). Knowledge structure and memory development. In R. Siegler (Ed.), Children's thinking. What develops? (p. 73–96). Hillsdale, N.J.: Erlbaum.

Chi, M.T.H. & Ceci, S.J. (1987). Content knowledge: Its role, representation, and restructuring in memory development. In H.W. Reese (Ed.), Advances in Child Development and Behavior, Vol 20 (pp. 91–142).

Chi, M.T.H., Hutchinson, J.E. & Robin, A.F. (1989). How inferences about novel domain–related concepts can be constrained by structured knowledge. Merrill Palmer Quarterly, 35, 27–62.

Cierpka, M. (Hrsg.).(1988). Familiendiagnostik. Heidelberg: Springer.

Conca, L. (1989). Strategy choice by LD children with good and poor naming ability in a naturalistic memory situation. Learning Disability Quarterly, 12, 97–106.

Cotugno, A.J. & Levine, D.S. (1990). Cognitive functioning in learning disabled and nonlearning disabled secondary level students. Psychology in the Schools, 27, 155–162.

Cunningham, A.E. & Stanovich, K.E. (1990). Early spelling acquisition: Writing beats the computer. Journal of Educational Psychology, 82, 159–162.

Dahllöf, U.S. (1971). Ability grouping, content validity, and curriculum process analysis. New York: Teachers College Press.

Dallago, M.L.P. & Moely, B.E. (1980). Free recall in boys of normal and poor reading levels as a function of task manipulation. Journal of Experimental Child Psychology, 30, 62–78.

DeFries, J.C., Stevenson, J., Gillis, J.J. & Wadsworth, S.J. (1991). Genetic etiology of spelling deficits in the Colorado and London twin studies of reading disability. Special Issue: Genetic and neurological influences on reading disability. Reading and Writing, 3, 271–283.

Dehn, M. (1988). Zeit für die Schrift. Bochum: Kamp.

De Jong, P.F. (1993). The relationship between student's behavior at home and attention and achievement in elementary school. British Journal of Educational Psychology, 63, 201–213.

Dornbush, S.M., Ritter, P.L., Leiderman, P.H., Roberts, D. F. & Fraleigh, M.J. (1987). The relation of parenting style to adolescent school performance. Child Development, 58, 1244–1257.

Dorval, B., McKinney, J.D. & Feagans, L. (1982). Teacher interaction with learning disabled children and average achievers. Journal of Pediatric Psychology, 7, 317–330.

Dreesmann, H. (1979). Zusammenhänge zwischen Unterrichtsklima, kognitiven Prozessen bei Schülern und deren Leistungsverhalten. Zeitschrift für Empirische Pädagogik, 3, 121–133.

Dreesmann, H. (1980). Unterrichtsklima als Bedingung für Lernmotivation. Unterrichtswissenschaft, 3, 243–251.

Dreesmann, H. (1982). Unterrichtsklima – Wie Schüler den Unterricht wahrnehmen. Weinheim: Beltz.

Dreesmann, H. (1986). Zur Psychologie der Lernumwelt. In B. Weidenmann, A. Knapp, M. Hofer, G.L. Huber & H. Mandl (Hrsg.), Pädagogische Psychologie (S.447–492). München/Weinheim: Psychologie Verlags Union.

Dummer, L. (1978). Lautgebärden als psychomotorische Hilfen. Die Grundschule, 10, 442–454.

Englert, C.S., Raphael, T.E, Fear, K.L. & Anderson, L.M. (1988). Students' metacognitive knowledge about how to write informational texts. Learning Disability Quarterly, 11, 18–46.

Esser, G. & Stöhr, R.M. (1990). Visuomotorischer Schulreifetest VSRT. Bern: Huber.

Fehrmann, P.G., Keith, T.Z. & Reimers, T.M. (1987). Home influence on school learning: Direct and indirect effects of parental involvement on high school grades. The Journal of Educational Research, 80, 330–337.

Feller, G. (1981). Mathematik–Test für 2. Klassen MT 2. Weinheim: Beltz.

Fend, H., Knörzer, W., Nagl, W. et al. (1976). Sozialisationseffekte der Schule. Soziologie der Schule II. Weinheim: Beltz.

Ferdinand, W. (1969). Über Schulreife und Schulleistung IQ–äquivalenter Kinder aus unterschiedlichem sozialen Milieu. Zeitschrift für Entwicklungspsychologie und Pädagogische Psychologie, 1, 190–199.

Fippinger, F. (1991). Allgemeiner Schulleistungstest für 3. Klassen AST 3. Weinheim: Beltz

Fippinger, F. (1992). Allgemeiner Schulleistungstest für 4. Klassen AST 4. Weinheim: Beltz

Fraser, B.J., Walberg, H.J., Welch, W.W. & Hattie, J.A. (1987). Synthesis of educational productivity research. International Journal of Educational Research, 11, 145–252.

Fröse, S., Mölders, R. & Wallrodt, W. (1986). Kieler Einschulungsverfahren KEV. Weinheim: Beltz.

Fry, P.S. & Coe, K.J. (1980). Interactions among dimensions of academic motivation and classroom social climate: A study of junior high and high school pupils. British Journal of Educational Psychology, 50, 33–42.

Fuson, K.C. (1992). Research on whole number addition and substraction. In D.A. Grouws (Ed.), Handbook of research on mathematics teaching and learning (pp. 243–275).New York: Macmillan.

Gagné, R.M. (1962). The acquisition of knowledge. Psychological Review, 69, 355–365.

Gagné, R.M. (1973). Die Bedingungen des menschlichen Lernens. Hannover: Schroedel (3. Aufl.).

Galaburda, A., Sherman, G., Rosen, G., Aboitiz, F. & Geschwind, N. (1985). Developmental dyslexia: four consecutive patients with cortical anomalies. Annals of Neurology, 18, 222–232.

Geary, D.C. (1990). A componential analysis of an early deficit in mathematics. Journal of Experimental Child Psychology, 49, 363–383.

Geary, D.C. & Brown, S.C. (1991). Cognitive addition: Strategy choice and speed–of–processing differences in gifted, normal and mathematically disabled children. Developmental Psychology, 27, 398–406.

Geary, D.C., Brown, S.C. & Samaranayake, V.A. (1991). Cognitive addition: A short longitudinal study of strategy choice and speed–of–processing differences in normal and mathematically disabled children. Developmental Psychology, 27, 787–797.

Geary, D.C., Widaman, K.F., Little, T.D. & Cormier, P. (1987). Cognitive addition: Comparison of learning disabled and academically normal elementary school children. Cognitive Development, 2, 249-269.

Gerster, H.D. (1982). Schülerfehler bei schriftlichen Rechenverfahren. Freiburg: Herder.

Gerster, H.D. (1984). Lerndefizite als Folge von Lehrdefiziten? – Erfahrungen aus der Analyse von Schülerfehlern bei den schriftlichen Rechenverfahren. In J.H. Lorenz (Hrsg.), Lernschwierigkeiten: Forschung und Praxis (S. 56–74). Köln: Aulis.

Geschwind, N. & Behan, P.O. (1982). Left–handedness: Association with immune disease, migraine, and developmental learning disorder. Proceedings from the National Academy of Science, USA, 79, 5097–5100.

Gillberg, C. & Rasmussen, P. (1982). Perceptual, motor and attentional deficits in seven–year–old children: Background factors. Developmental Medicine and Child Neurology, 24, 752–770.

Ginsburg, G.S. & Bronstein, P. (1993). Family factors to children's intrinsic/extrinsic motivational orientation and academic performance. Child Development, 64, 1461–1474.

Ginsburg, H.P. (Ed.)(1983). The development of mathematical thinking. New York: Academic Press.

Glass, G.V., McGaw, B. & Smith, M.L. (1981). Meta–analysis in social research. Beverly Hill, CA: Sage.

Glogauer, W. (1993). Die neuen Medien verändern die Kindheit. Weinheim: Deutscher Studien Verlag.

Goldman, S.R., Pellegrino, J.W. & Mertz, D.L. (1988). Extended practice of basic addition facts: Strategy changes in learning disabled students. Cognition and Instruction, 5, 223–265.

Grebe, R. (1987). Audio–visuelles Software–/Hardware–System zur Entwicklung und zum Ausbau der Schreib–Lesefertigkeit. Zeitschrift für Heilpädagogik, 38, 463–465.

Gresham, F. & Reshley, D. (1986). Social skill deficits and lower peer acceptance of mainstreamed LD children. Learning Disability Quarterly, 9, 23–32.

Grissemann, H. & Weber, A. (1990). Grundlagen und Praxis der Dyskalkulietherapie. Bern: Huber.

Grolnick, W.S. & Ryan, R.M. (1990). Self–perceptions, motivation, and adjustment in children with learning disabilities: A multiple group comparison study. Journal of Learning Disabilities, 23, 177–184.

Grund, M., Haug, G. & Naumann, C.L. (1994). Diagnostischer Rechtschreibtest für 4. Klassen. Weinheim: Beltz.

Gunderson, B. & Johnson, D. (1980). Building positive attitudes by using cooperative learning groups. Foreign Language Annals, 13, 39–43.

Haeberlin, U. (1989). Die Integration von lernbehinderten Schülern: Ergebnisse des Freiburger INTSEP-Projekts. Vierteljahresschrift für Heilpädagogik und ihre Nachbargebiete, 58, 354-361.

Haertel, G.D., Walberg, H.J. & Weinstein, T. (1983). Psychological models of educational performance: A theoretical synthesis of constructs. Review of Educational Research, 53, 75–91.

Hagen, J.W. (1967). The effect of distraction on selective attention. Child Development, 38, 685–694.

Hager, W. & Hasselhorn, M. (1993). Evaluation von Trainingsmaßnahmen am Beispiel von Klauers Denktraining für Kinder. Zeitschrift für Entwicklungspsychologie und Pädagogische Psychologie, 25, 307–321.

Hallahan, D.P., Kauffman, J.M. & Ball, D.W. (1973). Selective attention and cognitive tempo of low achieving and high achieving sixth grade males. Perceptual and Motor Skills, 36, 579–583.

Hammill, D.D. (1990). On defining learning disabilities: An emerging consensus. Journal of Learning Disabilities, 23, 74–84.

Hansford, B.C. & Hattie, J.A. (1982). The relationship of selfconcept and achievement/performance measures. Review of Educational Research, 52, 123–142.

Harris, K.R., Graham, S. & Freeman, S. (1988). Effects of strategy training on metamemory among learning disabled students. Exceptional Children, 54, 332–338.

Hasselhorn, M. (1987). Lern– und Gedächtnisförderung bei Kindern: Ein systematischer Überblick über die experimentelle Trainingsforschung. Zeitschrift für Entwicklungspsychologie und Pädagogische Psychologie, 19, 116–142.

Hasselhorn, M. & Mähler, C. (1992). Kategorisierungstraining bei Grund– und Sonderschülern (L.): Zur Rolle metamemorialer Instruktionselemente. Psychologie in Erziehung und Unterricht, 39, 179–189.

Hauck, A.L. & Finch, A.J. (1993). The effect of relative age on achievement in middle school. Psychology in the Schools, 30, 74–84.

Heckhausen, H. (1963). Hoffnung und Furcht in der Leistungsmotivation. Meisenheim: Hain.

Heckhausen, H. (1974). Leistung und Chancengleichheit. Göttingen: Hogrefe.

Heckhausen, H. (1977). Achievement motivation and its constructs: A cognitive model. Motivation and Emotion, 1, 283–329.

Heckhausen, H. & Rheinberg, F. (1980). Lernmotivation im Unterricht, erneut betrachtet. Unterrichtswissenschaft, 8, 7–47.

Heller, K., Gaedike, A.K. & Weinläder, H. (1976). Kognitiver Fähigkeits–Test für 4. bis 13. Klassen KFTT 4–13+. Weinheim: Beltz.

Heller, K., Rosemann, B. & Steffens, K. (1978). Prognose des Schulerfolgs. Weinheim: Beltz.

Helmke, A. (1988a). The role of classroom context factors for the achievement–impairing effect of test anxiety. Anxiety Research, 1, 37–52.

Helmke, A. (1988b). A longitudinal analysis of the dynamics of interaction of self–concept of math aptitude and math achievement in elementary school children. European Journal of Psychology of Education. Special issue 'The child's functioning at school', 43–44.

Helmke, A. (1992a). Selbstvertrauen und schulische Leistungen. Göttingen: Hogrefe.

Helmke, A. (1992b). Unterrichtsqualität und Unterrichtseffekte – Ergebnisse der Münchner Studie. Der Mathematikunterricht, 38, 40–58.

Helmke, A. (1993). Die Entwicklung der Lernfreude vom Kindergarten bis zur 5. Klassenstufe. Zeitschrift für Pädagogische Psychologie, 7, 77–86.

Helmke, A., Schneider, W. & Weinert, F.E. (1986). Quality of instruction and classroom learning outcomes: The German contribution to the IEA Classroom Environment Study. Teaching and Teacher Education, 2, 1–18.

Helmke, A., Schrader, F.W. & Lehneis–Klepper, G. (1991). Zur Rolle des Elternverhaltens für die Schulleistungsentwicklung ihrer Kinder. Zeitschrift für Entwicklungspsychologie und Pädagogische Psychologie, 23, 1–22.

Hermans, H.J.M. (1976). Leistungsmotivationstest für Jugendliche LMT–J. Deutsche Bearbeitung von U. Undeutsch. Amsterdam: Swets & Zeitlinger.

Hermans, H.J.M., Petermann, F. & Zielinski, W. (1978). Leistungsmotivationstest LMT. Amsterdam: Swets & Zeitlinger.

Hingst, W. (1994). Programm zur Prophylaxe der Lese– und Rechtschreibschwäche in der 1. und 2. Klasse der Grundschule. Psychologie in Erziehung und Unterricht, 41, 172–179.

Hirth, R., Mechler, W., Rott, C. & Zielinski, W. (1985). Vergleich zweier Trainingsmethoden zur Erhöhung der Wortlesegeschwindigkeit schwacher Leser in der Grundschule. Psychologie in Erziehung und Unterricht, 32, 178–183.

Hitpass, J. (1967). Verlaufsanalyse des schulischen Schicksals eines Sextanerjahrgangs von der Aufnahme– bis zur Reifeprüfung. Schule und Psychologie, 14, 371–378.

Hoelscher, G.R. (1992). Lese– und Rechtschreibschwierigkeiten im zweiten Grund-schuljahr: Versuch einer Frühdiagnose und Intervention. Unveröff. Dipl.Arbeit, Universität Heidelberg.

Höhn, E. (1967). Der schlechte Schüler. München: Piper.

Hofer, M. (1975). Die Validität der impliziten Persönlichkeitstheorie von Lehrern. Unterrichtswissenschaft, 2, 5–18.

Horn, W. (1969). Prüfsystem für Schul– und Bildungsberatung PSB. Göttingen: Hogrefe.

Hughes, M. & Searle, D. (1991). A longitudinal study of the growth of spelling abilities within the context of the development of literacy. National Reading Conference Yearbook, No 40, 159-168.

Hunt, E. (1978). Mechanics of verbal ability. Psychological Review, 85, 109–130.

Hunt, E., Lunneborg, C. & Lewis, L. (1975). What does it mean to be high verbal? Cognitive Psychology, 7, 194–227.

Hylla, E. & Kraak, B. (1976). Aufgaben zum Nachdenken AzN 4+. Weinheim: Beltz.

Ingenkamp, K. (1977). Bildungsberatungstest für 3. und 4. Klassen BBT 3–4. Weinheim: Beltz.

Johansen, I. (1972). Gruppenbildung und Soziometrie. In E. Meyer (Hrsg.), Gruppenpädagogik zwischen Moskau und New York (S. 140–149). Heidelberg: Quelle & Meyer.

Johnson, D.W., Johnson, R.T., Johnson, J. & Anderson, D. (1976). Effects of cooperative versus individualized instruction on student prosocial behavior, attitudes toward learning, and achievement. Journal of Educational Psychology, 68, 446–452.

Johnson, D.W., Johnson, R.T. & Scott, D. (1978). The effect of cooperative and individualized instruction on student attitudes and achievement. The Journal of Social Psychology, 104–106, 207–216.

Johnson, D.W., Skon, L. & Johnson, R.T. (1980). Effects of cooperative, competitive, and individualistic conditions on children's problem–solving performance. American Educational Research Journal, 17, 83–93.

Johnson, D.W., Maruyama, G., Johnson, R.T., Nelson, D. & Skon, L. (1981). Effects of cooperative, competitive, and individualistic goal structures on achievement: A meta–analysis. Psychological Bulletin, 89, 47–62.

Johnson, G., Gersten, R. & Carnine, D. (1987). Effects of instructional design variables on vocabulary acquisition of LD students: A study of computer assisted instruction. Journal of Learning Disabilities, 20, 206–213.

Johnson, R.T., Johnson, D.W. & Tauer, M. (1979). The effects of cooperative, competitive, and individualistic goal structures on student's attitudes and achievement. The Journal of Psychology, 102, 191–198.

Jones, K.M., Torgesen, J.K. & Sexton, M.A. (1987). Using computer guided practice to increase decoding fluency in learning disabled children. Journal of Learning Disabilities, 20, 122–128.

Jopt, U.J. (1978). Selbstkonzept und Ursachenerklärung in der Schule. Bochum: Kamp.

Jorm, A.F. & Share, D.L. (1983). Phonological recoding and reading acquisition. Applied Psycholinguistics, 4, 103–147.

Jorm, A.F., Share, D.L., MacLean, R. & Matthews, R.G. (1984). Phonological skills and learning to read: A longitudinal study. Applied Psycholinguistics, 5, 201–207.

Jung, U.O.H. (1981). Linguistische Aspekte der Legasthenieforschung. In R. Valtin, U.O.H. Jung & G. Scheerer–Neumann (Hrsg.), Legasthenie in Wissenschaft und Unterricht (S. 1–87). Darmstadt: Wissenschaftliche Buchgesellschaft.

Kanfer, R. & Ackerman, P.L. (1989). Motivation and cognitive abilities: An integrative aptitude–treatment interaction approach to skill learning. Journal of Applied Psychology, 74, 657–690.

Kautter, H. & Storz, L. (1972). Schulleistungstestbatterie für Lernbehinderte, Leistungsstufe I (SBL I). Weinheim: Beltz.

Kavale, K.A. (1990). Variances and varieties in learning disability interventions. In T.E. Scruggs & B.Y.L. Wong (Eds.), Intervention research in learning disabilities (pp. 3–33). Heidelberg: Springer.

Keating, D.P. (1990). Developmental processes in the socialization of cognitive structures. In Entwicklung und Lernen – Beiträge zum Symposium anläßlich des 60. Geburtstages von Wolfgang Edelstein (S. 37–72). Berlin: Max–Planck–Institut für Bildungsforschung.

Keeves, J.P. (1972). Educational environment and student achievement. Stockholm: Almquist & Wiksell.

Keith, T.Z., Reimers, T., Fehrmann, P., Pottebaum, S. & Auby, L. (1986). Parental involvement, homework, and TV time: Direct and indirect effects on high school achievement. Journal of Educational Psychology, 78, 373–380.

Kemmler, L. (1967). Erfolg und Versagen in der Grundschule. Göttingen: Hogrefe.

Kemmler, L. (1976). Schulerfolg und Schulversagen. Göttingen: Hogrefe.

Kern, A. (1954). Sitzenbleiberelend und Schulreife. Freiburg: Herder.

Keßler, M. (1988). Fragebogen zur Kausalattribuierung in Leistungssituationen. Weinheim: Beltz.

Kifer, E. (1975). Relationships between academic achievement and personality characteristics: A quasi–longitudinal study. American Educational Research Journal, 12, 191–210.

Kistner, J.A. & Gatlin, D. (1989). Correlates of peer rejection among children with learning disabilities. Learning Disability Quarterly, 12, 133–140.

Kistner, J.A., Osborne, M. & le Verrier, L. (1988). Causal attributions of learning disabled children: Developmental patterns and relations to academic progress. Journal of Educational Psychology, 80, 82–89.

Klauer, K.J. (1989). Denktraining für Kinder I. Ein Programm zur intellektuellen Förderung. Göttingen: Hogrefe.

Klauer, K.J. (1991). Denktraining für Kinder II. Göttingen: Hogrefe.

Kleber, E.W. (1979). Tests in der Schule. München: Reinhardt.

Kleber, E.W. & Fischer, R. (1982). Anweisungs– und Sprachverstehenstest. Weinheim: Beltz.

Klicpera, C. (1982). Verbale Fähigkeiten legasthener Kinder. 1. Das Nachsprechen von Sätzen. Zeitschrift für Kinder– und Jugendpsychiatrie, 10, 333–343.

Klicpera, C. & Savakis, M. (1983). Das Behalten kurzer Geschichten bei leistungsunauffälligen und leseschwachen Schülern. Psychologie in Erziehung und Unterricht, 30, 24–30.

Kobi, E.E. (1975). Die Rehabilitation der Lernbehinderten. München: Reinhardt.

Körkel, J. (1987). Die Entwicklung von Gedächtnis– und Metagedächtnisleistungen in Abhängigkeit von bereichsspezifischen Vorkenntnissen. Frankfurt: Lang.

Kornmann, R. (1975). Untersuchungen zur Wirksamkeit verschiedener Förderprogramme bei Schulanfängern mit reduzierten Lernvoraussetzungen. In D. Eggert (Hrsg.), Beiträge zur Sonderpädagogischen Forschung. Berlin: Marhold.

Kornmann, R. (1977). Testbatterie zur Untersuchung entwicklungsrückständiger Schulanfänger TES. Weinheim: Beltz.

Kornmann, R. (1979). Diagnose von Lernbehinderungen. Weinheim: Beltz.

Kornmann, R. & Rößler, G. (1986). Variation der Untersuchungsbedingungen als förderdiagnostisches Prinzip am Beispiel eines Verfahrens zur Prüfung der Lautunterscheidung. In R. Kornmann, H. Meister & J. Schlee (Hrsg.), Förderungsdiagnostik (2. Aufl., S. 102–106). Heidelberg: Schindele.

Kornmann, R. & Schäffler, G. (1988). Förderdiagnostik bei einfachen Kopfrechenaufgaben: Ermittlung der Lernbasis durch systematische Item–Variationen. Heilpädagogische Forschung, 14, 81–96.

Kornmann, R. & Wagner, H.J. (1990). Ermittlung der Lernbasis bei einfachen Kopfrechenaufgaben im Zahlenraumm 0–20. Zeitschrift für Heilpädagogik, 41, Beiheft 17, 211–218.

Kounin, J.S. (1976). Techniken der Klassenführung. Stuttgart: Klett.

Krapp, A. (1977). Bedingungsfaktoren der Schulleistung. Psychologie in Erziehung und Unterricht. 23, 91–109.

Krohne, H.W. & Pulsack, A. (1990). Erziehungsstilinventar. Göttingen: Hogrefe.

Krug, S. (1983). Motivförderungsprogramme: Möglichkeiten und Grenzen. Zeitschrift für Entwicklungspsychologie und Pädagogische Psychologie, 15, 317–346.

Krug, S. & Bowi, U. (1993). Die Wirksamkeit eines Motivtrainings für Lehrer in Abhängigkeit von Effektrückmeldungen im Trainingsverlauf. In F. Rheinberg und S. Krug (Hrsg.), Motivationsförderung im Schulalltag (S. 107–124). Göttingen: Hogrefe.

Kühn, R. (1987). Welche Vorhersage des Schulerfolgs ermöglichen Intelligenztests? In H. Horn, K.H. Ingenkamp & R. Jäger (Hrsg.), Tests und Trends 6 (S.26–64). Weinheim: Beltz.

Küpper, R. (1977). Entwicklung und Erprobung eines Schülerfragebogens zur Erfassung Kounin'scher Dimensionen im Lehrerverhalten. Bochum: Unveröff. Dipl.-Arbeit, Psychologisches Institut der Ruhr–Universität.

Kutzer, R. & Probst, H. (i.Vorb.). Strukturbezogene Aufgaben zur Prüfung mathematischer Einsichten. Weinheim: Beltz.

Landerl, K., Linortner, R. & Wimmer, H. (1992). Phonologische Bewußtheit und Schriftspracherwerb im Deutschen. Zeitschrift für Pädagogische Psychologie, 6, 17–33.

Langer, J., Schulz von Thun, F. & Tausch, R. (1974). Verständlichkeit in Schulen, Verwaltung, Politik, Wissenschaft – mit einem Selbsttrainingsprogramm zur Darstellung von Lehr– und Informationstexten. München: Reinhard.

Lauth, G. & Wolff, J. (1979). Attribuierung von schulisch relevantem Erfolg und Mißerfolg bei Haupt– und Sonderschülern. Psychologie in Erziehung und Unterricht, 3, 174–177.

Lieber, J. & Semmel, M.I. (1987). The relationship between group size and performance on a microcomputer problem–solving task for learning handicapped and nonhandicapped students. Journal of Educational Computing Research, 3, 171–187.

Linder, M. (1962). Lesestörungen bei normalbegabten Kindern. Zürich.

Littig, K.E. & v. Saldern, M. (1989). Fragebogen Kooperation und Wettbewerb für 4. bis 8. Klassen FKW 4–8. Weinheim: Beltz.

Lobeck, A. & Frei, M. (i.Vorb.). Schweizer Rechentest 1.–3. Klasse. Basel: Beltz.

Lobeck, A., Frei, M. & Blöchlinger, R. (i.Vorb.). Schweizer Rechentest 4.–6. Klasse. Basel: Beltz.

Löwe, H. (1963). Probleme des Leistungsversagens in der Schule. Berlin: Volk und Wissen.

Lomax, R.G. (1982). Testing a component processes model of reading comprehension development through linear structural equation modeling. Evaluation News, 3, 49–60.

Lorenz, J.H. (1984). Teilleistungsstörungen. In J.H. Lorenz (Hrsg.), Lernschwierigkeiten: Forschung und Praxis (S. 75–94). Köln: Aulis.

Lorenz, J.H. (1987). Lernschwierigkeiten und Einzelfallhilfe. Göttingen: Hogrefe.

Lorenz, J.H. (1990). Erscheinungsbild und Diagnose von Rechenschwächen. In K. Ingenkamp & R.S. Jäger (Hrsg.), Tests und Trends 8 (S. 95–127). Weinheim: Beltz.

Lorenz, J.H. (1992). Anschauung und Veranschaulichungsmittel im Mathematikunterricht. Göttingen: Hogrefe.

Ludlow, B.L. & Woodrum, D.T. (1985). Hypothesis testing and problem solving by learning disabled and nondisabled boys. Perceptual and Motor Skills, 60, 160.

Lug, J.M. (1985). Psycholinguistisches Sprachförderungsprogramm. Weinheim: Beltz.

Lundberg, I., Frost, J. & Petersen, O.P. (1988). Effects of an extensive program for stimulating phonological awareness in preschool children. Reading Research Quarterly, 23, 263–284.

MacArthur, C.A., Haynes, J.A. & Malouf, D.B. (1986). Learning disabled students' engaged time and classroom interaction: The impact of computer assisted instruction. Journal of Educational Computing Research, 2, 189–198.

MacArthur, C.A., Haynes, J.A. & Malouf, D.B., Harris, K.R. et al. (1990). Computer assisted instruction with learning disabled students: Achievement, engagement, and other factors that influence achievement. Journal of Educational Computing Research, 6, 311–328.

Mähler, C. & Hasselhorn, M. (1990). Gedächtnisdefizite bei lernbehinderten Kindern: Entwicklungsverzögerung oder Strukturdifferenz? Zeitschrift für Entwicklungspsychologie und Pädagogische Psychologie, 22, 354–366.

Mandl, H. & Friedrich, H.F. (Hrsg.)(1992). Lern- und Denkstrategien: Analyse und Intervention. Göttingen: Hogrefe.

Manis, F.R., Szeszulski, P.A., Holt, L.K. & Graves, K. (1990). Variation in component word recognition and spelling skills among dyslexic children and normal readers. In T.H. Carr & B.A. Levy (Eds.), Reading and its development: Component skills approaches (pp. 207–259). New York: Academic Press.

Mann, I. (1986). Phonological awareness: The role of reading experience. Cognition, 24, 65–92.

Margolin, D.I. (1984). The neuropsychology of writing and spelling: Semantic, phonological, motor and perceptual processes. Quarterly Journal of Experimental Psychology, 36A, 459–489.

Marjoribanks, K. (1979). Families and their learning environments. London: Routledge & Kegan Paul.

Masendorf, F., Benolken, M., Kullik, U. & Bernsmann, S. (1990). Die Verbesserung der Rechtschreibfähigkeit mit Hilfe eines computerunterstützten Trainingsprogramms bei jüngeren lernbehinderten Sonderschülern. Vierteljahresschrift für Heilpädagogik und ihre Nachbargebiete, 59, 346–353.

Mastropieri, M.A. (1988). Using the keyword method. Teaching Exeptional Children, 21, 4–8.

Mastropieri, M.A. & Scruggs, T.E. (1989). Mnemonic social studies instruction: Classroom applications. Remedial and Special Education, 20, 40–46.

Mastropieri, M.A., Emerick, K. & Scruggs, T.E. (1988). Mnemonic instruction of science concepts. Behavioral Disorders, 14, 48–56.

Mastropieri, M.A., Scruggs, T.E. & Levin, J.R. (1985). Memory strategy instruction with learning disabled adolescents. Journal of Learning Disabilities, 18, 94–100.

Mastropieri, M.A., Scruggs, T.E. & Shiah, S. (1991). Mathematics instruction for learning disabled students: A review of research. Learning Disabilities Research & Practice, 6, 89–98.

May, P. (1990). Kinder lernen rechtschreiben: Gemeinsamkeiten und Unterschiede guter und schwacher Lerner. In H. Brügelmann & H. Balhorn (Hrsg.), Das Gehirn, sein Alfabet und andere Geschichten (S. 245–253). Konstanz: Faude.

McDonald, C.W. (1968). Problems with the classification of children with learning disabilities. In J. Hellmuth (Ed.), Learning disorders, Vol 3 (p. 371–394). Seattle, Wash.: Special Child Publications.

Meis, R. (1970). Diagnostischer Rechtschreibtest für 4. und 5. Klassen DRT 4–5. Weinheim: Beltz.

Meis, R. (1973). Duisburger Vorschul– und Einschulungstest DVET. Weinheim: Beltz.

Meyer, W.U. & Butzkamm, A. (1975). Ursachenerklärungen von Rechennoten: I. Lehrerattribuierungen. Zeitschrift für Entwicklungspsychologie und Pädagogische Psychologie, 7, 53–66.

Mietzel, G. (1976). Kombinierter Schultest KS 3,4,5. Braunschweig: Westermann.

Mommers, M.J.C. & Boland, T. (1989). Die Entwicklung der Dekodierfertigkeit, des Leseverständnisses und der Rechtschreibung bei Grundschülern: Eine Längsschnittstudie. Zeitschrift für Pädagogik, 3, 17–25.

Moos, R.H. (1979). Messung und Wirkung sozialer Settings. In H. Walter & R. Oerter (Hrsg.), Ökologie und Entwicklung (S. 172–184). Donauwörth: Auer.

Moreno, J.L. (1954). Die Grundlagen der Soziometrie. Köln: Opladen.

Morocco, C.C., Dalton, B. & Tivnan, T. (1992). The impact of computer–supported writing instruction on fourth–grade students with and without learning disabilities. Reading and Writing Quarterly Overcoming Learning Difficulties, 8, 87–113.

Morrison, F.J., Giordani, H. & Nagy, H.(1977). Reading disability: An information processing analysis. Science, 196, 77–79.

Morton, L.L. & Courneya, N.M. (1990). Early school entry and subsequent academic problems. Alberta Journal of Educational Research, 36, 311–323.

Moser, U. (1986). Das Selbstkonzept des lernbehinderten Schülers – Untersuchungen in Hilfsklassen, Regelklassen und Regelklassen mit heilpädagogischer Schülerhilfe. Vierteljahresschrift für Heilpädagogik, 55, 151–160.

Müller, H.W. & Neureuther, D. (1975). Einstellungen und Verhalten bei Gymnasiallehrern im Vorfeld der Professionalität. Heidelberg: Psychologisches Institut der Universität. Unveröff. Diplomarbeit.

Müller, R. (1980). Diagnostisches Soziogramm. Weinheim: Beltz.

Müller, R. (1983a). Diagnostischer Rechtschreibtest für 2. Klassen DRT 2. Weinheim: Beltz.

Müller, R. (1983b). Diagnostischer Rechtschreibtest DRT 3. Weinheim: Beltz.

Müller, R. (1984). Diagnostischer Lesetest zur Früherfassung von Lesestörungen DLF 1–2. Weinheim: Beltz.

Müller, R. (1990). Diagnostischer Rechtschreibtest für 1. Klassen DRT 1. Weinheim: Beltz.

National Joint Committee on Learning Disabilities NJCLD (1988). Letter to NJCLD member organizations.

Neuman, S. (1986). Television, reading, and the home environment. Reading Research and Instruction, 25, 173–183.

Oehrle, B.D. (1975). Visuelle Wahrnehmung und Legasthenie. Weinheim: Beltz.

Okolo, C.M. (1992). The effect of computer–assisted instruction format and initial attitude on the arithmetic facts proficiency and continuing motivation of students with learning disabilities. Exceptionality, 3, 195–211.

Olson, R., Wise, B., Conners, F. & Rack, J. (1990). Organization, heritability, and remediation of component word recognition and language skills in disabled readers. In T.H. Carr & B.A. Levy (Eds.), Reading and its development: Component skills approaches (pp. 261–322). New York: Academic Press.

Opwis, K., Gold, A., Gruber, H. & Schneider, W. (1990). Zum Einfluß von Expertise auf Gedächtnisleistungen und ihre Selbsteinschätzung bei Kindern und Erwachsenen. Zeitschrift für Entwicklungspsychologie und Pädagogische Psychologie, 22, 207–224.

Palardy, J.M. (1969). For Johnny's reading sake. Reading Teacher, 22, 720–724.

Palinscar, A.S. & Brown, A. L. (1984). Reciprocal teaching of comprehension–fostering and monitoring activities. Cognition and Instruction, 1, 175–177.

Pellegrino, J.W. & Goldman, S.R. (1987). Information processing and elementary mathematics. Journal of Learning Disabilities, 20, 23–32, 57.

Pelzel, R. (1991). Der Einfluß eines computergestützten Lesetrainings auf die Beziehungen zwischen Wortlesen, Textlesen und Textverständnis. Unveröff. Dipl.-Arbeit, Universität Heidelberg.

Pennington, B.F. (1990). The genetics of dyslexia. Journal of Child Psychology and Psychiatry and Allied Disciplines, 31, 193–201.

Perfetti, C.A., Goldman, S., Hogaboam, T. et al. (1979). Reading skill and the identification of words in discourse context. Memory and Cognition, 7, 273–282.

Peterson, S.K., Mercer, C.D. & O'Shea, L. (1988). Teaching learning disabled students place value using the concrete to abstract sequence. Learning Disabilities Research, 4, 52–56.

Petillon, H. (1980). Soziometrischer Test für 4. bis 13. Klassen. Weinheim: Beltz.

Pfeiffer, G. & Zielinski, W. (1975). Über den Zusammenhang zwischen Rechtschreibung und Intelligenzleistung. Psychologie in Erziehung und Unterricht, 22, 1–8.

Plickat, H.H. (1980). Deutscher Grundwortschatz. Weinheim: Beltz.

Plomin, R. (1990). Nature and nurture. Pacific Grove, Cal.: Brooks & Cole.

Pressley, M., Borkowski, J.G. & Schneider, W. (1990). Good information processing: What it is and how education can promote it. International Journal of Educational Research, 13, 857–867.

Probst, H. (1976). Lernbehinderte und Normalschüler. Bern: Huber.

Probst, H. (1983). Testverfahren zur Diagnostik spezifischer Lernvoraussetzungen. In H. Horn, K. Ingenkamp & R.S. Jäger (Hrsg.), Test und Trends (S. 77–106). Weinheim: Beltz.

Radatz, H. (1980). Fehleranalysen im Mathematikunterricht. Braunschweig: Vieweg.

Rand, P. (1987). Research on achievement motivation in school and college. In F. Halisch & J. Kuhl (Eds.), Motivation, intention, and volition (S. 215–231). Berlin: Springer.

Rathenow, P. (1979). Westermann Rechtschreibtest für 4. und 5. Klassen WRT 4/5. Braunschweig: Westermann.

Rathenow, P. & Peh, D. (1984). Test Grundanforderungen Rechtschreiben für die 1. und 2. Klasse TGR 1/2. Weinheim: Beltz.

Rathenow, P. & Raatz, U. (1973). Rechtschreibtest für 1. Klassen RST 1. Weinheim: Beltz.

Rathenow, P., Vöge, J. & Laupenmühlen, D. (1981). Westermann Rechtschreibtest WRT 6+. Braunschweig: Westermann.

Rauer, W., Bruhn, J., Wieczerkowski, W. & Winkler, H. (1978). Rechtschreibfertigkeit und psychologische Grundleistungen des Rechtschreibens bei Schülern des vierten Schuljahrs. Zeitschrift für Empirische Pädagogik, 2, 132–154.

Renkl, A. & Stern, E. (1994). Die Bedeutung von kognitiven Eingangsvoraussetzungen und schulischen Lerngelegenheiten für das Lösen von einfachen und komplexen Textaufgaben. Zeitschrift für Pädagogische Psychologie, 8, 27–39.

Retish, P.M. (1973). Changing the status of poorly esteemed students through teacher reinforcement. Journal of Applied Behavioral Science, 9, 44–50.

Rheinberg, F. (1975). Zeitstabilität und Steuerbarkeit von Ursachen schulischer Leistung aus der Sicht des Lehrers. Zeitschrift für Entwicklungspsychologie und Pädagogische Psychologie, 7, 180–194.

Rheinberg, F. (1977). Soziale und individuelle Bezugsnorm. Unveröff. Diss., Psychologisches Institut der Ruhr–Universität, Bochum.

Rheinberg, F. (1980). Leistungsbeurteilung und Lernmotivation. Göttingen: Hogrefe.

Rheinberg, F. (1989). Zweck und Tätigkeit. Göttingen: Hogrefe.

Rheinberg, F. & Enstrup, B. (1977). Selbstkonzept der Begabung bei normalen und Sonderschülern gleicher Intelligenz: Ein Bezugsgruppeneffekt. Zeitschrift für Entwicklungspsychologie und Pädagogische Psychologie, 9, 171–180.

Rheinberg, F. & Krug, S. (1978). Bezugsgruppenwechsel: Übernahme eines Stigmas oder neuer Vergleichsmaßstab zur Selbsteinschätzung? Replik auf Casparis. Zeitschrift für Entwicklungspsychologie und Pädagogische Psychologie, 10, 269–273.

Rheinberg, F. & Krug, S. (1984). Motivation in Lernsituationen. Hagen: Fernuniversität, Fachbereich Erziehungs– und Sozialwissenschaften.

Rheinberg, F. & Krug, S. (1993). Motivationsförderung im Schulalltag. Göttingen: Hogrefe.

Rieder, O. (1991). Allgemeiner Schulleistungstest für 2. Klassen AST 2. Weinheim: Beltz.

Riley, M.S. & Greeno, J.G. (1988). Developmental analysis of understanding language about quantities and of solving problems. Cognition and Instruction, 5, 49–101.

Robinson, S.L., DePascale, C. & Roberts, F.C. (1989). Computer–delivered feedback in group–based instruction: Effects for learning disabled students in mathematics. Learning Disabilities Focus, 5, 28–35.

Rott, C. & Zielinski, W. (1985). Vergleich der Buchstaben- und Wortlesefertigkeit guter und schwacher Leser der 2.-4. Grundschulklasse. Zeitschrift für Entwicklungspsychologie und Pädagogische Psychologie, 17, 150-163.

Rott, C. & Zielinski, W. (1986). Entwicklungsstufen der Lesefertigkeit in der Grundschule. Zeitschrift für Entwicklungspsychologie und Pädagogische Psychologie, 18, 165-175.

Rottman, T.R. & Cross, D.R. (1990). Using informed strategies for learning to enhance the reading and thinking skills of children with learning disabilities. Journal of Learning Disabilities, 23, 270-278.

Russell, R.L. & Ginsburg, H.P. (1981). Cognitive analysis of children's mathematics difficulties. Rochester, N.Y.: University of Rochester.

Rutter, M. (1983). School effects on pupil progress: Research findings and policy implications. Child Development, 54, 1-29.

Saldern, M.v. (1983). Das Sozialklima als gruppenspezifische Wahrnehmung der schulischen Lernumwelt. Unterrichtswissenschaft, 11, 116-128.

Saldern, M.v. & Littig, K.E. (1987). Landauer Skalen zum Sozialklima für 4. bis 13. Klassen. Weinheim: Beltz.

Samstag, K., Sander, A. & Schmidt, R. (1971). Diagnostischer Rechentest für 3. Klassen DRE 3. Weinheim: Beltz.

Sander, E. (1981). Lernstörungen. Stuttgart: Kohlhammer.

Sander, E. (1986). Lernhierarchien und kognitive Lernförderung. Göttingen: Hogrefe.

Sander, E. & Berger, M. (1985). Fehleranalysen bei Sachaufgaben zur Prozentrechnung. Zwei Explorationsstudien. Psychologie in Erziehung und Unterricht, 32, 254-262.

Schäfer, E. (1975). Eine Untersuchung zur Konstanz und Differenzierung des Stereotyps 'schlechter Schüler'. Zeitschrift für experimentelle und angewandte Psychologie, 12, 94-112.

Scheerer-Neumann, G. (1987). Ein Entwicklungsmodell zur Analyse der Rechtschreibschwäche. In L. Dummer (Hrsg.), Legasthenie - Bericht über den Fachkongreß 1986. Hannover: Bundesverband Legasthenie.

Scheerer-Neumann, G., Kretschmann, R. & Brügelmann, H. (1986). Andrea, Ben und Jana: Selbstgewählte Wege zum Lesen und Schreiben. In H. Brügelmann (Hrsg.), ABC und Schriftsprache: Rätsel für Kinder, Lehrer und Forscher (S. 55-96). Konstanz: Faude.

Schlee, J. (1976). Legasthenieforschung am Ende? München: Urban & Schwarzenberg.

Schmalt, H.D. (1976). Das LM-GITTER. Ein objektives Verfahren zur Messung des Leistungsmotivs bei Kindern. Göttingen: Hogrefe.

Schmid, W., Bächler, A., Frey, D., Gerth, J.H., Prim, J., Hänseler, A. & Augsburger, T. (1983). Genetische, medizinische und psychosoziale Faktoren bei der Lernbehinderung eines Jahrgangs von Elfjährigen. Acta Paedopsychiatrica, 49, 9-45.

Schmidt, H.D., Birth, K. & Rothmaler, S. (1990). Frühdiagnostik und Frühförderung von Lese- und Rechtschreibleistungen. Berlin: Volk und Wissen.

Schmidt, M., Weinstein, T., Niemic, R. & Walberg, H.J. (1985-86). Computer-assisted instruction with exceptional children. Journal of Special Education, 19, 493-501.

Schmuck, R.A. (1963). Some relationships of peer liking patterns in the classroom to pupil attitudes and achievements. School Review, 71, 337-359.

Schneewind, K.A. (1991). Familienpsychologie. Stuttgart: Kohlhammer.

Schneider, W. (1979). Materialien zur deutschen Rechtschreibung. Textsammlung von Probearbeiten, Diktaten und Schulbüchern. Regensburger Microfiche Materialien. Regensburg: Microfiche Computer Service.

Schneider, W. (1980). Bedingungsanalysen des Rechtschreibens. Bern: Huber.

Schneider, W. & Bjorklund, D.F. (1992). Expertise, aptitude, and strategic remembering. Child Development, 63, 461–473.

Schneider, W., Körkel, J. & Weinert, F.E. (1989). Domain–specific knowledge and memory performance: A comparison of high– and lowaptitude children. Journal of Educational Psychology, 81, 306–312.

Schneider, W. & Näslund, J. C. (1992). Cognitive prerequisites of reading and spelling: A longitudinal approach. In A. Demetriou, M. Shayer & A. Efklides (Eds.), Neo–Piagetian theories of cognitive development. Implications and applications for education (pp. 256–274). London: Routledge.

Schneider, W. & Zielinski, W. (1983). Vergleichende Bedingungsanalysen zur Performanz guter und schwacher Rechtschreiber. Psychologie in Erziehung und Unterricht, 30, 291–298.

Schoenfeldt, A.H. (1992). Learning to think mathematically: Problem solving, metacognition, and sense making in mathematics. In D.A. Grouws (Ed.), Handbook of research on mathematics teaching and learning (pp. 334–370). New York: Macmillan.

Schönpflug, W. (1969). n–Gramm–Häufigkeiten in der deutschen Sprache. Zeitschrift für experimentelle und angewandte Psychology, 16, 157–183, 345–365.

Schrank, W. (1968). The labeling effect of ability grouping. The Journal of Educational Research, 62, 51–52.

Schrank, W. (1970). A further study of the labeling effects of ability grouping. The Journal of Educational Research, 63, 358–360.

Schwarzer, R. (1983). Unterrichtsklima als Sozialisationsbedingung für Selbstkonzeptentwicklung. Unterrichtswissenschaft, 11, 129–148.

Scruggs, T.E. & Mastropieri, M.A. (1989a). Mnemonic instruction of learning disabled students: A field–based evaluation. Learning Disability Quarterly, 12, 119–125.

Scruggs, T.E. & Mastropieri, M.A. (1989b). Reconstructive elaborations: A model for content area learning. American Educational Research Journal, 26, 311–327.

Scruggs, T.E. & Mastropieri, M.A. (1990). Mnemonic instruction for students with learning disabilities: What it is and what it does. Learning Disability Quarterly, 13, 271–280.

Seaver, W.B. (1971). Effects of naturally induced teacher expectations on the academic performance of pupils in primary grades. Unpubl. doctoral diss., University of Illinois.

Selg, H. (1965). Über den Zusammenhang zwischen Schultüchtigkeit und Beliebtheit in Schulklassen. Psychologische Forschung, 28, 587–597.

Shafrir, U., Siegel, L.S. & Chee, M. (1990). Learning disability, inferential skills, and postfailure reflectivity. Journal of Learning Disabilities, 23, 506–513, 517.

Share, D.L., Moffitt, T.E. & Silva, P.A. (1988). Factors associated with arithmetic and reading disability and specific arithmetic disability. Journal of Learning Disabilities, 21, 313-320.

Short, E.J., Schatschneider, C., Cuddy, C.L. et al. (1991). The effect of thinking aloud on the problem–solving performance of bright, average, learning disabled and developmentally handicapped students. Contemporary Educational Psychology, 16, 139–153.

Siegel, L.S. & Ryan, E.B. (1988). Development of grammatical-sensitivity, phonological, and short–term memory skills in normally achieving and learning disabled children. Developmental Psychology, 24, 28–37.

Siegler, R.S. & Robinson, M. (1982). The development of numerical understandings. In H.W. Reese & L.P. Lipsitt (Eds.), Advances in Child Development and Behavior, Vol. 16, (S. 241–312). New York: Academic Press.

Simons, H. (1973). Intelligenz– und Schulleistungen bei Arbeiter– und Akademikerkindern auf der Unterstufe des Gymnasiums. In H. Nickel & E. Langhorst (Hrsg.), Brennpunkte der Pädagogischen Psychologie (S. 260–273). Stuttgart: Huber.

Siperstein, G.N. & Goding, M.J. (1985). Teachers' behavior toward LD and non–LD children: A strategy for change. Journal of Learning Disabilities, 18, 139–144.

Slavin, R.E. (1987). Mastery learning reconsidered. Review of Educational Research, 57, 175–213.

Slife, B.D., Weis, J. & Bell, T. (1985).Separability of metacognition and cognition: Problem solving in learning disabled and regular students. Journal of Educational Psychology, 77, 437-445.

Snow, R.E. & Lohman, D.F. (1984). Toward a theory of cognitive aptitude for learning from instruction. Journal of Educational Psychology, 76, 347–376.

Snowling, M.J. (1981). Phonemic deficits in developmental dyslexia. Psychological Research, 43, 219–243.

Sprafkin, J. & Gadow, K. (1986). Television viewing habits of emotionally disturbed, learning disabled, and mentally retarded children. Journal of Applied Developmental Psychology, 7, 45–59.

Stage, S.A. & Wagner, R.K. (1992). Development of young children's phonological and orthographic knowledge as revealed by their spellings. Developmental Psychology, 28, 287–296.

Staiber, W. (1987). Die Morphem–Regel–Strategie. Unveröff. Dissertation, Universität Heidelberg.

Staiber, W., Nock, H. & Tacke, G. (1986 a). Baustein für Baustein. Ein Rechtschreibprogramm für die Schuljahre 5-7 der Hauptschule. Bühl: Konkordia.

Staiber, W., Nock, H. & Tacke, G. (1986 b). Baustein für Baustein. Ein Rechtschreibprogramm für die Schuljahre 5-7 der Realschule und des Gymnasiums. Bühl: Konkordia.

Stanovich, K.E. (1986). Matthew effects in reading: Some consequences of individual differences in the acquisition of literacy. Reading Research Quarterly, 21, 360–407.

Statistisches Bundesamt (1994). Bildung und Kultur, Fachserie 11. Stuttgart: Metzler & Poeschel.

Stern, E. (1994 a). Die Bewältigung neuer Anforderungen: Eine allgemeine oder inhaltsspezifische Intelligenzleistung? In D. Bartussek & M. Amelang (Hrsg.), Fortschritte der Differentiellen Psychologie und Psychologischen Diagnostik (S. 333–344). Göttingen: Hogrefe.

Stern, E. (1994 b). Die Erweiterung des mathematischen Verständnisses mit Hilfe von Textaufgaben. Die Grundschule, 26, 23–25.

Stern, E. & Lehrndorfer, A. (1992). The role of situational context in solving word problems. Cognitive Development, 7, 259–268.

Stevenson, D.L. & Baker, D.P. (1987). The family–school relation and the child's school performance. Child Development, 58, 1348–1357.

Stevenson, H.W. & Newman, R.S. (1986). Long–term prediction of achievement and attitudes in mathematics and reading. Child Development, 57, 646–659.

Stevenson, J. (1991). Which aspects of processing text mediate genetic effects? Special issue: Genetic and neurological influences on reading disability. Reading and Writing, 3, 249–269.

Stone, W.L. & la Greca, A.M. (1990). The social status of children with learning disabilities: A reexamination. Journal of Learning Disabilities, 23, 32–37.

Strey, B. (1993). Elterliche Kausalattributionen von Erziehungsschwierigkeiten – Auswirkungen auf Emotionen, Erziehungsverhalten der Eltern, Erwartungen und Mitarbeit in der Beratung. Unveröff. Diss., Psychologisches Institut der Universität Heidelberg.

Strobel, H. (1975). Lern– und Leistungsstörungen. Stuttgart: Kohlhammer.

Swanson, H.L. (1983). Relations among metamemory, rehearsal activity, and word recall by learning disabled and nondisabled readers. British Journal of Educational Psychology, 53, 186–194.

Swanson, H.L. (Ed.)(1987). Memory and learning disabilities (Suppl. 2, pp. 41–81). London: JAI Press.

Swanson, H.L. (1988). Learning disabled children's problem solving: Identifying mental processes underlying intelligent performance. Intelligence, 12, 261–278.

Swanson, H.L. (1990). Instruction derived from the strategy deficit model: Overview of principles and procedures. In T.E. Scruggs & B.Y.L. Wong (Eds.), Intervention research in learning disabilities (pp. 34–65). Heidelberg: Springer.

Swanson, H.L., & Cochran, K.F. (1991). Learning disabilities, distinctive encoding, and hemispheric resources. Brain and Language, 40, 202–230.

Swanson, H.L. & Cooney, J. (1985). Strategy transformations in learning disabled children. Learning Disability Quarterly, 8, 221–231.

Talbot, F., Pepin, M. & Loranger, M. (1992). Computerized cognitive training with learning disabled students: A pilot study. Psychological Reports, 71, 1347–1356.

Tarver, S.G. (1981). Underselective attention in learning disabled children: Some reconceptualizations of old hypotheses. Exceptional Education Quarterly, 2, 25–35.

Tewes, U. (1983). Hamburg-Wechsler-Intelligenztest für Kinder Revision 1983 HAWIK-R. Bern: Huber.

Thomas, A. (1989). Problem solving among pairs of achieving and learning disabled students. Alberta Journal of Educational Research, 35, 80–95.

Thompson, R., Lampron, L., Johnson, D. & Eckstein, T. (1990). Behavior problems in children with the presenting problem of poor school performance. Journal of Pediatric Psychology, 15, 3–20.

Thurstone, L.L. & Thurstone, T.G. (1941). Factorial studies of intelligence. Chicago: The University of Chicago Press.

Tiedemann, J. (1974). Die Problematik der Schuleingangsdiagnose unter entscheidungstheoretischem Aspekt. Zeitschrift für Entwicklungspsychologie und Pädagogische Psychologie, 6, 124–132.

Tiedemann, J. (1977). Leistungsversagen in der Schule. München: Goldmann.

Tiedemann, J. & Faber, G. (1989). Familiale und kindbezogene Antezedenzien schulischer Lernschwierigkeiten im Grundschulbereich – Eine zweijährige Längsschnittstudie. Zeitschrift für Pädagogische Psychologie, 3, 97–107.

Torgesen, J.K. (1978). Performance of reading disabled children in serial memory tasks: A review. Reading Research Quarterly, 19, 57–87.

Torgesen, J.K. (1982). The Learning disabled child as an inactive learner. Topics in Learning and Learning Disabilities, 2, 45–52.

Torgesen, J.K. & Goldman, T. (1977). Rehearsal and short–term memory in second grade reading disabled children. Child Development, 48, 56–61.

Torgesen, J.K. & Houck, G. (1980). Processing deficits in learning disabled children, who perform poorly in the digit span test. Journal of Educational Psychology, 72, 141–160.

Torgesen, J.K., Waters, M.D., Cohen, A.L. & Torgesen, J.L. (1988). Improving sight–word recognition skills in LD children: An evaluation of three computer program variations. Learning Disability Quarterly, 11, 125–132.

Toro, A., Weissberg, R.P., Guare, J. & Liebenstein, N.L. (1990). A comparison of children with and without learning disabilities on social problem–solving, school behavior and family background. Journal of Learning Disabilities, 23, 115–120.

Treiber, B. (1980). Stundenausfälle, Störungen und Lerngelegenheiten im Unterricht aus der Sicht von Lehrern und das Leistungsniveau ihrer Klassen: Zur Wirksamkeit der Quantität von Instruktion. Zeitschrift für Empirische Pädagogik, 5, 245-259.

Treiber, B. & Schneider, W. (1980). Qualifikatorische und varianzreduzierende Wirkungen von Schulklassenunterricht. Zeitschrift für Entwicklungspsychologie und Pädagogische Psychologie, 12, 261–283.

Treiber, B. & Weinert, F.E. (1982). Gibt es theoretische Fortschritte in der Lehr–Lernforschung? In B. Treiber & F.E. Weinert (Hrsg.), Lehr–Lernforschung (S. 242–290). München: Urban & Schwarzenberg.

Treiber, B. & Weinert, F.E. (1985). Gute Schulleistungen für alle? Münster: Aschendorff.

Treiman, R. & Baron, J. (1981). Segmental analysis ability: Development and relation to reading ability. In G.E. McKinnon & T.G. Waller (Eds.), Reading research. Advances in theory and practice, Vol. 3. (pp. 159–198). New York: Academic Press.

Trudewind, C. (1975). Häusliche Umwelt und Motiventwicklung. Göttingen: Hogrefe.

Urban, K.K. (1986) Hörverstehenstest für 4. bis 7. Klassen. Weinheim: Beltz.

Valtin, R. (1984). Awareness of features and functions of language. In J. Downing & R. Valtin (Eds.), Language awareness and learning to read (pp. 227–260). Berlin: Springer.

Van Daal, H.P., Reitsma, P. & Van der Leij, A. (1994). Processing units in word reading by disabled readers. Journal of Experimental Child Psychology, 57, 180–210.

Vaughn, S., Hogan, A., Kouzekanani, K. & Shapiro, S. (1990). Peer acceptance, self–perceptions, and social skills of learning disabled students prior to identification. Journal of Educational Psychology, 82, 101–106.

Vaughn, S., McIntosh, R. & Spencer–Rove, J. (1991). Peer rejection as a stubborn thing: Increasing peer acceptance of rejected students with learning disabilities. Learning Disabilities Research & Practice, 6, 83–88.

Vaughn, S., Schumm, J.S. & Gordon, J. (1992). Early spelling acquisition: Does writing really beat the computer? Learning Disability Quarterly, 15, 223–228.

Vaughn, S., Schumm, J.S. & Gordon, J. (1993). Which motoric condition is most effective for teaching spelling to students with and without learning disabilities? Journal of Learning Disabilities, 26, 191–198.

Viet, U. (1977). Test für operatives Rechnen in 5. Klassen TOR 5. Weinheim: Beltz.

Wagner, R.K. (1988). Causal relations beween the development of phonological processing abilities and the acquisition of reading skills: A meta–analysis. Merrill–Palmer Quarterly, 34, 261–279.

Wahl, D., Weinert, F.E. & Huber, G.L. (1984). Psychologie für die Schulpraxis. München: Kösel.

Walberg, H.J. (Ed.)(1979). Educational environments and effects: Evaluation policy and productivity. Berkley: McCutchan.

Walberg, H.J. & Anderson, G.J. (1972). Properties in the achieving urban classes. Journal of Educational Psychology, 63, 381–385.

Walberg, H.J., Singh, R. & Rasher, S.P. (1977). Predictive validity of student perception: A cross–cultural replication. American Educational Research Journal, 14, 45–49.

Waters, G.S., Bruck, M. & Malus–Abramowitz, M. (1988). The role of linguistic and visual information in spelling. Journal of Experimental Child Psychology, 45, 400–421.

Wegener, H. (1969). Die Minderbegabten und ihre sonderpädagogische Förderung. In H. Roth (Hrsg.), Begabung und Lernen (S. 505–549). Stuttgart: Klett.

Weiner, B. (1984). Motivationspsychologie. Weinheim: Beltz.

Weinert, F.E. (1990). Theory building in the domain of motivation and learning in school. In P. Vedder (Ed.), Fundamental studies in educational research (pp. 91–120). Amsterdam: Swets & Zeitlinger.

Weinert, F.E. & Helmke, A. (1986). Individual differences in cognitive development: Does instruction make a difference? Paper presented at the Conference on Child Development in Life–Span Perspective. Woods Hole, Mass.: National Academy of Science Conference Center.

Weinert, F.E., Helmke, A. & Schneider, W. (1989). Individual differences in learning performance and school achievement. In H. Mandl, E. de Corte, N. Bennet & H.F. Friedrich (Eds.), Learning and instruction (pp. 461–479). Oxford: Pergamon Press.

Weinert, F.E., Helmke, A. & Schrader, F.W. (1992). Research on the model teacher and the teaching model. In F.K. Oser, A. Dick & J.L. Patry (Eds.), Effective and responsible teaching (pp. 249–260). San Francisco: Jossy–Bass.

Weinert, F.E. & Schneider, W. (Eds.) (1993). The Munich longitudinal study on the genesis of individual competences LOGIC, Report No. 9: Assessment procedures and results of wave six. München: Max–Planck–Institut für Psychologische Forschung.

Weinert, F.E. & Zielinski, W. (1977). Lernschwierigkeiten – Schwierigkeiten des Schülers oder der Schule? Unterrichtswissenschaft, 5, 292–304.

Weiß, R.H. (1987). Grundintelligenztest CFT 20. Braunschweig: Westermann.

Wentzel, K.R. (1991). Social competence at school: Relation between social responsibility and academic achievement. Review of Educational Research, 61, 1–24.

Werner, E.E. (1986). Eine Längsschnittstudie von Kindern mit Hirnfunktionsstörungen und Lernproblemen. In I. Flehmig und L. Stern (Hrsg.), Child Development and learning behavior. Proceedings of the 2nd European Symposium on Developmental Neurology 1985 in Hamburg (pp. 390–396). Stuttgart: Fischer.

Widdel, H. (1977). Attribuierungsfragebogen für Erfolg und Mißerfolg in der Schule für 5.–7. Klassen. Weinheim: Beltz.

Wiener, J. (1987). Peer status of learning disabled children and adolescents: A review of the literature. Learning Disability Research, 2, 62–79.

Wiener, J., Harris, P.J. & Shirer, C. (1990). Achievement and social–behavioral correlates of peer status in LD children. Learning Disability Quarterly, 13, 114–127.

Wilgosh, L. (1984). Learned helplessness in normally achieving and learning disabled girls. The Mental Retardation and Learning Disability Bulletin, 12, 64–70.

Williams, P.A., Haertel, E.H., Haertel, G.D. & Walberg, H.J. (1982). The impact of leisure–time television on school learning: A research synthesis. American Educational Research Journal, 19, 19–50.

Wimmer, H., Zwicker, T. & Gugg, D. (1991). Schwierigkeiten beim Lesen und Schreiben in den ersten Schuljahren: Befunde zur Persistenz und Verursachung. Zeitschrift für Entwicklungspsychologie und Pädagogische Psychologie, 23, 280–298.

Winett, R.A. & Roach, A.M. (1973). The effects of reinforcing academic performance on social behavior: A brief report. Psychological Record, 23, 391–396.

Wong, B.Y.L. (1982). Strategic behaviors in selecting retrieval cues in gifted, normal achieving and learning disabled children. Journal of Learning Disabilities, 15, 33–37.

Wong, B.Y.L. & Wilson, M. (1984). Investigating awareness of and teaching passage organization in learning disabled children. Journal of Learning Disabilities, 17, 477–482.

Wong, B.Y.L. & Wong, R. (1986). Study behavior as a function of metacognitive knowledge about critical task variables. Learning Disabilities Research, 1, 101–111.

Worden, P.E. (1986). Comprehension and memory for prose in the learning disabled. In S.J. Ceci (Ed.), Handbook of cognitive, social, and neuropsychological aspects of learning disabilities (pp. 106–112). Hillsdale, N.J.: Erlbaum.

Wunsch, W. (1954). Beliebtheitsgrad und Schulleistung in der Pflichtschule. Wiener Archiv für Psychologie, Psychiatrie und Neurologie, 4.

Yule, W. (1973). Differential prognosis of reading backwardness and specific reading retardation. British Journal of Educational Psychology, 43, 244–248.

Zentall, S.S. (1990). Fact–retrieval automatization and math problem solving by learning disabled, attention-disordered, and normal adolescents. Journal of Educational Psychology, 82, 856–865.

Zielinski, W. (1980). Lernschwierigkeiten. Stuttgart: Kohlhammer.

Zielinski, W. & Rott, C. (1990). Die Entwicklung der Wortlesefertigkeit – Empirische Befunde und pädagogische Implikationen. In M. Knopf & W. Schneider (Hrsg.), Entwicklung. Festschrift zum 60. Geburtstag von F.E. Weinert (S. 162–179). Göttingen: Hogrefe.

Zielinski, W. & Schneider, W. (1986). Diagnostische Möglichkeiten bei Lese– und Rechtschreibschwierigkeiten – Folgerungen aus der Forschung. In K. Ingenkamp, R. Horn & R.S. Jäger (Hrsg.), Tests und Trends 5 (S. 38–62). Weinheim: Beltz.

# Personenverzeichnis

# Sachregister

FACHVERLAG FÜR PSYCHOLOGIE UND MEDIZIN

Manfred Amelang/Dieter Bartussek

# Differentielle Psychologie und Persönlichkeitsforschung

4., überarb. u. erw. Auflage
1997. 832 Seiten mit 152 Abb. und 74 Tab.
Fester Einband/Fadenheftung DM 98,-
ISBN 3-17-013667-4
Kohlhammer Standards Psychologie
(Herausgegeben von T. W. Herrmann,
W. H. Tack und F. E. Weinert)

Dieser Steadyseller ist längst nicht mehr wegzudenken aus dem Kanon der etablierten Psychologiebücher. Aufgrund der hohen Nachfrage mußte die dritte Auflage dreimal nachgedruckt werden; jetzt liegt die lange erwartete Neuauflage vor. Diese wurde in allen Teilen überarbeitet und dem aktuellen Stand der Forschung angepaßt. Neu aufgenommen wurden Abschnitte über physiologische Korrelate der Intelligenz, Theorien der Kreativität sowie über Denkstile. Aus Gründen der besseren Lesbarkeit und Handhabbarkeit ist das Werk völlig neu gegliedert.

W. Kohlhammer GmbH · 70549 Stuttgart · Tel. 0711/78 63 - 280